Michael Stahl

Wahr*HAFT* frei

Michael Stahl

Wahr*HAFT* frei

Vom Ausbruch und Durchbruch
in ein freies Leben

GloryWorld-Medien

2. Auflage 2020

Bibelzitate sind, falls nicht anders gekennzeichnet, der Neues Leben Bibel (NLB), entnommen.

Weitere Bibelübersetzungen:
ELB: Elberfelder Bibel, Revidierte Fassung (Rev. 26) von 2008
GNB: Gute Nachricht Bibel, 2002
HFA: Hoffnung für alle, Basel und Gießen, 1983
LUT: Lutherbibel, Revidierte Fassung von 1984
NeÜ: Neue evangelistische Übersetzung © 2013 Karl-Heinz Vanheiden
REÜ: Einheitsübersetzung in neuer Rechtschreibung, 2004
SLT: Schlachter 2000
ZÜR: Zürcher Bibel (Ausgabe 2007).

Das Buch folgt den Regeln der Deutschen Rechtschreibreform. Die Bibelzitate wurden diesen Rechtschreibregeln angepasst.

Lektorat: Klaudia Wagner
Satz: Manfred Mayer
Umschlaggestaltung: Rainer Zilly, www.kreativ-agentur-zilly.de
Umschlagmotiv: stock.adobe.com © ztranger
Druck: CPI books GmbH, Leck

Printed in Germany

ISBN: 978-3-95578-367-9

Bestellnummer: 356367

Erhältlich beim Verlag:

GloryWorld-Medien
Beit-Sahour-Str. 4
D-46509 Xanten
Tel.: 02801-9854003
Fax: 02801-9854004
info@gloryworld.de
www.gloryworld.de

oder in jeder Buchhandlung

Inhalt

Vorwort

„Freeeeeeiheeeeeeeeeeeeeeeeeeeeeeeeeeeeeeeit“, so ertönt es im Film „Braveheart“, von William Wallace gerufen, quer über den Marktplatz vor seinen Freunden und seinen Feinden. Wie konnte er dieses Wort in solch misslicher Lage rufen? Was trieb ihn an? Gefangen, gefesselt und zur Schau gestellt! War es seine Sehnsucht, sein Wunsch, seine Hoffnung? Trug er diese Freiheit zu diesem Zeitpunkt in sich? Wem galt der Ruf? Dem Henker, der vor ihm stand? Den Anklagenden? Dem Dorf oder der ganzen Welt? Vielleicht sogar nur „dir und mir“? Oder war der Ruf sogar eine Mahnung? Was dachte sich Mel Gibson, der Hauptdarsteller, Regisseur und Produzent, wohl dabei?

Warum war dieser Film ein Welterfolg? Sprach er etwa unsere Hoffnung, unser Herz und unsere Sehnsucht an?

Freiheit von was oder von wem?

So viele Fragen. Fragen rufen nach Antworten, nach Wahrheit. Doch was ist Wahrheit? Diese Frage stellte einst Pilatus Jesus Christus. Immer mehr höre ich in letzter Zeit, dass jeder seine eigene Wahrheit hat. Auch Sätze wie: „Es gibt keine absolute Wahrheit“ vernimmt man mehr und mehr. Wobei dieser Satz in sich schon bemerkenswert und ein Widerspruch ist. Wenn es keine absolute Wahrheit gibt, dann kann diese Aussage wohl auch nicht der Wahrheit entsprechen.

Was ist Wahrheit? Ein Gefühl? Eine Tatsache? Eine Person?

Wir werden uns intensiver mit der Wahrheit, mit der Freiheit und Gefängnissen beschäftigen. Gerichte, Versicherungen, Lehrer beim Überprüfen von Arbeiten, sie alle und noch viele mehr suchen nach Wahrheiten. Stellen wir uns nur einmal den Straßenverkehr vor, wenn jeder seine eigene Wahrheit an Regeln hätte, es wäre chaotisch. Sehen wir uns doch mal in der Welt um, wie chaotisch sie ist. Liegt das zum Teil vielleicht daran, dass jeder sich seine eigene Wahrheit zusammenbastelt? Wenn Wahrheit frei macht, dann wäre der Umkehrschluss, dass die Unwahrheit Gefangenschaft bedeutet. Es gibt so viele Arten von Gefängnissen oder von Gefangensein.

Wenn ich manchmal bei Suchtkranken, Obdachlosen oder Gangs bin, spüre ich eine Vorverurteilung: *Was will der uns schon sagen, dem geht's doch gut.* So mancher hat dies auch schon vor meinem Vortrag geäußert.

Hier meine Negativ-Kurzbiografie:

- In Armut unter einem alkoholkranken Papa aufgewachsen, der nicht arbeitete.
- Als Kind mit dem Papa auf Betteltouren gewesen.
- In der Schule über Jahre hinweg gehänselt.
- Mehrfach Suizidgedanken gehabt.
- Mit 18 Jahren für einige Wochen obdachlos gewesen.
- Als Sohn, Bruder, Ehemann, Papa, Freund in den verschiedensten Bereichen des Lebens schuldig geworden oder einfach nur kläglich versagt.
- Von Minderwertigkeit getrieben, viele Jahre in einer Scheinwelt verbracht.
- 2010 verunglückt meine Familie bei einem Verkehrsunfall schwer und überlebt wie durch ein Wunder nur knapp.
- Viele geliebte Menschen musste ich schon zu Grabe tragen.
- 2018 überlebe ich mit viel Glück einen Herzinfarkt.

Das wäre in Kurzform die Negativbilanz meines bisherigen Lebens. Ich musste erleben, welche Macht das gesprochene Wort hat. Bereits als kleiner Bub war ich oft gefangen durch Sätze wie: „Du bist nichts!“, „Aus dir wird nichts!“, „Du kannst nichts!“

Der Hungernde sehnt sich nach Brot, der Kranke nach Gesundheit, der Einsame nach Begegnung, der Durstige nach Wasser, der Gefangene nach Freiheit. Der Ängstliche nach Geborgenheit! Ein jedes „Ich“ nach einem „Du“.

So hatte ich bereits als kleiner Junge eine unvorstellbare Sehnsucht nach Freiheit. Meine Oma und meine Tante erzählten mir immer wieder von Jesus und sie beteten mit mir. Deshalb war es nur selbstverständlich, dass ich mir als Kind sämtliche Jesusfilme anschaute. Ich war vielleicht etwa acht Jahre, als ich den Film „König der Könige“ aus dem Jahre 1961 sah. Es gab darin so viele Szenen, die ich heute noch in meinem Herzen trage, doch eine berührte mich besonders.

Heute, mit 49 Jahren, verstehe ich diese Handlung Stück für Stück besser – so fühle oder denke ich zumindest. Vielleicht weil ich erst jetzt spüre und erlebe, dass ich Stück für Stück in die „Freiheit“ geführt werde. In die Freiheit? Aus welcher Gefangenschaft? Kann es sein, dass ich gefangen war von den Verletzungen, die ich als Kind erlitten habe? Durch Ablehnung? Durch Obdachlosigkeit? Durch meine Schuld? Durch Katastrophen und Krankheit? Durch all die Liebe, die ich nicht bekam und die ich nicht gab? Ich versuche mich an den Film, an die Szene zu erinnern.

Jesus besucht Johannes den Täufer. Der Wärter fragt Jesus, was er möchte. Dieser erwidert ihm, dass er Johannes den Täufer besuchen möchte. Der Wärter gibt ihm zu verstehen, dass Johannes keinen Besuch empfangen darf. Doch Jesus bleibt einfach vor dem Wärter stehen, worauf dieser ihn fragt: „Was willst du eigentlich von ihm?“ und Jesus antwortet: „ICH KOMME, UM IHN ZU BEFREIFEN!“ Nicht nur der Wärter war verwundert über diese Aussage, sondern auch ich damals. Doch in meinem Herzen spürte ich es irgendwie, dadurch *wie* er es sagte – in soviel Wertschätzung, in LIEBE. Neugierig und erstaunt fragte er Jesus: „Du kommst, um ihn zu befreien? Siehst du nicht die Mauern, die Soldaten, die Gitterstäbe? Wie willst du ihn befreien?“ Daraufhin sagte Jesus zu ihm: „Ich komme, um ihm Freiheit zu geben in seinem Gefängnis!“ Nachdenklich fragte der Wärter nach: “Freiheit hinter Gitterstäben und Mauern? Freiheit in seinem Gefängnis? Wie ist das möglich?“

Wir wollen in diesem Buch dieser Frage des Wärters nachgehen, wie wir Freiheit in unseren Gefängnissen bzw. aus unseren Gefängnissen erlangen. Dazu lassen wir viele zu Wort kommen, die selbst im Gefängnis waren. Die geschlagen, geraubt, gestohlen, erpresst und gar getötet haben. Viele der Männer, die hier berichten, waren viele Jahre im Gefängnis und erlebten doch wahre Freiheit.

Kann es sein, dass man in Freiheit lebt und doch gefangen ist? Auf meinen Reisen, meinen Besuchen in verschiedenen Gefängnissen, aber auch in Schulen, Firmen, an Sterbebetten, öffneten mir so viele ihre Herzen. Es gab so viele Erlebnisse, die uns als Team ins Staunen versetzten, die uns traurig und sprachlos machten. Einiges davon wollen wir hier berichten. Wer ist wir? Menschen, die mir zu Freunden geworden sind. Nicht nur solche, die hinter Gittern saßen, sondern auch jene, die dort „dienen“, und Menschen, die ein Stück weit von ihrer Freiheit berichten, welche sie selbst erlebt haben.

„Die Wahrheit macht frei“ – dies gab uns Jesus mit auf unsere Lebensreise. Gibt es sie also doch, die eine Wahrheit, die *wahrhaftig* frei macht?

Wahrheit ist, dass ich bei den ersten Zeilen für dieses Buch geweint habe. Warum? Vielleicht weil ich von den bereits eingegangen Geschichten für dieses Buch tief ergriffen war. Für die Bedeutsamkeit dieser Zeilen und welche Macht hinter jedem gesprochenen oder geschrieben Wort stecken kann. In Gedanken sah ich so manchen Mann, der in meinen Armen im Gefängnis weinte, und so manchen Sterbenden, dessen Hand ich hielt, der in seinem Bett gefangen und doch frei war.

In einem Schweizer Gefängnis sagte mir mal ein sehr harter Bursche: „Leben ist die Summe der Stunden, in denen wir liebten, und Liebe ist Freiheit." Er weinte, als er mir dies sagte. Er nahm sich die Freiheit, vor allen anderen zu weinen, und viele taten es ihm gleich.

Ein sehr kranker Mann, der im Alkohol gefangen und mir zum Freund geworden war, sagte während eines Essens vor allen Besuchern: „Ein Mann ist erst dann ein Mann, wenn er sich seiner Tränen nicht mehr schämt!" Diese Erkenntnis teilte er mit allen in einem Lokal, als er unter Tränen das Tischgebet sprach. Ja, er nahm sich die Freiheit zu beten und dabei zu weinen.

Liebe ist nicht nur ein Gefühl oder eine Sache des Verstandes, Liebe ist eine Entscheidung! So können wir nun, zumindest was dieses Buch anbelangt, uns entscheiden uns Zeit zu nehmen, den Gefühlen freien Lauf zu lassen und der Sehnsucht nach Wahrheit und Freiheit nachzugehen. Vielleicht sogar, dem Frieden nachzujagen …

„Freeeeeeiheeeeeeeeeeeeeeeeeeeeeeeeeeeeeeeeit!", so schrie William Wallace, während der Henker seiner Arbeit nachging und ihm sein Leben nahm. In einer anderen Szene meinte er, man könne zwar sein Leben nehmen, aber niemals seine Freiheit!

Bist du frei oder gefangen in krankmachenden Bindungen? Wie sehr binden dich noch Ereignisse, Worte, deine Taten in deinem Leben? Bist du in Süchten gebunden? Oder ist es so, dass Menschen an dir schuldig geworden sind oder du an anderen schuldig geworden bist?

Fesseln, Ketten und Gefängnisse haben so viele verschiedene Formen! Ein Maler wurde einmal gefragt, wie er es schaffe, Licht zu zeichnen. Seine Antwort lautete: „Indem ich viele Schatten male!"

So werden wir nun auch einige Schatten malen, damit das Licht heller und heller in unserem Leben leuchten möge und damit die Gute Botschaft immer mehr in unser Leben kommt und uns in die Freiheit führt.

Jesus sagt: „Wen ich frei mache, der ist *wahrHAFT* frei!" (vgl. Johannes 8,36). In diesem Sinne gehen wir es an, ducken uns nicht weg und verkriechen uns nicht in ein Schneckenhaus, sondern treten wir heraus aus unseren Zelten und atmen den Duft von Freiheit, weil wir eine Entscheidung getroffen haben, wie wir leben wollen, nämlich in Freiheit. Vielleicht fallen wir wieder und stehen dann aber wieder auf. Vielleicht stürzen wir tausendmal und stehen jedes Mal wieder auf.

Lasst uns leben nach unserem Herzen!

... und wenn ihr dann in vielen Jahren sterbend in eurem Bett liegt, wärt ihr dann nicht bereit, jede Stunde einzutauschen, von heute bis auf jenen Tag, um einmal nur, ein einziges Mal nur wieder hier stehen zu dürfen, um unseren Feinden zuzurufen: „Ja, sie mögen uns das Leben nehmen, aber niemals nehmen sie uns – UNSERE FREIHEIT!!!"

William Wallace

Wie meinte noch einst der Häftling in der Schweiz:

„Leben ist die Summe der Stunden, in denen wir liebten; und Liebe ist Freeeeeeiheeeeeeeeeeeeeeeeeeeeeeeeeeeeeeeeeit!"

KAPITEL 1

Der todkranke Junge und der alte Mann

Bevor ich euch von einigen „harten Jungs“ berichte, ist es mir wichtig euch zu erzählen, was in der Zeit vor der Entstehung dieses Buches geschah bzw. was mich zusätzlich antrieb, dieses Buch über wahrhafte Freiheit zu schreiben. Ich bin mir sicher, dass wir zum Leben und zur Freiheit berufen sind. Doch das Leben ist ein ständiger Kampf. Fallen, Scheitern und Rückschläge bleiben nicht aus. Es ist ein ständiger Prozess des Wachsens. Ein Reifeprozess bis zu unserer letzten Sekunde, dessen bin ich mir sicher. Deshalb ist es mir ein tiefes Bedürfnis, euch von zwei besonderen Menschen zu berichten, die nicht durch Mauern, Stacheldrähte und Gitter gefangen sind, sondern durch Krankheit oder ein hohes Alter ans Bett oder einen Rollator gefesselt sind; und doch haben sie uns einiges über Freiheit mitzuteilen.

David vor seiner Erkrankung

Es war im Juli 2019. Ich durfte einen Vortrag im Saarland halten; unter meinen Zuhörern war Peter. Schon vor dem Vortrag waren wir kurz ins Gespräch gekommen. Ein toller Mann, ruhig und freundlich, ungefähr in meinem Alter. Offen und ehrlich erzählte ich im Vortrag von meinen Krisen und meinem Scheitern und wie mich Gott geduldig an die Hand nimmt und mein Männerherz formt. Nach dem Vortrag teilte Peter sein Herz mit mir. Was er mir erzählte, machte mich sprach- und fassungslos. Er berichtete mir von seinem sechsjährigen Sohn, von David.

Eines Tages war David mit folgenden Worten an seine Eltern herangetreten: „Mama, Papa: Gott hat mir gesagt, dass er mich bald holt ..." Selbst jetzt, beim Schreiben, fällt es mir schwer, dies alles wiederzugeben. Einige Zeit später klagte David über Kopfschmerzen. Eine Untersuchung ergab, dass der kleine David hoffnungslos krank war. Null Prozent Heilungschancen. Gefasst erzählte mir Peter all dies. Ich fragte nach seinen Tränen und er meinte: „Ich habe so viele Tränen geweint, dass ich fast keine mehr habe." Peter meinte, wenn David gesund wäre, wenn er die Kraft hätte, dann wäre er bestimmt einmal zu uns ins Training oder in ein Projekt gekommen. In meinem Herzen stand längst fest, den Kleinen zu besuchen, wenn ich das Okay der Familie hätte.

Merlin, David und Mama Christina

So besuchte ich an diesem Abend gemeinsam mit meiner Kollegin Hilda den kleinen David, seinen Bruder Merlin, ihre wunderbare Mama Christina und Peter. Dieser Familie liegt es sehr am Herzen, dass die freimachende, beste Nachricht in diese verletzte Welt hinausgetragen wird.

Schweren Herzens schritt ich die Stufen zum ersten Stock empor. So oft schon trat ich an die Betten von Menschen, die auf ihrem letzten Weg waren. So stand ich dann ein paar Augenblicke später am Bett von David. Ja, auch er war durch diese schreckliche Krankheit in diesem Bett gefangen. Ich stand am Fußende des kleinen Mannes und hielt seine Füßlein und massierte sie. Ich spürte, dass Gott selbst an diesem Bett stand. War es Einbildung? Nur ein Gefühl? Eine Hoffnung? Keine Ahnung; ich war und bin mir sicher, Gott war da. Sein Name ist ja „Jahwe", und das bedeutet: „Ich bin (für dich) da!"

Was ist Freiheit? Zum Beispiel, dass ich mir die Freiheit nehme, euch mitzuteilen, dass ich eben weine? Während ich am Bett von David stand, zeigte mir Peter Fotos aus Tagen, als die Welt noch in Ordnung war. Unbeschreiblich, keine Worte treffen, was ich dachte und was mein Herz bewegte. Nach einiger Zeit ging ich auf den Balkon und Christina und Peter folgten mir. Ich atmete tief durch, sammelte meine Gedanken und fragte Gott innerlich: „Warum?"

Antworten bekam ich kaum welche auf die vielen Warumfragen meines Lebens. Mitten hinein in mein Denken, mein Hadern, mein Zweifeln, mein Ringen um Verstehen sagten mir diese wunderbaren Eltern: „Michael, wir sind so dankbar, ja wir haben so großes Glück, dass Gott in dieser unbeschreiblich schweren Zeit für uns da ist!“

Dankbarkeit und Glück? Freiheit – inmitten dieser Umstände? Mit diesen tiefgreifenden Eindrücken fuhren wir in Richtung Heimat. Wir waren auf eine besondere Art von dieser Familie beschenkt worden.

Davids Mama Christina ließ uns später ein paar Zeilen zukommen; sie sollen ein Geschenk für uns alle sein!

Frische Luft weht durch das offene Fenster. Zu dritt sitzen wir im Wohnzimmer und genießen das Frühstück und die gemeinsame Zeit. Ja, unser Wohnzimmer ist nun auch unser Esszimmer. Seit zwei Monaten spielt sich hier fast alles ab.
Beim Gebet haben wir Gott für die Nacht, den neuen gemeinsamen Tag und das Essen gedankt. Und um Segen für unseren größeren Sohn Merlin, der sich gerade auf dem Weg zur Schule befindet, gebeten.
Kinderstimmen von draußen schallen herein. Lachen, Erzählen, hüpfende Schritte.
Man freut sich über fröhliche Menschen und vor allem glückliche Kinder. Aber es sticht ins Herz und die Realität ist wieder da.
Unser kleiner Sohn, 6 Jahre alt, kann solches nicht mehr erleben.
Gefangen im Pflegebett, kämpft er seit 8 Monaten um sein Leben.
Diagnose: unheilbarer Hirntumor. Fortgeschritten.
Einfach nur grausam.
David war ein sehr fröhliches, witziges, aktives und lebensbejahendes Kind.
Da er außer Problemen mit den Augen keine Symptome zeigte, war die Diagnose unfassbar. Doch schnell zeigten sich während und trotz der Therapie die Veränderungen, wie Lähmungen, emotionale Veränderungen, Schwindel, Kopfschmerzen, Übelkeit …
Nun ist er komplett auf den Rollstuhl und ein Pflegebett angewiesen und kann nicht mal mehr selbst die Lage im Bett verändern.
Auch dies ist eine Art von Gefangenschaft – ohne Schuldigkeit.
Gefangen ist der Körper, aber auch die Seele unseres Schatzes. Traurigkeit und auch Angst davor, wie es weiter geht, kann man nicht nur oft in seinen Augen lesen, sondern auch spüren. Zum Glück redet er offen über seine Gefühle und weint auch an besonders schweren Tagen mit uns zusammen.

Aber selbst in einer solchen Situation beschenkt Gott reichlich. Man muss es nur erkennen. Ob es die Menschen sind, die mit helfenden Händen oder offenen Ohren für uns da sind, oder diejenigen, die für David und uns beten (sogar Menschen, die eigentlich nicht gläubig sind, beten). Und die finanzielle Absicherung durch das Pflegegeld und die Zahlungen der Krankenkasse, da wir als Eltern nicht mehr arbeiten können, sind große Geschenke, die uns die Freiheit erlauben, unser Kind selbst rund um die Uhr pflegen zu können. Wir danken Gott dafür. Denn nichts ist selbstverständlich.
Und, so unglaublich es klingen mag, schwingt auch bei David selbst Freiheit mit. Denn Davids Geist konnte nicht gefangen genommen werden. In all dem Leid hat er einen unerschütterlichen Glauben an unseren Herrn Jesus Christus. Er lebt im Geist Gottes, auch schon in diesem zarten Alter.
Und das Wissen und Vertrauen, nach dem körperlichen Tod im Himmel zu sein, gibt ihm und uns die Kraft, die wir brauchen. So kommen an vielen Tagen Davids liebenswertes und witziges Temperament und Freude, schon an kleinen Dingen, immer wieder zum Vorschein.
Dies ist eine Art von Freiheit, die man allen Menschen nur wünschen kann!“

Peter, Christina, Merlin und David Probst
(Anfang September 2019)

Ein paar Tage nach dem kleinen David besuchte ich meine an Demenz erkrankte Tante Elfriede, Jahrgang 1933. Sie ist mir ein besonderer Schatz, meine Taufpatin. Es war und ist schrecklich mitanzusehen, wie sie mehr und mehr abbaut, besonders seit dem Tod ihres geliebten Mannes. Fast 60 Jahre waren sie unzertrennlich. Die letzten Monate schien sie fast alles vergessen zu haben bzw. fand sie nicht mehr die passenden Worte. Aber ihre Gebete hat sie nicht vergessen. Manchmal wirkt sie orientierungslos wie in einer anderen Welt; stimme ich aber ein altes Kirchenlied an, so stimmt sie mit ein. Beginne ich das Gebet meiner Kindheit, welches sie mich lehrte, dann ist auf einmal alles wieder da. Ja, dieses Gebet war unser Erkennungsritual.

Dich, o Jesus, bete ich an,
wie die Weisen es getan.
Gold und Schätze kann ich nicht
bringen vor dein Angesicht,
aber meines Herzens Gold
schenk ich dir, o Jesus hold.
Über alles lieb ich dich,
will dich lieben ewiglich!

An jenem Tag, als ich sie besuchte, saß sie im Aufenthaltsraum des Seniorenheimes. Es waren etwa zehn Mitbewohner im Raum, darunter auch der 89-jährige Herr Krause (Name geändert). Er saß ungefähr zwei Meter von uns entfernt.

Tante Elfriede saß in einem gemütlichen Ohrensessel im Eck. Da kein Platz sonst war, kniete ich mich vor sie hin, umarmte sie und hielt ihre Hände.

Sie schaute mich liebevoll an. Die letzten Monate brachte sie kaum ganze Sätze hervor und stammelte nur verschiedene Wortfetzen. Voller Liebe schaute sie mich an und sagte: „Ich bin müde! Ich möchte jetzt nach Hause gehen!" – Was für ein Augenblick! Was für ein Moment! Was für eine Klarheit! Was für eine Freiheit, sich gewiss zu sein, nach Hause zu gehen. Sehr oft hörte ich diesen Satz schon von Alten und Kranken: „Ich gehe nach Hause ..."

Ein Zuhause ist, angekommen zu sein. Der Ort an dem man geliebt ist. Freiheit!!! – Da war es wieder, was William Wallace in die Welt hinausschrie!

So kniete ich unter Tränen vor Tante Elfriede hin, und sie küsste meine Tränen weg. Was für ein Moment! Welch himmlische Nähe! Wieder dieser Moment: Gott ist da!

Nach einer Weile blickte ich zur Seite und sah Herrn Krause. Er war ein stiller Beobachter dieser Szene und winkte mich zu sich hin. Dann stand er auf und hielt sich krampfhaft am Rollator fest. Ich folgte ihm ein paar Meter. Wir blieben gemeinsam stehen. Unter Tränen begann er zu berichten: „Lieber Michael, ich bin 89 Jahre alt. Als Kind wurde ich christlich erzogen, doch es hat mich ein Leben lang nicht interessiert. Ich wollte von diesem Gott nichts wissen. Vor fünf Wochen ist meine Frau gestorben. Über 60 Jahre waren wir ein Paar. In meiner Verzweiflung erinnerte ich mich an Gott. Ich begann zu beten. Was ich seitdem erleben darf, ist unbeschreiblich. Heute weiß ich, dass es ihn gibt, dass er da ist und mir zuhört!"

Was für ein Bekenntnis! Was für ein wunderbarer Mann! Gebunden an seinen Rollator spricht er an diesem Morgen von Aufbruch, Erkenntnis und Dankbarkeit, mitten in seiner Trauer.

Binnen kurzer Zeit erzählten mir der 6-jährige, todkranke David und der trauernde 89-jährige Mann von ihrer Gewissheit, dass Gott für sie da ist, sie liebt und ihnen eine Hoffnung, einen Frieden, ja, eine Freiheit schenkt, die diese Welt nicht geben kann!

Ich bin überzeugt, dass dieser Gott mit dem Namen „Ich bin für dich da!" am Bett von David ist und zugleich mit Herrn Krause am Rollator steht.

Gebunden an Rollator und Bett, durch Trauer und Krankheit, und doch frei!!!

Wie das zusammenpasst? Ich kann es nicht beschreiben! Muss man alles erklären können? Nein, weil wir wohl auch nicht alles verstehen ...

Vielleicht geht es auch einfach nur um Glauben. Vielleicht ist Glauben mehr als Wissen. Tiefer, verbindlicher, kostbarer ... Vielleicht können wir das Wort Glauben durch „Vertrauen" ersetzen bzw. damit vergleichen.

Papa Peter und David (7 Monate nach der Diagnose)

Stellen wir uns einmal das Glaubensbekenntnis mit einem anderen Beginn vor, anstatt: „Ich glaube an Gott, den Vater, den Allmächtigen" Folgendes zu beten: „Ich vertraue auf Gott, den Vater, den Allmächtigen!"

Ein 6-Jähriger und ein 89-Jähriger wissen sich trotz ihrer Umstände in Sicherheit und Geborgenheit, weil sie ihr Vertrauen auf Gott setzen – und was ist mit dem Rest der Menschen da draußen in der Welt? Was ist mit dir? Wem oder auf was vertraust du? Was haben alle Erfahrungen und all unser Wissen mit uns gemacht? Womit sind wir erfüllt? Mit Hoffnung, Sicherheit und Vertrauen? Oder mit Enttäuschungen, Bitterkeit und Ängsten?

Einmal las ich folgende Aussage: „Intelligenz ist horizontal – Weisheit ist vertikal." Intelligenz bedeutet also nicht gleich Weisheit! Unsere Intelligenz gibt Milliarden aus, um auf dem Mars nach Wasser und Leben zu suchen, während auf der Erde jeden Tag Zigtausende sterben, weil sie kein Wasser haben. Wir bauen Häuser, die hunderte Meter hoch sind, schaffen es aber kaum noch, versöhnt mit dem Nachbarn zu leben. Wir wünschen uns Weltfrieden und machen uns oft schon das Leben in Schule, Freizeit und Beruf ein Stück weit zur Hölle.

Weisheit hat wohl wieder etwas mit Wahrheit zu tun. Weisheit treibt uns an, nach dem Guten, der Wahrheit zu streben, wodurch unser Vertrauen, also unser Glaube, wachsen kann. Ich möchte mehr und mehr lernen und bat Davids Eltern um ein paar Zeilen für dieses Buch.

Hier ein paar Gedanken von Peter zum Thema Freiheit. Wohlgemerkt von einem, der um das Leben seines kleinen Jungen bangt:

„Freiheit"

Was bedeutet sie für uns als Menschen, was beinhaltet sie für uns?

Ich denke, für uns Menschen würde Freiheit bedeuten, in jeder Hinsicht selbst über uns zu bestimmen: Wann und wo ich mich aufhalte, was ich gerade machen möchte usw. Im Großen und Ganzen ginge es um die absolute Selbstbestimmung in jeglicher Hinsicht. Doch hierzu muss man anmerken: Als Gott Adam und Eva erschuf, kam es durch den Sündenfall zur menschlichen Rebellion gegen Gott. Dies war in unserem menschlichen Dasein der Anfang von Selbstbestimmung und gleichzeitigem Gefangensein.

Wie stellt sich Freiheit schlussendlich dar? Beziehen wir uns dabei auf körperliche, seelische oder geistliche Freiheit? Ich bin für mich zu dem Entschluss gekommen, dass meine Freiheit in jeder Hinsicht, ob sie nun körperlicher, seelischer oder geistlicher Natur ist, nur von unserem Herrn Jesus Christus kommen kann: durch Glaube, Liebe und Hoffnung – wobei die Liebe an erste Stelle zu setzen ist. Wieso bedeuten diese drei für mich Freiheit? Hierzu eine kurze Erläuterung:

Glaube – bedeutet für mich, dass es ein göttliches Dasein gibt durch unseren Herrn Jesus Christus, der Himmel und Erde erschaffen hat.

Liebe – definiert sich durch die bedingungslose Hingabe an Gott, durch das Dienen an Menschen und die Hingabe an die göttliche Schöpfung. Hierzu möchte ich sagen, dass Gott seinen einzigen Sohn hingab, da er die Menschen so sehr liebte und das bis heute noch tut!

Hoffnung – definiert sich für mich durch ein Leben nach dem Tod!

Lege ich diese drei Grundgedanken zusammen, so entsteht für mich persönlich, und ich spreche hier nur für mich, Freiheit in jeder erdenklichen Hinsicht.

Sprechen wir über das Gefangensein, so bin ich der Meinung: Sobald ein neuer Erdenbürger entsteht, steht er schon unter Gefangenschaft. Das beginnt bereits beim Fötus, denn ein Fötus kann nur in einer leiblichen Hülle entstehen, selbst wenn er dies nur unbewusst wahrnimmt. Er kann sich dem jedoch nicht entziehen, denn das würde für ihn den sicheren Tod bedeuten.

Gefangen sein kann man auch in Ängsten, durch Alkoholsucht, Drogen, Missbrauch, Krankheiten, Depressionen, aber vor allem auch in Gefängnissen usw.

Gefangensein kann ebenso bedeuten, dass man sich einem politischen System unterordnen (muss), das auf Furcht, Drohungen und Manipulation aufbaut.

Schlussendlich komme ich zu der Überzeugung, dass ein Mensch auf gewisse Weise bereits in Gefangenschaft hineingeboren wird, sobald er auf diese Welt kommt, auch wenn wir dies nur unbewusst wahrnehmen.

Hier noch eine kurze Erläuterung zur menschlichen Seele[1]:

> In der ursprünglichen Schöpfungsplanung gab es eine absteigende Beziehung zwischen Gott und dem Menschen. Dies bedeutet, dass Gott den Geist des Menschen bewegte; dieser bewegte seine Seele, und seine Seele lenkte seinen Körper. Der Geist des Menschen, der direkt von Gott kam, hatte einen direkten Draht zu Gott. Durch die Rebellion des Menschen wurde sein Geist jedoch zur Seite geschoben und seine Seele übernahm die Kontrolle. Die Folge davon ist, dass der sündige Mensch durch die drei Bereiche seiner Seele kontrolliert wird: durch den Willen, den Verstand und die Gefühle.

Wenn ich mich in der Vergangenheit, der Gegenwart und in der Zukunft der Menschen umsehe, komme ich zu dem Schluss, dass der Mensch ein Sklave seiner eigenen Seele ist. Selbst ein Mensch, der scheinbar in allem irdischen Überfluss lebt, ist gefangen in seinem körperlichen, seelischen und geistlichen Dasein (Sündenfall). Deshalb bin ich als Christ der Überzeugung, dass unser Schicksal unmittelbar mit dem unseres Herrn Jesus Christus verbunden ist. Nur durch ihn und Gottes Geist, ist geistliche Freiheit erreichbar, da sie von keinem anderen Menschen einsehbar ist – nach dem Motto „die Gedanken sind frei". Wir haben auch kein Mitbestimmungsrecht bei Fragen, wie zum Beispiel, ob wir auf die Welt kommen

---

[1] Nach dem Buch „Gottes Erfolgsstrategie für Ihr Leben" von Derek Prince.

wollen oder nicht, ob wir als arm oder reich geboren werden, welche Eltern uns zugeteilt werden, wie intelligent wir sind ... All das liegt allein in Gottes Hand. Niemand hat sich ja selbst gemacht. Dies wiederum würde für uns als Menschen bedeuten, dass sich keiner über einen anderen Menschen erheben darf.

Doch denkt der Mensch zu wissen, weiß aber nichts. Das zeigt sich zum Beispiel beim Erfindergeist des Menschen der letzten Jahrhunderte. Was einerseits gewisse Vorteile bringt, entpuppt sich andererseits nach Jahren manchmal als menschlicher Selbstmord, wie zum Beispiel der Klimawandel oder die Vereinsamung von Menschen durch die enorme Digitalisierung.

So können wir uns vieles nicht aussuchen, aber wir können versuchen, das Beste daraus zu machen. Dazu hat Gott uns seine Gebote offenbart. Ich denke, wenn wir sie nur annähernd befolgten, wären wir in gewissen Bereichen keine Gefangenen unserer Seele mehr. Die Vollkommenheit des menschlichen Daseins wird sich allerdings erst in der Ewigkeit, bei Gott, erfüllen.

[Mittlerweile, einige Tage nachdem dieses Buch beendet war, erhielt ich die Nachricht, dass der kleine David das Gefängnis seines Körpers verlassen hat und in seine himmlische Heimat gegangen ist. Dort tanzt er nun in seiner neuen Leichtigkeit – frei!]

Dieses Empfinden der Freiheit, mit dem Ja für Christus auch frei von Ballast geworden zu sein, als Türöffner zur Ewigkeit sozusagen, sucht auf dieser Erde vergeblich seinesgleichen. Es hat himmlischen Charakter.

Waldemar Grab, Musikevangelist

Kapitel 2

Pitbull Rocky

Meine erste Begegnung mit dem „Pitbull" Sebastian: Es war ein Samstagmorgen; er war hunderte Kilometer unterwegs gewesen, um mich kennenzulernen und mit mir Zeit zu verbringen. Ein harter Kerl, mögen ihm viele schon von Weitem attestieren. Aber was ist schon hart? Dass man durch viel Enttäuschung, Demütigungen, Verletzungen eine Mauer um sein Herz gebaut hat? Oder durch so manche böse Tat mehr und mehr abgestumpft ist? Nachdem wir die ersten Sätze gewechselt hatten, sagte ich ihm, dass ich nicht den Starken und Gefürchteten in ihm sehe, sondern einen kleinen, verletzten Jungen. Wir mochten uns sofort. Es entstand eine wunderbare Freundschaft. Hier die Geschichte von „Pitbull" Rocky in seinen eigenen Worten:

„Pitbull" Sebastian Sander

Mein Name ist Sebastian „Rocky" Sander. Ich bin in Hannover aufgewachsen. Als ich sieben war, kamen mein Bruder (damals 4 Jahre) und ich ins Kinderheim. Bis heute weiß ich nicht, warum wir von unseren Eltern getrennt wurden. Im Kinderheim hatten wir ein Zimmer mit einem Hochbett und einen Schrank mit Klamotten, mehr nicht.

Zu dem Thema Klamotten fällt mir ein: Wir sahen die großen Jungs mit *Nike*-Schuhen und *Adidas*-T-Shirts und waren neidisch; wir wollten auch solche Markenklamotten anziehen. Mein kleiner Bruder zeichnete dann auf unsere Shirts mit einem Markierstift die Markenzeichen dieser Firmen auf, und so liefen wir dann draußen herum. Ja, wir wollten so sein wie die!

Wir lernten schnell wie man zu Geld kommt. Wir verkauften Drogen, begingen Einbrüche und irgendwann brauchten wir nichts mehr aufzumalen, sondern kauften uns echte Markenklamotten.

Die Zeit nahm erstmal ihren Lauf. Man nannte uns „Rocky und Rambo" – wir beide gegen den Rest der Welt! Die Betreuer aus dem

Heim hatten keine Chance und keinen Einfluss auf uns. Von unseren Eltern hörten wir nie wieder etwas. Wir hatten vor nichts und niemanden Respekt und hörten auch auf niemanden. Wir waren jung und wollten die Kings sein. Als ich dreizehn war, passierte etwas in meinem Leben, das auf die nächsten Jahre Einfluss nehmen sollte.

Ein paar Jungs und ich brachen irgendwo ein und klauten dort eine Schachtel mit Zigarren. Am nächsten Tag wollte ich sie im Rotlichtviertel verkaufen. Und da stand „Er“! Glatze, Tattoo auf'm Kopf und eine Hells-Angels-Kutte an. Er schaute böse und gefährlich.

Ich fragte ihn: „Willst kaufen?“

Er schaute mich an und sagte: „Wie alt bist du?“

Ich sagte: „Das ist doch egal, willst kaufen oder nicht?“

Nach langem Hin und Her sagte er: „Komm, ich geb dir 'ne Cola und 'nen Döner aus.“

Da saß ich nun mit dem Typ. Hey! Der war ab jetzt mein Held! Es war mega-cool!

Immer, wenn ich in der Stadt war, ging ich ins Milieu und fragte: „Wo ist der Mann, mit dem Tattoo auf'm Kopf?“ Und wenn ich ihn traf, schenkte er mir seine Aufmerksamkeit. Wenn er „Mein kleiner Rocky!“ sagte, dann zauberte es mir ein Lächeln ins Gesicht und mein Herz sprang vor Freude.

Er fragte mich: „Wo wohnst du?“

Ich darauf: „Im Kinderheim.“

Er fragte: „Wo sind deine Eltern?“

„Weiß ich nicht! Ich und mein kleiner Bruder sind allein.“

Später fragte er: „Biste schon mal mit einer Harley gefahren“?

Ich darauf: „Nein!“

Er holte einen Helm, setzte ihn mir auf und sagte: „Setz dich hinter mich und halt dich ganz dolle fest.“

Ich darauf: „Ok!“

Und das war die Fahrt meines Lebens! Wir fuhren ins Kinderheim, und die großen Jungs staunten! Das war mega-cool!

So verging die Zeit, und das Rotlichtviertel und die Angels wurden meine Familie. Mann, war das ein Leben! Hey, wir waren jetzt jemand! Wer wollte was gegen uns machen? Wir lebten mit Partys, Geld, Frauen und dem ganzen Programm.

Mit 16 oder 17 Jahren wollte ich Türsteher im Rotlichtviertel werden. Hier gab es viele Discos von den Angels. Türsteher zu sein war in dieser Zeit etwas Cooles in meinen Augen. Das wurde ich dann auch und zugleich akzeptiert. Ich wurde in die Familie aufgenommen. Zusammenhalt: „Einer für alle, alle für einen“; Bruder für Bruder bis zum Tod. (Genauso kam es später auch ...)

Das erste Mal wurde ich mit neunzehn verurteilt und kam für drei Jahre in den Jugendknast. Als ich mein Urteil hörte, brach eine Welt für mich zusammen. Ich landete in einer kleinen Zelle, mit Gittern am Fenster. Nach zwei Monaten kamen die ersten Schlägereien. Man hat sich mit den Jungs zusammengetan, die man kannte, und hat da versucht, sein Ding durchzuziehen. Solange du mit den anderen Jungs zusammen bist, ist alles gut. Aber wenn die Tür zugeht, bist du wie ein Tier eingesperrt.

Irgendwann später kam ich für vier Jahre wegen Körperverletzung in den Knast. Zusätzlich wurde ich bei einer Schlägerei komareif geschlagen. Nach acht Monaten und ein paar Tagen wurde ich wieder wach und machte meine Augen auf. Das Erste, was ich sah, war „ER", der mit dem Tattoo auf dem Kopf, der mit der Zeit wie ein Vater für mich geworden war. Als ich im Knast einsaß, war er immer für mich da. Er hat auf meinen kleinen Bruder und mich wie ein Vater aufgepasst.

In der Reha kämpfte ich mich durch, um wieder bei meinen Jungs und bei meiner Familie zu sein. Und ich schaffte es! Ich tat es für meine Familie, für den Zusammenhalt und die Bruderliebe. Und für die Aufmerksamkeit und das Gefühl, gebraucht zu werden; dort fühlte ich mich sicher. Ich habe für die Worte „Ehre, Stolz, Respekt und Loyalität" alles gegeben, wirklich alles!

Mein kleiner Bruder war immer in der Nähe, und ich war sein Vorbild. Es gab eine Schlägerei und mein Bruder ging einfach drauf los. Danach fragte ich ihn: „Sag mal, hast du keine Angst?"

Er meinte: „Nee, brauch ich nicht! Du bist ja immer für mich da! Wovor soll ich Angst haben?!"

Die Zeit nahm ihren Lauf und wir wurden zu Pitbulls, die gehorchten! Wenn wir einen Befehl bekamen, bissen wir zu, ohne zu hinterfragen. Im Rotlichtviertel kämpften wir die Kriege gegen die Bandidos, die Albaner und die Kurden. Die Auseinandersetzungen forderten viel Schmerz und Verlust. Mein bester Freund wurde im Krieg gegen die Albaner neben mir erschossen. In einem Krieg gegen die Bandidos wurde einem Freund von mir mit einem Schweißbrenner das Augenlicht rausgebrannt. Einem anderen Freund mischte man Rattengift ins Kokain.

Auch intern ging viel zu Bruch. Der Neid, die Missgunst, die Macht, die wir hatten, und das Geld, um das es ging; das alles machte viel kaputt.

Eines samstagnachts war die Party im Milieu in vollem Gange. Plötzlich kam „ER“, der wie ein Vater für mich war. Unerwartet holte er einen Ballermann raus und schoss in die Luft. Alle liefen durcheinander … Chaos!

Gerade wollte ich zu ihm, da fiel der zweite Schuss. Diesmal nicht in die Luft. Er schoss sich vor unseren Augen in den Kopf! Ich kam zu spät …

Das zog mir endgültig den Boden unter den Füßen weg …

Doch trotz allem, was passiert war, sollte und musste ich weiter funktionieren. Um das irgendwie auszuhalten, zog ich mir nur noch Koks rein, bis nichts mehr ging. Ich wollte alles verdrängen und meinte, für die anderen stark sein zu müssen. Einfach da sein! Man schickte mich nach Belgien, Amsterdam und Hamburg, weil man hoffte, es würde mir dort besser gehen. Aber auch dort im Milieu, wo ich als Rausschmeißer arbeitete, dröhnte ich mich mit Koks komplett zu.

Eines Nachts wollte ich nicht mehr. Ich hielt mir den Ballermann an den Kopf und drückte ab. Doch es geschah – nichts!

Ich dachte „Was ist das … ???“

Das nächste Mal zielte ich auf den Boden, drückte ab und … „Bumm“, die Kugel löste sich! Da fing ich an zu weinen – ich war am Ende. Das konnte doch nicht sein …

Nichts war mehr so, wie es war. „ER“ hatte mich vieles gelehrt. „Hör auf dein Herz.“ – „Schau nicht auf andere und steh zu dem, was du sagst und tust.“ – „Wenn du morgens in den Spiegel schaust, darf da kein Zweifel sein, kein Hass.“ – „Sei dir selbst immer treu.“ Ja, er war einfach wie ein Vater für mich.

Vollkommen am Ende suchte ich mir Hilfe. Ich wandte mich an einen Mann, der ein gutes Herz hatte und mir seine Hilfe anbot und sagte: „Rocky, ich bin da und helfe dir!“

Anfangs hielt ich ihn auf Abstand, sagte aber dennoch: „Okay.“

Dann ging ich zu meinen Jungs, meiner Angels-Familie, und bat darum, einen Neuanfang machen zu dürfen. Sie gaben mir den Segen und sagten: „Junge, wir lieben dich, geh und finde Frieden.“

So ging ich in eine Entgiftung und nahm Kontakt mit der christlichen Therapieeinrichtung „Neues Land“ auf. Ich und christlich sind zwei Paar Stiefel. Ich dachte: „Shit, was geht jetzt ab? Vor dem Essen morgens Andacht; und alle sind so voller Liebe zu mir.“ Das war anfangs absolut verrückt. Es kam mir vor wie eine andere Welt. Aber diese Menschen kamen mit einer Liebe auf mich zu, dass war unglaublich!

Sie redeten von Jesus, seiner Liebe und von Gott. Ich dachte, wo war Gott, als ich und mein Bruder im Kinderheim waren? Nach ihm schrien? Wo war er, als all die Menschen, die mir wichtig waren, starben, wo?!

Ich war ein Rebell, aber die Menschen dort haben mich nicht aufgegeben und kamen mir mit ihrer Liebe entgegen, wie eine Familie. Ich wollte das nicht verstehen. Während die Therapie ihren Lauf nahm, ja, da spürte ich, dass die Menschen es ernst mit mir meinten – dass diese Liebe, die sie mir entgegenbrachten, und dieses Zwischenmenschliche echt waren.

Ich hatte meine Zweifel; aber obwohl es unvorstellbar für mich war, was sie von Gott und der Liebe Jesu erzählten, spürte ich, dass ihre Hilfe, die sie mir anboten, echt war. Ich lernte Menschen kennen, mit denen ich jetzt eine enge Freundschaft habe und die mit mir Kämpfe durchgemacht haben, auf eine andere Art, als ich es kannte.

Ich lernte neu zu vertrauen, Gefühle zu zeigen, über meinen Schmerz und meine Enttäuschung zu reden. Das war eine ganz neue Erfahrung. Und ich hörte von Gottes Wort und erfuhr von Jesu Liebe. Dennoch blieb es auch ein Kampf. Die Therapie „Neues Land“ zeigte mir auf eine andere Art Gemeinschaft, Nächstenliebe und Barmherzigkeit. Während der Therapie wurde im Rotlichtmilieu eine Freundin vergewaltigt, die mir sehr am Herzen lag – ein weiterer Tiefschlag für mich, der neue Zweifel in mir auslöste. Dazu hörte mein kleiner Bruder nicht auf, mit den Albanern Ärger zu machen. Auch dies stimmte mich unruhig. Trotzdem versuchte ich, mich weiter auf mich selbst und die Therapie zu konzentrieren, und setzte die Therapie fort.

Ich bekam ein Buch in die Hände: „Kein Herz aus Stahl.“ Das hat mir eine ganz andere Sichtweise vor Augen geführt. Es brachte mich zum Nachdenken. Daraufhin schrieb ich dem Autor, Michael Stahl, einen Brief und erzählte ihm von mir und dass sein Buch mich ermutigte. Michaels Frau Sandra antwortete mir und ermutigte mich, ich solle weiterkämpfen und mit der „Hilda“, seiner Angestellten, Kontakt aufnehmen. Aber zu dieser Zeit meinte ich, es besser zu wissen; ich unterbrach die Therapie und versuchte es auf eigene Faust.

Das ging innerhalb von drei Monaten in die Hose. Ich fing nicht nur wieder als Türsteher an, sondern Koks war auch wieder mein bester Freund. Mein kleiner Bruder trat den Albanern immer mehr auf die Füße. Bei einer albanischen Hochzeit klaute er die ganz teuren Luxusschlitten – das totale Chaos. Danach rief ich den Leiter vom „Neuen Land“ an und erzählte ihm, dass ich alles gegen die Wand gefahren hätte und nicht wüsste, wie es weitergehen solle.

Und wieder spürte ich diese Menschlichkeit. Ohne zu zögern, setzte man alles in Bewegung, dass ich einen zweiten Therapieversuch starten konnte, was mich sehr herausforderte. Ich war mit erhobenem

Haupt und großer Klappe gegangen. Und nun kam ich wieder und nahm es ernster als zuvor. Zusätzlich spürte ich noch mehr die Liebe Jesu, die diese Menschen, die ihn im Herzen hatten, mir weitergaben.

Kurz vor der Weihnachtszeit bekam ich einen Anruf: „Dein kleiner Bruder ..."

„... ist tot!" Er hatte eine Schlägerei in einer Disco gehabt und war abgestochen worden. Er war noch in dieser Nacht an Ort und Stelle verstorben.

Das hat alles in mir zerstört!

Trotzdem kämpften die Menschen um mich herum. Es war sprichwörtlich ein Kampf um „Gut und Böse"! Ich war voller Rachegefühle und -gedanken. Ich hatte nur noch Vergeltung im Kopf.

Warum, weiß ich nicht, aber zur Weihnachtszeit schrieb ich Michael Stahl nochmals an. Ich erzählte ihm von meinem Versagen. Seine Frau antwortete mir wieder und meinte ein zweites Mal, dass ich Kontakt zu Hilda aufnehmen solle. Diesmal tat ich es auch und fuhr nach Bopfingen. Dort lernte ich den Menschen „Michael" kennen. Es war so wertvoll! Er ist ein ganz besonderer und wichtiger Mensch in meinem Leben geworden.

Die Zeit schritt voran. Michael Stahl war nun ein Teil der Veränderung in meinem Leben. Er zeigte mir seine Sicht von der Liebe Jesu; und ich spürte immer mehr, dass sich in mir und bei mir etwas veränderte. Mein Denken, meine Sicht zu vielen Dingen wurde anders.

In meinem Herzen wuchs etwas, etwas war da, das mich erreichte – die Liebe und das Wort Jesu.

Wer hätte das gedacht? Ich habe Veränderung erlebt. Liebe! Und ich nahm es ernst und beschäftigte mich damit, und die Zeit verging.

Ich verließ die Therapie zum zweiten Mal und ging an die Nordsee. Dort wollte ich einen Neuanfang starten. In meinem Herzen war etwas am Wachsen. Diese Liebe, die mir die Menschen im „Neuen Land" vermittelt hatten, war der Wahnsinn! Mit dieser Erfahrung fing ich an der Nordsee neu an. Der Hammer ist, dass ich dort eine freikirchliche Gemeinde fand und zugleich eine Biker-Gemeinschaft. Ich bin glücklich – auch wenn wieder Tiefschläge kamen ... Ein guter Freund starb, und ja, ich hatte Zweifel und schrie den Papa aller Papas an: „Wo bist du??"

Zwischen den Zweifeln kamen wieder Menschen in mein Leben, die volle Kanone mein Herz eroberten. Und dann kam der Tag, an dem etwas Unfassbares passierte. Ich bekam Besuch hier an der Nordsee: Die Albaner! Ich dachte, jetzt ist meine Stunde gekommen! Zwei Autos fuhren vor, und zwei Gorillas stiegen aus, samt dem Vater von demjenigen, der meinen Bruder umgebracht hatte. Sofort war ich „auf Angriff“! Doch der alte Mann sagte: „Ich bin nicht hier, um Krieg zu führen, sondern um zu reden! Lass uns ein Stück gehen!“

Wir redeten und warfen uns gegenseitig Schuldzuweisungen an den Kopf. Plötzlich sagte er:

„Rocky, ich habe gehört, du glaubst an Gott.“

Ich fragte: „Bist du deswegen den weiten Weg gekommen?“

Er sagte: „Nein, ich möchte dich um etwas bitten: Bitte vergib meinem Sohn, was er deinem Bruder angetan hat!“

Ich tigerte hin und her, setzte mich, um klar denken zu können. Aber wisst ihr was? Ich habe es ausgesprochen!

„Ich vergebe deinem Sohn!“

Danach setzten wir uns gemeinsam hin und beteten. Er zu Allah, ich zu Gott, dem Papa aller Papas. Das war komplett außergewöhnlich ...

Was soll ich sagen? – Ich habe hier meinen Frieden gefunden! Ich habe hier an der Nordsee einen Neuanfang gemacht, mit Jesus im Herzen und wertvollen Menschen um mich herum. Die Liebe Gottes ist die stärkste Macht, die es gibt. Ich habe es selbst erfahren. Ich, der Pitbull, der immer gleich zugebissen hat.

Bei meiner ersten Drogentherapie waren ich und Gott noch zwei Paar Schuhe gewesen. Ich hatte das nicht verstehen wollen. Gott, wo war er denn gewesen, als ich ihn brauchte, wo? Und ja, ich wollte davon nichts hören! Aber ich spürte die Liebe der Mitarbeiter, überhaupt die ganze Atmosphäre. Ich fand das komisch; sie sangen und erzählten von Jesus und von Vergebung. Ja, das war verrückt! Ich war in der Zeit bestimmt nicht einfach und machte einige Kämpfe mit mir durch. Während der Therapie, da musste ich an meine Schwachstellen ran, und an das, wonach ich mich sehnte. Ja Mann, da habe ich viel über mich erfahren dürfen und über meine Stärken und Schwächen.

Ich war auf der Suche nach Familie gewesen, nach Zusammenhalt und Aufmerksamkeit. Ich wollte gebraucht und geliebt werden. Und das hatte ich im Milieu gehabt, das ganze Programm. Aber auch die andere Seite hatte ich schmerzvoll erlebt, wie Menschen draufgingen, die mir wichtig waren; und immer musste man für eine Boxerei präsent sein, egal wie!

Nach der Therapie im „Neuen Land“ zog ich an die Nordsee zurück. Und ihr wisst, ich habe jetzt Jesus im Herzen – ich, der sich „Rocky“ nannte. Ich habe mein Lächeln wieder! Ich werde nicht vergessen, was passiert ist, wie auch. Aber ich versuche, auch jetzt, hier, die Menschen vor so einem Weg wie meinem zu warnen.

Dies war nur ein kleiner Einblick in mein Leben – was ich durchmachte, wie andere dabei zu Schaden kamen und wie turbulent und gefährlich ein Leben als „Angel“ sein kann.

Es geht auch anders; und wer hätte gedacht, dass ich mich mal so verändere und so denke. Aber, ja, Gott hat für jeden von uns einen Plan, habe ich gehört. Auch wenn ich Zweifel habe und mich alles aufregt, vertraue ich trotzdem weiterhin Jesus und gebe seine Liebe an die Menschen weiter – Nächstenliebe, Gemeinschaft und Barmherzigkeit.

Ich kann sagen, ich bin angekommen und habe meinen Heimathafen gefunden. Hey, Frieden kommt von Herzen und jeder von uns ist wertvoll! Es zählt nicht, wie stark du bist; es kommt darauf an, dass du, wenn du fällst, wieder aufstehst und weiterkämpfst. Ich bin dankbar für die Menschen in meinem Umfeld, die mich auf meinem Weg immer wieder neu ermutigen.

Seid gesegnet! Gelobt sei der Name des Herrn!

Euer Sebastian

Ich bin so frei – und kann das tun und lassen, was mich voranbringt, reifer macht und zunehmend zufriedener. Frei von Süchten, Abhängigkeiten und „Sachzwängen“; durch Jesus befreit zum Leben, zum Lieben, zum Handeln; frei, Verantwortung zu übernehmen und mir helfen zu lassen. Auch nach Jahrzehnten als Christ bleibe ich dabei ein Anfänger, der Fehler macht und Mist baut. Aber der immer wieder die große Freiheit der Vergebung und des Neuanfangs erleben darf.

Christoph Zehendner, Liedermacher, Journalist, Theologe

Kapitel 3

Blases Beichte

Was für eine wunderbare Geschichte von Sebastian. Er wurde mein Freund; gemeinsam haben wir schon einige wunderbare Momente erlebt, unter anderem mit unserem gemeinsamen Freund Wolfram, den man eigentlich nur als „Blase" kennt. Ich bin mit Blase aufgewachsen. Wir klauten zusammen, spielten Fußball oder rauchten heimlich. Wir arbeiteten auch ein paar Jahre in einer Lederfabrik zusammen. Wir kamen immer gut miteinander aus. Jeder lebte halt sein eigenes Leben. Vor etwa zehn Jahren besuchte ich meinen alten Weggefährten spontan in seiner kleinen, liebevoll eingerichteten Bude. Und von da an regelmäßig. Manchmal einmal die Woche oder mindestens einmal im Monat. Er trank und war verbittert. Doch von Besuch zu Besuch veränderte sich sein Herz. Bis zu diesen Momenten, als wir gemeinsam weinten und beteten. Was für eine Entwicklung! Wo einst Verbitterung und Hass waren, ist heute Offenheit und Verständnis – Liebe, auch wenn man es in den „harten" Kreisen kaum hört oder anspricht. Es geht immer um Liebe.

Aber lest selbst „Blases Beichte". Die Geschichte eines Mannes, der selbst nicht mehr genau weiß, ob er 30- oder 40-mal vorbestraft ist. Aber das liegt hinter ihm, und schon längst hat eine neue Zeitrechnung für Blase begonnen:

„Blase" Wolfram Holzner

Die Liste meiner Vergehen, all der Anzeigen, die gegen mich liefen, und der Verurteilungen ist lang. Bei einer meiner letzten Verhandlungen wurden meine bisherigen Vergehen vorgelesen, und ich kann nur eines sagen: Da verging sehr, sehr viel Zeit. Nicht dass ich darauf stolz wäre, sondern es war einfach so. Ich muss akzeptieren, was war. Ich kann es nicht mehr ändern, aber ich sage dies aus dem sicheren Bewusstsein heraus, dass einem wie mir vergeben wurde, und aus einer Freiheit, die ich vorher nie gekannt habe. Doch fangen wir von vorne an.

Ich heiße Wolfram Holzner, wurde 1972 in einem wunderschönen, kleinen Dorf geboren und wuchs dort auch auf. Wir waren wilde Kinder und tobten stundenlang in den Gassen und Wäldern. Michael war einer meiner Jugendfreunde. Wir stöberten zusammen im Sperrmüll, klauten in den örtlichen Tante-Emma-Läden, qualmten heimlich und kickten gemeinsam beim örtlichen Fußballverein. Wobei dort nicht mein Talent war. Ich kann mich noch an eine Szene erinnern, dass man mich einwechselte und ich keine zwei Minuten auf dem Spielfeld war. Der Stürmer der gegnerischen Mannschaft preschte an mir vorbei, und er war einfach sehr schnell, zu schnell für mich. Ich hatte eine Aufgabe und zwar diesen Stürmer zu stoppen, und dem kam ich dann auch nach. Ich glaube, der Ball war schon zwei bis drei Meter weg, da senste ich meinen Gegenspieler gnadenlos um. Mein Auftrag war erfüllt, ich hatte ihn gestoppt. Aber unser Trainer Wolfgang hat es wohl ganz anders gemeint, als er mich aufgefordert hatte, ich solle den Typen außer Gefecht setzen. So war dann mein kleines Gastspiel nach zwei Minuten mit der roten Karte beendet.

Nein, im Fußball lagen meine Talente nicht. Dagegen bemerkte ich, dass meine kleinen Gaunereien ziemlich erfolgreich waren. Freunde bewunderten meinen Mut – falls man hier von Mut sprechen kann ... Meine Grenzen verwischten immer mehr. Meine Eltern konnten mich nicht mehr halten. Dazu kam noch, dass ich bereits mit 13 Jahren meine ersten Erfahrungen mit dem Alkohol machte. Was ganz langsam begann, steigerte sich mit den Jahren. Im Rückblick stelle ich heute fest, dass ich schon in ganz jungen Jahren Alkoholiker war. Aber sieht man dies selbst? Steht man(n) dazu? Ist man sich dessen überhaupt selbst bewusst? Es war ein Teufelskreis.

Der Großteil meines Freundeskreises war wie ich, und ich war ihr Anführer. Kaum ein Fest, bei dem ich nicht gesoffen und mich nicht geprügelt hätte. Die Spirale drehte sich immer weiter abwärts. Die Anzeigen trudelten massenhaft ein. Eine Gerichtsverhandlung folgte der anderen. Ich machte mir einen Namen. Doch was für einen? Der Schläger, der Verbrecher; ja, ich war gefürchtet! Betrat ich ein Festzelt, so konnte man sich darauf verlassen, dass dieses Fest mit Sicherheit nicht friedlich enden würde, denn ich, „Blase", war da, um mal wieder so richtig aufzuräumen.

Aufräumen? Ja, in meinem Leben, in meinem Herzen war es nicht aufgeräumt; deshalb war ich wohl so, wie ich war – gnadenlos. Alles, was mir in die Hände kam, setzte ich ein, um zu verletzen und zu zerstören. Aschenbecher, Maßkrüge, Bierbänke und vieles mehr diente mir als Waffe. Im Nachhinein schäme ich mich. Doch unser Heiland starb nicht nur für meine Schuld am Kreuz, sondern auch für meine Scham gleich mit. So weit war ich damals allerdings noch nicht. Mein Herz war schwer, zerrissen und hart.

Ich, „Blase", bekenne: Ich schlug unzählige Male zu, nutzte die Frauen aus, habe eingebrochen, Menschen erpresst und überfallen. Auf Geldstrafen folgten Bewährungsstrafen. Und da ich mich nicht ändern konnte oder wollte, kam es, wie es kommen musste, und ich wanderte in den Bau. Insgesamt wurden es doch einige Jahre. In den verschiedensten Gefängnissen saß ich ein. Wie sehr musste sich wohl meine Familie sorgen? Aufsteigende Gefühle ertränkte ich in Alkohol und in Bösartigkeit – mir und anderen gegenüber. Der Alkohol wurde zu meinem besten Freund und meinem schlimmsten Feind zugleich.

Während einer meiner Haftaufenthalte starb mein Vater. Mir ist schwer, wenn ich daran denke. In Handschellen wurde ich zur Beerdigung gebracht. Was war nur aus mir geworden? Was war nur aus dem Jungen geworden, der einst fröhlich durch die Straßen seines kleinen, wunderbaren Dorfes gezogen war? Irgendwo und irgendwann bin ich falsch abgebogen und habe die Kurve nicht mehr bekommen …

Es war so um 2010, als mich mein alter Freund, Michael Stahl, besuchte. Immer und immer wieder saß er auf meinem kleinen Sofa in meinem 10 m^2-Wohnzimmer, in meinem kleinen Schneckenhäuschen. An meiner Eingangstür steht nicht mein Nachname, sondern „Blase". So kannte und kennt man mich. Immer wieder besuchte Michael mich und erzählte mir von seinen „Baustellen", seinem Versagen und seinen Niederlagen. Das kannte ich in dieser Form nicht. Darüber sprach mein „alerter"[1] Freundeskreis nicht. Da ging es eher darum, wer wie viel Schnaps verträgt und wer wann und wo eine Frau ausgenutzt hatte; aber über Scheitern und Versagen, darüber wurde nicht gesprochen!

Jahr um Jahr verging; ich trank weiter, aber Michaels Worte drangen mehr und mehr an mein Herz. Was war mit meinen Baustellen, meinen Niederlagen und vor allem mit meiner Schuld? Zwar habe ich all meine Schuld, die mir die Richter aufbrummten, abgesessen, doch die Schuld in meinem Herzen saß tief, sehr tief sogar.

[1] Munterer, aufgeweckter.

Mit der Zeit brachte Michael seine Freunde zu mir, und seine Freunde wurden zu meinen. So beehrten mich Peter Neuer, der Vater unseres Welttorhüters; Alexander Dimitrenko, der ehemalige Europameister im Boxen; Michael Sternkopf, der ehemalige Star des FC Bayern ... sie alle kamen zu mir, Blase, dem Gefürchteten, der im Grunde seines Herzens einsam und traurig war. Sie alle besuchten mich in meinem Schneckenhaus.

Einmal feierten wir mit fast 20 Leuten Weihnachten in meiner kleinen Bude. Ihr fragt euch, fast 20 Leute auf 10 m^2?? Ja, so war es! Michael meint, dass sogar 30 Leute hier Weihnachten feiern könnten. Wir sangen gemeinsam „Stille Nacht". Mein Herz wurde berührt. 30 Minuten lang habe ich Geschenke ausgepackt, von überall her hatten Menschen es auf dem Herzen gehabt, mich zu beschenken. Einem, der so viel genommen hatte, wurde so viel gegeben. Später wurde mir klar, dass nicht die Geschenke Weihnachten ausmachen, sondern dass Jesus selbst sich zum größten Geschenk für mein Leben machte. Ich wollte meine Tränen verbergen; doch Michael meinte: „Ein Mann ist erst dann ein Mann, wenn er sich seiner Tränen nicht mehr schämt." So weinte ich an diesem Abend vor allen.

Ja, er hatte recht. So manche Träne hatte ich heimlich in meiner Zelle vergossen. Niemand sollte sehen, dass Blase weinte. Heute weiß ich, sie weinten fast alle und tun es immer noch.

Ende 2017 erkrankte ich schwer. Fast wäre ich gestorben. Dann beschloss ich, für immer dem Alkohol zu entsagen. So hörte ich von einem Tag auf den anderen auf zu trinken. Sogenannten Freunden, die mich all die Jahre mit Alkohol versorgt hatten, wies ich die Tür.

Ich lief in diesen Monaten durch die Hölle. Ja, es war die Hölle! Unfassbare Ängste und Kämpfe habe ich durchlitten. Ich war von Dunkelheit umhüllt. Aber meine Familie und Michael besuchten mich regelmäßig, und meine Mutter sagte mir, sie habe all die Jahre immer für mich gebetet. Dies bewegte mein Herz; meine Mutter hatte durch meine Taten so viel Schmerz erdulden müssen und sich dabei doch an Gott geklammert.

So fing auch ich an zu beten. Mein Herz veränderte sich. Einer der erfolgreichsten Boxer der Welt, unser „Sascha", legte den Arm auf meine Schulter und betete. Es war mir irgendwie fremd, aber es tat so gut – ich kannte dies nicht. Im Suff hatten meine Kumpels und ich uns oft in den Armen gelegen, aber wohl eher, um uns gegenseitig abzustützen, nicht aus Wertschätzung. Die hatten wir durch den Alkohol und unsere Taten zunehmend verloren. Eine Umarmung, Hände auf meiner Schulter und dabei zu beten, dies kannte ich nicht!

Als ich fast mein Leben verloren hätte, kam ich ins Krankenhaus. Familie und Freunde waren da, und noch einer hat mich nie verlassen – Gott. Nun spürte ich ihn immer mehr. Durch Michael lernte ich auch den katholischen Pfarrer Wolfgang, genannt Woppi, kennen. Wir wurden sehr schnell Freunde, und als ich das Krankenhaus verließ und frei vom Alkohol wurde, beschloss ich, nun auch ganze Sache mit Gott zu machen und Woppi alles zu sagen, was mir auf dem Herzen lag. Da war immer noch die tiefe Schuld meines Herzens; sie lag tonnenschwer auf meiner Seele. Ich weiß, dass Gott mich immer hört und sieht, aber ich hatte das tiefe Bedürfnis zu beichten.

Ich werde diesen Nachmittag nie vergessen, als Woppi in meine Bude kam und mir ein Kreuz schenkte, welches nun der Mittelpunkt meiner Wohnung ist. Wir saßen nicht im Beichtstuhl, sondern auf meinem kleinen Sofa. Wir waren nicht ganz allein, ich habe noch einen Vogel. Ihr werdet denken: Na klar hat der einen Vogel, bei der Lebensgeschichte! Das mag sein, aber ich habe noch einen Wellensittich mit Namen Helga. So saßen wir nun auf diesen 10 m², mein Freund Pfarrer Woppi, Helga und ich; und einer war auch da, der mich nie verlassen hatte und mich immer geliebt hat und es ewig tun wird! Egal was ich tat, seine Liebe, er selbst, war immer da – Gott war mit uns und bei uns. „Bekennt einander eure Schuld", so steht es in der Bibel. Das tat ich an diesem Nachmittag:

Ich sprach mir alles vom Herzen, alles … je mehr ich sagte, desto freier wurde ich. Mir wurde vergeben!

Ich bin frei. Meine Strafakte in dieser Welt ist ellenlang, doch mein Schuldschein vor Gott wurde zerrissen. Mir ist, als könnte ich seitdem besser atmen. Allen, die zu mir kommen, erzähle ich meine Geschichte, was der große Gott für seinen kleinen „Blase" getan hat. Er liebt mich, nicht für das, was ich getan habe, sondern für das, was ich in seinen Augen bin, sein geliebtes Kind Wolfram. Stück für Stück merke ich nun, wie mein Leben sich verändert.

An dieser Stelle möchte ich alle um Verzeihung bitten, denen ich Unrecht getan habe, und ich weiß, es sind viele. Wir alle haben unsere Kämpfe, auch ich, aber ich weiß: Gott, meine Familie und meine Freunde sind an meiner Seite.

Zum Abschluss meiner Geschichte wünsche ich euch: Lasst die Finger von der „Sauferei"; es fängt oft sehr harmlos an. Eine Lawine kannst du nicht mehr stoppen, wenn sie erst mal in Fahrt kommt. Sucht euch Freunde mit denen ihr über alles sprechen könnt, so wie ich mit Woppi, Peter, Sternie, Alexander, Rainerle, Michael usw. und meiner Familie. Haltet euch an Gott, denn er hält euch. Wenn Leute über dich lachen, bete für sie gleich mit. Nehmt euch Zeit fürs Beten und schämt euch nicht dafür. Schon komisch, beim Saufen, Herumhuren, dreckige Witze Erzählen, Schlägereien, Betrügereien …, da schämten wir uns früher nicht, aber so mancher schämt sich zu beten. Ich nicht, es gibt mir Trost und Kraft, und dies wünsche ich allen von Herzen.

Freunde: Rainer, Blase und Rocky

Nach all den Jahren kann ich endlich befreit lachen, mein Herz öffnen und weinen, wenn mir danach ist. Ich bin frei. Gottes Liebe hat mir eine tiefe Freiheit geschenkt, mir, Blase, dem einst so Gefürchteten.

Es gäbe noch soviel zu berichten. Wer mal in meiner Ecke ist oder hier lebt, darf mich gerne besuchen; ich wohne in Michaels Nähe. Meine Tür ist offen! Helga und ich, wir freuen uns. Der rote Teppich ist bereits ausgerollt, den brachte mir mein Freund Volker mit, der Inhaber eines Teppichgeschäfts ist, und der dieselbe Freiheit erleben durfte wie ich, nur auf eine andere Art und Weise. Früher hätte ich bei Volker eingebrochen und mir diesen und noch andere Teppiche geholt, und die Kasse hätte ich auch gleich noch mitgenommen. Heute beschenkt mich Gott durch Volker und durch viele andere wunderbare Menschen.

Also wie gesagt, die Tür ist geöffnet, der rote Teppich ist ausgerollt und ein Platz auf meinem Sofa ist für dich frei!

Freiheit!
Frei von dem Druck anderer zu sein!
Frei von dem Druck, jemand anderes zu sein!

Frei! Fehler zu machen und einfach nur zu lachen.
Frei! Nach Frieden zu streben und anderen zu vergeben.
Frei! Meine Mitmenschen zu achten und nichts von ihnen zu erwarten.

Frei! Einen anderen zu trösten, weil ich selbst erlöst bin.
Frei! Denn ich bin einfach genug, weil Jesus meine Schuld auf sich lud!

Frei! Einfach Sein Kind zu sein, denn ich bin niemals allein!
Freiheit! Jesus ist, und ich darf einfach nur sein!

Petra Spillman

KAPITEL 4

Alles oder nichts

Dies ist die Geschichte eines Freundes, der nach außen hin wohl alles hatte, was man(n) sich so vorstellen konnte – Geld, Ansehen, die besten Kontakte – und der doch gefangen war. Gefangen von der Gier und der Sucht nach Anerkennung und Liebe. Bis er eines Tages den kennenlernte, der ihn wahrhaft frei machte, mitten im Gefängnis.

Josef Müller, geboren 1955, war Steuerberater, Finanzjongleur, panamaischer Honorarkonsul in Deutschland und Botschafter der Zentralafrikanischen Republik in Monaco. Heute ist er ein Sprecher und Evangelist für Jesus. Sein Buch „Ziemlich bester Schurke" wurde zum Bestseller. Im Gefängnis wurde er wahrhaftig frei!

Josef Müller

Wenn man alles hat, was man sich wünscht, dann ist man dennoch nicht wirklich zufrieden. Mich packte die Gier! Vor Jahren lernte ich einen reichen Sohn in Miami (Florida) kennen, der wollte, dass ich hier in Deutschland eine Erbschaft seiner Eltern gewinnbringend anlege. Er behauptete, die Erbschaft sei aus dem Spielcasino seiner Eltern. Ich glaubte das und flog zehnmal, mit insgesamt vierzig Koffern voller Geld, von Amerika nach Deutschland. In einen Koffer passten ungefähr eine Million US-Dollar. Ich legte das Geld bei einer deutschen Großbank an und verdiente an Provisionen mit Devisengeschäften Millionen im Monat! Ich war quasi über Nacht reich geworden. Ich stellte fest: Haste was, dann biste was im Leben!

Dass ich seit meinem 17. Lebensjahr durch einen Autounfall im Rollstuhl saß, hatte ich mittlerweile akzeptiert. Aber ich wollte Geld und Erfolg – sehr viel davon, denn das zieht die Menschen an. Das Geld machte mich aber überheblich, oberflächlich und auch sehr arrogant und dekadent. Ich hatte einen schwarzen Rolls Royce mit einem weißen Fahrer und zugleich einen weißen Rolls Royce mit einem schwarzen Fahrer. Damit fiel ich selbst in München auf. Ich stieg die Erfolgsleiter in Windeseile empor – ja ich flog durch das Geld richtiggehend die Leiter zur High Society hinauf. Heute bin ich auf all dies nicht stolz.

Eine Stimme sagte: „Josef, stell dich!“

Als ich an der Börse mit Devisen spekulierte, brach plötzlich der Dollar ein und ich verlor zig Millionen, fast mein ganzes Geld, das mir ja nicht einmal gehörte, da es mir nur zur Anlage aus Miami anvertraut war. Nun wurde ich von den wahren Geldeigentümern gejagt, da es sich herausstellte, dass die Gelder, die ich „angelegt“ hatte, aus Drogen- und Waffengeschäften stammten. Da war Schluss mit lustig! Die kriminellen Drogen- und Waffenhändler wollten ihr Geld zurück.

Dennoch ging das Ganze glimpflich aus: Meine Jäger wurden verhaftet und der Anführer zu 12 Jahren Gefängnis verurteilt. Ich allerdings war vollkommen bankrott; das Geld war weg. Ich hatte ja alles auf diese Bankgeschäfte gesetzt, die nun plötzlich weggefallen waren. Ich benötigte aber viel Geld im Monat, um meinen Luxus aufrecht erhalten zu können.

Ich war Steuerberater und verdiente damit meine ehrlichen Brötchen, aber ich hatte im Zuge meiner Bankgeschäfte zur Vermehrung der Millionen aus den USA den schweren Fehler begangen, meine vier Steuerkanzleien zu vernachlässigen Nun bat ich meine Mandanten als Steuerberater um Darlehen. Natürlich liehen sie ihrem „vertrauenswürdigen“ Steuerberater gerne Geld, gegen einen guten Zinssatz, versteht sich! Ich wollte das Geld später in Raten wieder zurückzahlen, machte mir damit aber selbst etwas vor. Irgendwann hatte der geliehene Betrag eine Höhe erreicht, dass ich wusste, ich würde ihn nie wieder zurückzahlen können. Da meldete sich mein Gewissen. Ich zog die Konsequenzen und zeigte mich selbst bei der Staatsanwaltschaft in München an. Es kam zu einem Prozess. Ich wurde zu viereinhalb Jahren Haft verurteilt, musste jedoch damals wegen Haftunfähigkeit aufgrund meiner Gebundenheit an den Rollstuhl diese Strafe nie antreten.

Zehn Jahre später, im Oktober 2004, befand ich mich auf der Flucht vor den deutschen Ermittlungsbehörden und vor dem FBI. Meine Zulassung als Steuerberater hatte ich wegen meiner Verurteilung zurückgegeben und war nun Geschäftsführer meiner eigenen „Ascania – Vermögensverwaltungsgesellschaft mbH mit Sitz in München“. Auf der Flucht war ich, weil auf unerklärliche Weise mehrere Millionen der Anlegergelder vom Konto verschwunden waren; diesmal hatte ich tatsächlich nichts damit zu tun. Trotzdem verdächtigte man mich und wollte mich verhaften. Ich bekam jedoch vorher Wind davon und setzte mich in die USA ab, um dort meine Unschuld zu beweisen, was mir im Dezember 2004 auch gelang.

Ich weiß nicht einmal genau, warum, aber an einem Freitagabend im Februar 2005 wollte ich in Miami meinem Leben ein Ende bereiten. Ich entschloss mich, vom Balkon meines Penthouses im 20. Stock zu springen. Doch genau in diesem Moment hörte ich hinter mir eine Stimme; es war eine Männerstimme, die auf Deutsch sagte:

> „Josef, du hast schon vieles gemacht in deinem Leben, aber du warst noch nie feige! Fliege zurück nach Deutschland, stelle dich den Behörden und mach dieser Flucht ein Ende!"

Das war unglaublich! Ich war doch allein in dem Appartement! Es war niemand da! Ich bekam es mit der Angst zu tun. In diesem Moment fiel ein Buch in meinem Bücherschrank um und eine Postkarte aus ihm heraus. Auf ihr stand:

> *Sei unerschrocken und unverzagt, denn dein Gott ist mit dir, wohin du auch gehst!*

Darunter stand „Josua 1,9". Ich wusste nicht, dass dies ein Bibelvers war. Ich wollte diesen Josua, wenn ich wieder nach München käme, sogar auf ein Bier einladen, weil ich den Spruch gut fand, nichtsahnend, dass er aus der Bibel stammte! Auch dass Josua schon 3000 Jahre tot war, war mir damals noch nicht klar. Heute lache ich herzhaft darüber ...

Der „Unbekannte", der mir riet, mich zu stellen, und der Spruch, dass mein Gott mit mir sei, veranlassten mich, zurück nach Europa zu fliegen, zunächst nach Wien; später wollte ich mich den Behörden in München stellen und reinen Tisch machen. Die wahren Schuldigen waren Anwälte, einer davon mein engster Freund, der alles über mich und die Gelder wusste. Später wurden sie alle ihrer Tat überführt und saßen langjährige Haftstrafen ab.

Das Ende der Flucht

Zuerst wurde ich jedoch am Samstag, den 16. April 2005, in Wien in einem Designerhotel am Schottenring verhaftet, weil ich durch meine Telefonate mit meiner Frau, die von der Polizei überwacht wurden, meinen Aufenthaltsort verraten hatte. Meine Flucht war zu Ende! Eigentlich war ich froh darüber. Das Münchner Landgericht verurteilte mich wegen schweren Betrugs zu fünfeinhalb Jahren Haft, die ich im Gefängnis München-Stadelheim absaß. Aus einem Haftunfähigen auf der Flucht wurde ein Haftfähiger. Zuerst kam ich aber in Wien ins Gefängnis. Noch im Gefängnis in Wien-Josefstadt fiel mir ein Neues Testament in die Hände. Ich las darin, dass Gott mich liebt, dass es einen verlorenen Sohn gab und einen barmherzigen Vater. Egal wie tief ich auch durch meine Geldgier gesunken war, ich wollte umkehren – von meiner Geldsucht, von den Betrügereien, von meinem Lebensstil, der in Frauensucht, Alkohol- und Kokainsucht bestand. Ich wollte wieder der gut erzogene Sohn und der zufriedene Mensch werden, der ich früher einmal gewesen war. Ich wollte eine zweite Chance bekommen! Und Jesus bot mir diese zweite Chance wie dem verlorenen Sohn an!

Im Gefängnis dachte ich das erste Mal über mein Leben nach, woher ich kam und wohin ich später einmal gehen würde. War es das gewesen? Oder hat mein Leben einen weiteren Sinn? Hatte ich vielleicht sogar eine Aufgabe im Leben? All dies bewegte mich. Ich erkannte mein sinnloses Partyleben bei den sogenannten Schönen und Reichen. All das ergab für mich keinen Sinn mehr. War das mein ganzes Leben? Nein – da musste es noch etwas mehr geben. So konnte es nicht weiter gehen! Zuerst seriöser Steuerberater und jetzt nur noch auf den eigenen Genuss und Kick aus. Sinnlos! Vollkommen sinnlos! Ich weinte drei Tage, nicht aus Selbstmitleid – wie man vermuten könnte – sondern weil ich vollkommen von der Spur meiner Lebensplanung abgekommen war. Durch mein Bibellesen sprach Jesus zu mir und bot mir an, mit ihm und durch ihn ein neues Leben zu beginnen.

Als mir das klar wurde, übergab ich ihm mein Leben. Ich hatte kein vorformuliertes Gebet der Lebensübergabe, sondern ich sprach einfach aus meinem Herzen: „Jesus, ich habe Mist gebaut in meinem Leben. Verzeih mir und fang mit mir ein neues Leben an. Ich will dir mein Leben übergeben. Ich habe nur noch dich, sonst bin ich mit meinem Leben vollkommen am Ende. Ich weiß, dass du für meine Sünden am Kreuz gestorben bist. Damit hast du meine Schuld bezahlt! Nimm bitte mein Leben an und beginne mit mir ein neues Leben! Es tut mir leid, was ich getan habe. Ich will es mit dir zusammen neu versuchen und einfach besser machen." Mit so einer Bankrotterklärung kann Gott etwas anfangen!

Neues Leben mit Jesus

Im Gefängnis hörte ich im Radio regelmäßig die Sendungen des christlichen, katholischen Radiosenders *radio horeb,* der bundesweit ausgestrahlt wird, und auch den Evangeliumsrundfunk ERF. Ich zog mir die Predigten und Ansprachen sowie die Musik (das Wort *Lobpreis* war mir neu) täglich bis in die Nacht rein. Die unsinnigen TV-Sendungen, die einen nur verblöden, ignorierte ich. Ich war wie süchtig nach dem Wort Gottes und dessen Auslegung. Ich fieberte mit den Sendungen des Gebetshauses Augsburg von Johannes Hartl mit.

Das Erste nach meiner Entlassung war ein Besuch dort und ein Gespräch mit dem Gründer Johannes. Ich wurde deren Steuerberater, absolvierte die Daniel-Akademie und wurde Gebetsleiter in einer Session der Nachtschicht. Ich sah, dass Gebet immer *ge*hört und manchmal auch sofort *er*hört wird. Es stimmte mich demütig, festzustellen, dass durch JESUS und das Gebet *alles* möglich sein kann. Ich lernte, in die unsichtbare Welt hineinzubeten. Wunder, Heilungen und viele unglaubliche Dinge geschahen.

Blase, Josef und unser Freund Rainer auf einem Männertag

Später wurde ich dort zum Fundraiser, der für eine Spendenaktion zum Ankauf eines größeren und notwendigen Gebäudes für das Gebetshaus dringend benötigt wurde. Aber kaum war dieses neue Gebetshaus gegenüber der Messe in Augsburg angeschafft, rief mich Jesus aus dem Gebetshaus heraus. Er wollte, dass ich meine Geschichte aufschreibe. So entstand das Buch „Ziemlich bester Schurke“; später schrieb ich das zweite Buch „GO! – Das Leben will dir Beine machen“, ein Ermutigungsbuch in zehn Kapiteln. CD und DVD folgten. Zwischenzeitlich auch christliche Grußkarten und das Andachtsbuch „Kraftfutter pur“, das im Herbst 2019 erschienen ist.

Seit meiner Entlassung 2010 hat sich mein Leben so positiv entwickelt, dass es nur als Wunder zu bezeichnen ist. Deshalb würde es mich nicht wundern, wenn ich in meinem Alter noch eine neue, christliche Partnerin finden würde, die bereit ist, den Rest des Lebens mit mir zu teilen und zu verbringen – in Demut und Liebe zu Jesus. Nichts ist unmöglich ... Und selbst wenn ich doch noch in diesem Leben aus meinem Rollstuhl aufspringen würde, es wäre für mich nicht verwunderlich, denn ihm, unserem Herrn Jesus, ist nichts zu groß. Und im Heilen ist unser Heiland spitze!

Nimm Jesus in dein Leben auf!

Wenn du eine lebendige Beziehung zu Jesus hast, dann kannst du mit ihm reden. Und er antwortet! Nach meiner Entlassung fragte ich ihn: „Jesus, gibt es eine Gemeinde in meiner Nähe?" Plötzlich fand ich im Internet das Christuszentrum in Olching, das heutige „XHOPE – Deine Kirche", eine charismatische Gemeinde mit vielen Angeboten, den Glauben zu vertiefen und ihn aktiv zu leben, das nur fünf Kilometer von meinem Zuhause entfernt lag, einem Vorort von München. Dort traf ich viele Menschen, die mir Liebe entgegenbrachten und für die es keine Rolle spielte, dass ich im Gefängnis gewesen war. Ich zählte als Mensch. Das tat mir und meiner Seele gut.

Josef mit David Kadel und Michael

Gott hat mir ein neues Leben geschenkt. Und das schenkt er jedem, der sich ihm zuwendet und sagt: Ich will umkehren! Ich bereue! Und ich will mit Jesus neu beginnen! Er lässt sich nicht zweimal bitten!

In der Bibel habe ich gelesen: „Wenn ihr mich von ganzem Herzen sucht, dann will ich mich von euch finden lassen" (vgl. Jeremia 29,13). Es ist wichtig, dass man ihn auch wirklich sucht – nicht nur, um ein besseres Leben zu haben, sondern um ein Leben mit ihm zu beginnen! Eine lebendige Beziehung zu Jesus ist der Schlüssel aller Dinge. Ich treffe in meinem Reisedienst auf so viele „Christen", aber leider haben nicht alle eine „persönliche und lebendige Beziehung" zu Jesus, unserem Retter und Freund. Viele arbeiten ehrenamtlich in einer Gemeinde und sind voll engagiert, aber reden den Tag über nicht mit Jesus und verpassen so das Schönste in ihrem Leben. Das lebe ich heute, das macht mich glücklich. Heute bin ich frei und ungebunden. Und damit meine ich nicht, dass ich aus dem Gefängnis entlassen wurde; ich spreche von innerer Freiheit.

Ich habe heute eine Power und Energie, wie man sie in meinem Alter kaum erwarten würde. Und diese Freude, diese Freiheit, dieses neue Leben kann ich jedem, der sich in einer ähnlichen Lage befindet, nur ans Herz legen. Manch einer ist selbst in Freiheit im Gefängnis, auch wenn er keine Gitterstäbe sieht. Er ist gefangen von seinen Terminen, von Alkohol, Internetpornos, Drogensucht, Tablettensucht oder anderen Dingen. Nimm Jesus in dein Leben auf, und Türen gehen auf – und du bist wahrhaft frei!

Freiheit ist kein Umstand, sondern ein Zustand. Nicht die Route 66, der Blick über das unendliche Meer oder das Schweben über den Wolken. Zugleich ist Gefangenschaft nicht ein Gefängnis, Regeln, Gesetze oder Routinen. Freiheit ist kein Ort. Wahre Freiheit ist die Befreiung aus der Sklaverei unserer Selbstsucht, Begierden, Gelüste, unseres Hasses, unserer Lästerei, unseres Stolzes ... Nichts *muss* man mehr. Nichts kontrolliert mich mehr. Freiheit.

Ante Kristo, Designer und Unternehmer

Kapitel 5

Gnade

> Unter Gnade versteht man die Abweichung einer Regelung zum Vorteil des Begnadeten.[1]

Was ist Gnade? Genaugenommen ist Gnade unlogisch und ungerecht. „Blase“ sagte mir einmal Folgendes an seinem kleinen Gartenzaun, als er ehrfürchtig die Wolken betrachtete: „Es ist unglaublich! Ich habe gestohlen, geschlagen, erpresst, überfallen – und Gott hat mir völlig unverdient vergeben, ja mehr noch: Er liebt mich, als der, der ich bin, mit allem was ich getan habe! Es ist unerklärlich und unbegreiflich! Es ist ein Geschenk, es ist Gnade!“

In fast allen Gleichnissen, die Jesus uns gab, finden wir „Gnade“. Am deutlichsten wird es beim Gleichnis vom „verlorenen Sohn“, der sich sein Erbe auszahlen lässt und dem Vater damit zu verstehen gibt, dass der für ihn gestorben ist. Dann zog dieser „Sohn“ aus und verprasste sein Erbe mit Glücksspiel und Prostituierten, bis er buchstäblich bei den Schweinen landete. Dann erinnerte er sich wieder an seinen Vater und beschloss heimzukehren – als Hofknecht. Doch der Vater empfing ihn mit offenen Armen, nicht als Knecht, sondern als Sohn. Ja mehr noch, er gab ihm ein neues Gewand, neue Schuhe, einen Ring an den Finger und veranstaltete ein Fest für ihn. Ist das gerecht? Ich denke es ist Gnade. Diese Gnade finde ich in keiner Weltanschauung, außer im Glauben (Vertrauen) an Jesus Christus. Diese Gnade ist wohl auch nur dort zu finden, wo Liebe ist. *Gott ist Liebe!*

Ich möchte an dieser Stelle eine Geschichte erzählen, die ich bereits im Buch „Geheimsache Männerherz“ erwähnte. Sie unterstreicht die Gnade. Sie spiegelt eine Liebe ohne Leistungsdruck. Ein Vertrauen, das uns selbst in den letzten Atemzügen Freiheit schenken kann und möchte. Es ist die Geschichte eines Verbrechers, der mit Jesus gekreuzigt wurde. Es geht um ein Versprechen, spiegelt allerdings nur einen kleinen Teil der Gnade Gottes wider. Da keiner

[1] Wikipedia, Zugriff am 09.10.2019.

von uns Gott im Ganzen erfassen kann, kann auch keiner erfassen wie groß seine Gnade ist.

Das Versprechen

Es gibt eine Person in der Bibel, die (bei der Kreuzigung Jesu) nur sehr kurz in Erscheinung tritt, verbunden mit einer Geschichte, ja einem Versprechen, das mein Herz total berührt. Es ist die Geschichte von Dismas[2], einem Mann, der bis dahin sein Herz nicht geöffnet hatte oder es nicht hatte öffnen können. Ich ließ meiner Fantasie einmal freien Lauf und machte mir über ihn ein paar Gedanken. Gedanken um einen Mann, dessen Herz während seiner letzten Atemzüge berührt und verändert wurde. Vielleicht können wir alle von ihm, einem ehemaligen Verbrecher, sogar noch ein Stück weit lernen.

Hier nun die Geschichte von Dismas:[3]

Dismas wurde vor ca. 2000 Jahren im von den Römern besetzten Judäa geboren. Doch von Anfang an war er nicht gewollt. Im Nachhinein wurde ihm selbst klar: Aus Liebe heraus war er nicht gezeugt worden. Seinen Vater lernte er nie kennen. Nackt und elend wurde er geboren. Kein Jubel entbrannte, als er das Licht der Welt erblickte. Im Gegenteil, man fragte sich, wohin mit dem kleinen Bastard. So wurde Dismas bereits von Anfang an hin- und hergeschoben. Eltern, die sich fürsorglich liebten, die ihre Kinder wertschätzend behandelten, das kannte er nicht. Er konnte sich nicht erinnern, wann er einmal von einem Erwachsenen ein Lob bekommen oder wo man ihm ein freundliches Lächeln zugeworfen hatte.

Dismas musste sich bereits in jungen Jahren im wahrsten Sinne des Wortes alles erkämpfen. Keinem Streit ging er aus dem Weg, die Fäuste flogen nicht selten, und so verschaffte er sich den Respekt, nach dem er sich stets so sehr sehnte. Aber irgendwie wurde seine Sehnsucht trotzdem nicht gestillt.

So wuchs Dismas zum Mann heran. Er war gefürchtet, man machte einen Bogen um ihn und er nahm sich, was und wen er wollte.

---

[2] Dismas (auch Dysmas, Dimas oder seit dem Mittelalter Dumachus; † um 30 in Jerusalem) ist in der christlichen Tradition der Name des mit Jesus gekreuzigten „rechten" („guten") Verbrechers oder Schächers, der nach dem Lukasevangelium am Kreuz Reue zeigte, wofür ihm Jesus das Paradies versprach (Lk 23,39ff EU). Sein Name wie auch der des linken Schächers Gestas, der Jesus noch am Kreuz verspottete, wird erstmals im apokryphen Nikodemusevangelium genannt – Wikipedia, Stichwort Dismas, Zugriff am 27.08.2018.

[3] Auszug (leicht abgewandelt) aus Michael Stahl, Klaus Hettmer, *Geheimsache Männerherz,* GloryWorld-Medien 2018.

Kaum eine Frau, die ihm gefiel, war sicher vor ihm. Doch wie viele er auch hatte, auch hier wurde seine Sehnsucht nicht gestillt.

Dann kam es wie es kommen musste; es war nicht geplant, es hatte sich einfach so ergeben: Während eines Raubüberfalls tötete er einen Mann. Irgendwie ließ es ihn kalt. Er war schon von so vielen misshandelt worden und hatte selbst noch mehr Leute misshandelt. Der Mord an diesem Mann war nur eine leichte Steigerung zu allem, was er bereits getan hatte.

„Respekt" hatte er sich jetzt erzwungen, allerdings stand er nun auch ganz oben auf der Fahndungsliste der Römer. Ja, auf gewisse Weise hatte er es „geschafft". Früher hatten sie ihn verspottet, verachtet und nie gewollt, nun kannte und fürchtete man ihn. Keiner kam ihm mehr zu nahe, keiner wagte es, sich über Dismas lustig zu machen, aber in seinem Herzen wurde es immer dunkler. Er war sich seiner Gefühle nicht im Klaren. Er hatte keinen echten Freund, mit dem er über all das, was in seinem Herzen vorging, sprechen konnte. Nach außen war er hart, doch in seinem Herzen war er immer noch dieser Junge, der, als er geboren wurde, um Leben schrie, um geliebt zu werden, um gehört zu werden.

Mit Gewalt hatte er sich Respekt verschafft. Doch keiner war gerne mit ihm zusammen. Die Angst wurde sein ständiger Begleiter. Fast alle hatten Angst vor ihm, und auch er selbst musste stets Angst haben, erkannt und verhaftet zu werden, war in Wirklichkeit nie frei. Genau genommen war er immer ein Gefangener. Die wahre Freiheit, nach der sein Herz sich sehnte, hatte er nie erlebt.

Dann geschah, was er befürchtet hatte, er ging den Römern ins Netz. Später war er sich sicher, dass er von seinen sogenannten Freunden verraten worden war. Die Römer fackelten nicht lange mit dem Urteil: Tod durch Kreuzigung. Es gab zu viele Zeugen, nicht nur für den Mord. In seinem Leben kam so viel an Schuld zusammen, dass es für mehrere Todesurteile gereicht hätte. Nun schloss sich also der Kreis: In einem verlassenen Drecksloch, wo der Müll die Straßen bedeckte, war er geboren worden, und nun würde er auf einer Müllkippe sterben. Irgendwie passte diese Ironie des Lebens ins Bild.

Mit ihm gemeinsam wurde ein weiterer Verbrecher verurteilt. Sein Name war Gestas. In der Szene kannte man sich, aber Dismas selbst mochte Gestas nicht, vielleicht, weil dieser Typ ihm so ähnlich war. Und dann war da noch ein Wanderprediger namens Jesus, den man auch zum Tode verurteilt hatte. Von vielen Seiten hatte er von diesem Jesus gehört. Angeblich hatte er behauptet, er sei der Sohn Gottes. Und er habe viele Wunder vollbracht, so hörte man. Aber damit konnte Dismas nichts anfangen. Er glaubte nur an das, was er sah und was er anfassen konnte. Er war ein Mann der Tat.

Gemeinsam mit seinen beiden „Weggefährten" trug Dismas nun sein Kreuz hoch zum Hügel Golgatha. Menschenmassen säumten ihren Weg. Die Menge war aufgepeitscht. Hasserfüllte Gesichter, Hohn und Spott begleiteten das Trio auf ihrem letzten Weg, und auch die ein oder andere mitleidige Stimme. Oben angekommen, zog man ihnen die Kleider aus, band sie an die Balken, um mehr Stabilität zu erzeugen, und dann sah er sie, die großen römischen Nägel. Es war ein unbeschreiblicher Schmerz, als sie sich ihren Weg durch sein Fleisch und seine Knochen bahnten. Er schrie, wie damals, als er das Licht der Welt erblickt hatte. Vielleicht hatte sein Herz damals schon geahnt, welche Qualen auf ihn warten würden. Dismas schrie seinen ganzen Schmerz heraus. Mit jedem Hammerschlag wurden seine Schreie lauter. In Anbetracht seiner Schmerzen und seines Geschreis vergaß er alles um sich herum, die Menge, deren Lärm und die beiden anderen.

Ja, Schreie kannte er. Als Kind war er oft angeschrien worden und hatte sich genauso oft mit Geschrei geholt, was er haben wollte. Und nun schrie er wieder. Seine körperlichen Schmerzen waren unerträglich. Doch seine Seele schrie noch viel lauter. Niemals hatte irgendjemand dieses Schreien zur Kenntnis genommen, um ehrlich zu sein, nicht einmal Dismas selbst. Er hatte sich mit Alkohol und Frauen betäubt und hinter markanten Sprüchen versteckt. Nun konnte er sich nicht mehr verstecken. Da hing er nun, nackt der Welt zur Schau gestellt, neben ihm der angebliche Sohn Gottes und ganz außen der andere Verbrecher.

Als Dismas seinen Kopf kurz zu Jesus hinwendete, trafen sich ihre Augen – da wurde er selbst getroffen, wie von einem Blitz! Geschockt hielt er für einen Augenblick den Atem an! Er hatte in eine andere Welt geblickt!

In viele Augen hatte er schon geschaut; die Augen von Frauen, die er sich genommen hatte, die Augen von Leuten, die er überfallen hatte und auch in die Augen des Mannes, den er mit eigenen Händen erwürgt hatte. Doch dieser „Augenblick" war komplett anders als alles, was er bisher erlebt hatte. Dismas suchte in seinem Kopf nach einer Erklärung, doch er fand keine. Dann hörte er, wie Jesus vom Kreuz herab seinen „Mördern" vergab. Eine Stimme ohne Anklage, die keine Unruhe aufbrachte, eine Stimme, die so sanft war, als wäre sie vom Himmel selbst: „Vater vergib ihnen, denn sie wissen nicht, was sie tun!"

Vater? Er hatte ja nie einen gehabt. Vergeben, was sollte das sein? Ihm hatte man auch nie vergeben, und deshalb hatte es auch von Dismas keine Gnade für seine Mitmenschen gegeben. Mancher hatte ihn um Gnade angewinselt, doch die gab es von Dismas nicht, warum auch?

Was hatte man eigentlich gegen diesen Jesus vorzubringen? Er sollte doch Blinde sehend gemacht haben, Lahme gehend und sogar Tote zum Leben erweckt haben. Selbst wenn das alles Lügen waren, auch die Behauptung, der Sohn Gottes zu sein, wen interessierte es? Er hatte doch weder geplündert noch gemordet wie er oder Gestas. Dieser Jesus passte einfach nicht ins Trio.

Dieser Blick in Jesu Augen, seine Stimme und das, was er sagte, berührten Dismas' Herz auf eine nie gekannte Weise. Es war, als hätte er einen flüchtigen Blick ins Paradies erhascht. Er suchte nach einem Wort, um all dies zu beschreiben, etwas, das er kaum kannte, aber wonach er solche Sehnsucht empfand, und auf einmal wusste er, war er sich sicher, was es war: Liebe. Es war Liebe, die seinen Körper, seine Gedanken, sein Herz durchströmte. Ja, nun konnte er es deutlich spüren! Was Menschen ihm nie hatten geben können, was ihm keine Frau hatte schenken können und auch keine oberflächliche Freundschaft. Was die Angst in seinem Leben zerstört oder verborgen gehalten hatte, wurde jetzt, im Sterben, aufgedeckt und neu geboren – Liebe.

Da hörte er, wie Gestas Jesus verspottete und anklagte:

„Du bist also der Christus? Beweise es, indem du dich rettest – und uns mit!"[4]

Das konnte wohl nicht wahr sein! Das war nicht recht! Hierzu konnte Dismas nicht schweigen und so wurde er zum Strafverteidiger Jesu:

„Hast du nicht einmal jetzt Ehrfurcht vor Gott, da du den Tod vor Augen hast? Wir haben für unsere Vergehen den Tod verdient, aber dieser Mann hat nichts Unrechtes getan."[5]

Er, vor dem man sich fürchtete, der verurteilte Schläger und Mörder, wurde zum Strafverteidiger der Liebe. Ja, er spürte es, hier hing nicht nur ein verurteilter Prediger am Kreuz, sondern die Liebe in Person. Der Hass wollte die Liebe töten, und Dismas wurde Zeuge dieses unvorstellbaren Ereignisses der Menschheitsgeschichte.

Warum lernte er diesen Jesus erst jetzt kennen? Jetzt, wo es zu spät war? Oder war es vielleicht noch gar nicht zu spät? Er wusste

---

[4] Lk 23,39, Neues Leben. Die Bibel

[5] Ebd. V. 40-41

nicht warum, doch er fühlte, dass es noch nicht zu spät war. Da begann Dismas seine Schuld einzugestehen und sprach Jesus direkt an, sprach genau das aus, wonach er immer Sehnsucht gehabt hatte, nach dem Paradies. Mit dieser Sehnsucht war er geboren worden. Sein erster Schrei ins Leben hinein war ein Schrei nach dem Paradies gewesen, so wie nun auch sein letzter:

„Jesus, denk an mich, wenn du in dein Reich kommst!"[6], bat er mit letzter Kraft.

Ja, er war sich sicher, dass man neben ihm den König der Könige kreuzigte. Sein Verstand konnte das zwar nicht begreifen, aber sein Herz war sich mehr als sicher. Und dann hörte er das, wonach sein Herz sich lebenslang gesehnt hatte:

„Ich versichere dir: Heute noch wirst du mit mir im Paradies sein!"[7]

Er spürte die Wahrheit in diesen Worten. Dismas wusste, wenn man ihn anlog. Dies hier war die Wahrheit. Heute würde er, der Verbrecher, den man nie hatte haben wollen, der kaum etwas Gutes vorweisen konnte, im Paradies sein! In diesem Satz war Vergebung, Annahme trotz aller seiner Schuld. In diesem Satz war Freiheit. Ja, in diesem Satz war Liebe. Diese Worte durchfluteten sein Herz.

So oft hatte er irgendwo dazugehören wollen; selbst als er Anführer einer Bande war, wurde sein Hunger nach Anerkennung nicht gestillt. Und nun sollte er Ehrenbürger im Paradies werden?! Wie oft hatte er irgendwie Gutes tun oder neue Wege gehen wollen, aber einen Neuanfang letztendlich nicht geschafft. Jedes Vorhaben scheiterte schon beim kleinsten Hindernis. Und nun, mit Händen und Füßen an ein römisches Holzkreuz genagelt, sodass es ihm unmöglich war, Gutes zu tun oder gar neue Wege zu gehen, nun wurde ihm die Eintrittskarte ins Paradies einfach geschenkt. Nur weil er den erkannt hatte, der da neben ihm hing und ihm und allen, die mithörten, seine Schuld bekannte.

Nichts, rein gar nichts mehr konnte Dismas an all seinem Versagen noch ändern oder wiedergutmachen, doch er spürte, dass Jesus derjenige war, nach dem er sich immer gesehnt hatte. Er war die Wärme, die jeder Kälte ihren Schrecken nahm. Er war das Licht, vor dem jede Dunkelheit wich. Er war das Leben selbst, vor dem der Tod verblasste. Und er war die Liebe in Person, vor der Hass, Neid und Ungerechtigkeiten keinen Platz mehr fanden.

Was für eine Dimension der Liebe: Der Herr aller Herren, der König der Könige, das Alpha und das Omega gab sich seinen Geschöpfen

---

[6] Ebd. V. 42

[7] Ebd. V. 43

völlig hin. Er gab seine Würde, damit Dismas und alle Menschen ihre Würde fänden. Er gab sein Leben, damit Dismas und die ganze Welt das Leben bekämen, selbst mitten im Sterben. Jesus selbst machte sich ihm gleich und starb unter Qualen, nackt und elend wie er selbst, an seiner Seite. Unvorstellbar! Nie war er nur annähernd so einer Wertschätzung und Freundlichkeit begegnet; aber danach hatte sein Herz gehungert, nach Liebe. Liebe, die ihn so annahm, wie er war. Liebe, die nicht nach seiner Herkunft fragte, nach seinem Tun oder Sein. Nie zuvor war Dimsas um seiner selbst willen geliebt worden, bis zu diesem Moment kurz vor seinem Tod, als Jesu Versprechen ihm das Leben schenkte. Das änderte alles!

Sein Leben zog in vielen Bildern an ihm vorüber. Er empfand Mitleid für all jene, die ihm Leid zugefügt hatten und noch viel mehr gegenüber denen, denen er Unrecht getan hatte. Nichts konnte er rückgängig machen, und trotzdem wurde ihm vergeben. Ein absolut vollkommener Friede kam über Dismas, durchflutete und umgab ihn, als er Jesu liebevolle Stimme vernahm:

„Es ist vollbracht!“

Ja, Dismas verstand ... Es ist vollbracht! Der Himmel stand nun für ihn und alle Menschen wieder offen ...

Er, der ohne Schuld war, trug alle Schuld dieser Welt ...

Er, der voller Liebe war, trug allen Hass dieser Welt ...

Er, der das Licht der Welt ist, vertrieb alle Dunkelheit ...

Er, dessen Licht und dessen Nähe Schutz und Geborgenheit verschenkte, gaben der Kälte keinen Raum mehr ...

Ja, es war vollbracht! Selbst für einen wie Dismas, der keine gute Tat mehr tun und keinen guten Weg mehr gehen konnte, stand das Paradies offen. Mitten im Sterben fand er den, der das Leben in Person war. Der seinen Schrei nach Leben nicht überhört hatte und der seine wahren Sehnsüchte wohl deshalb so gut kannte, weil er sie selbst in Dismas' Herz gelegt hatte.

So starb Jesus neben ihm, doch Dismas wusste, dass die Liebe nie stirbt, dass die Dunkelheit keine Macht über das Licht hat, weil Dunkelheit nur das Fehlen von Licht ist und der Tod nur die Abwesenheit von Leben.

Da hing er nun, Dismas, dessen Namen „Sonnenuntergang“ oder „Lebensende“ bedeutete. Doch stattdessen ging seine Sonne hier mitten im Sterben auf und sein Leben begann, als er am Lebensende angelangt war.

Als Jesus starb, kam eine Dunkelheit über das Land. Dismas wusste in seinem Herzen warum, denn die Welt hatte das größte Geschenk aus der Hand Gottes achtlos und lieblos auf eine Müllkippe geworfen. Dismas hatte es nicht anders verdient, doch Gott selbst war sich nicht zu schade, gemeinsam mit ihm nackt im Müll zu sterben. Was für eine Liebe!!

Diese Liebe und ihr Friede erfüllten Dismas jetzt. Das Geschrei der Umherstehenden, all seine Schmerzen, all das Vergangene und was ihn ans Kreuz gebracht hatte, hatte keine Macht mehr über ihn. Dismas war endlich frei! Die Suche war beendet. Gott hatte ihn im Müll dieser Welt gefunden. Als Dismas auf Erden seine Augen schloss, machte er sie im Paradies wieder auf.

Jesu Versprechen hatte ihm ewiges Leben geschenkt.

> *Kein Auge hat je gesehen, kein Ohr je gehört und kein Verstand je erdacht, was Gott für diejenigen bereithält, die ihn lieben* (1. Korinther 2,9 NLB).

Die Welt ist voller „Dismase". Auch ich bin einer davon! Auch ich werde eines Tages meine Augen hier schließen und im Paradies wieder öffnen. Nicht, weil ich es verdient hätte, keineswegs, sondern, weil ich JA zu dem sage, der alle meine Schuld getragen hat; weil ich den liebe, der nackt am Kreuz für alle meine Schamhaftigkeit gebüßt hat. Dismas bekannte einst öffentlich seine Schuld. Und Jesus versprach Dismas vor der ganzen Welt das Paradies. So auch dir und mir!

Bis kurz vor Dismas' Tod war sein „Männerherz" wohl auch eine Geheimsache, bis zu dem Moment, als sein Herz berührt wurde und er es öffnete. Es ist nie zu spät, einen neuen Anfang zu starten. Heute ist ein guter Tag. Sogar jetzt, in diesem Augenblick.

Gnade wurde diesem Mann gewährt. Gnade ist ein Geschenk. Ihm wurde der Himmel geschenkt. Somit steht fest: Gott möchte allen Menschen diese Freiheit schenken, den Himmel schenken, ja sich selbst.

Doch Geschenke, somit auch die darin enthaltene Freiheit, dürfen abgelehnt werden. Auf allen Beerdigungen, zumindest auf jenen, die ich besuchte, wurde von Hoffnung und Ewigkeit gesprochen. Nirgendwo habe ich vernommen, dass nun alles, aber auch wirklich alles aus sei. Oftmals gibt es die wildesten Diskussionen und auch Streit über Himmel, Hölle, Ewigkeit usw.

Diesbezüglich durfte ich von meiner Tochter, damals neun Jahre, lernen. Wir gingen zum Grab meines Papas, also ihres Opas. Während wir so am Grab standen, schaute sich meine Kleine um und fragt mich: „Du, Papa? Haben alle Menschen, die hier gestorben und begraben sind, Jesus liebgehabt?"

Was für eine Frage dachte ich und antwortete ihr: „Ich fürchte, nein!"

Sie schaute mich nachdenklich an und wunderte sich dann: „Aber Papa, wenn die Menschen Jesus nicht liebhatten und sie keine Zeit für ihn hatten, wieso wollen sie dann für immer mit ihm im Himmel sein?“

Was für eine Antwort von einer Neunjährigen. Sie hatte bereits mit 16 Monaten einen sehr schweren Autounfall überlebt, bei dem ein wunderbarer Mensch gestorben war und nach dem meine Frau um ihr Leben kämpfte und wir jenem Mann vergaben, der diesen Unfall verursacht hatte. „Vergebung macht frei!“ Wir haben es erlebt!

Doch zurück zu meiner Tochter und zu ihrer Feststellung.

Welch tiefer Gedanke. Wir wählen uns den Himmel selbst. Wir entscheiden uns selbst für Freiheit und Leben. Nicht nur das Diesseits betreffend, sondern auch die Ewigkeit. Ich vertraue darauf, dass alle Sterbenden, die mir am Schluss sagten, dass sie heimgehen, auch zu Hause sind.

> *Das ist aber das ewige Leben, dass sie dich, der du allein wahrer Gott bist, und den du gesandt hast, Jesus Christus, erkennen* (Johannes 17,3).

Vater, Gnade, Liebe ... all dies finde ich nur im Evangelium Jesu Christi. Wir sehnen uns nach liebevollen **Vätern**, nach **Liebe,** und wir bedürfen alle der **Gnade**.

> *Doch meine Gnade will ich dir nicht entziehen und meine Treue werde ich nicht brechen!*[8]

> *Denn seine Gnade und Wahrheit waltet über uns in Ewigkeit. Halleluja! (Psalm 117,2 LUT)*

Nun noch ein paar Gedanken zum Thema Gnade von dem Theologen Dr. Markus Piennisch, die er für dieses Buch verfasst hat:

> Die Gnade in der Bibel ist Gottes Gunst, die der Mensch erhält, obwohl er sie nicht verdient hat. Der Mensch ist in den Augen Gottes ein Sünder, also jemand, der nicht mehr in der Gemeinschaft mit

[8] In Anlehnung an Psalm 89,34 (ZÜR).

Gott lebt. Doch obwohl sich der Mensch von Gott abgewendet hat, sucht Gott den Menschen. Denn Gott will mit uns Menschen Gemeinschaft haben.
In der Bibel, bereits im Alten Testament, sehen wir, dass Gott zu bestimmten Menschen spricht, weil er in Gemeinschaft mit ihnen leben möchte. Daraus entstand ein Volk, das Volk Gottes, Israel, das mit Gott leben durfte. Mit diesem Volk hat Gott einen Bund geschlossen, also eine gegenseitige Verpflichtung. Dieser Bund war und ist durch die Gnade Gottes gekennzeichnet. Diese Gnade Gottes können wir auch als die „Bundestreue Gottes“ und als „beständige, verlässliche Liebe Gottes“ übersetzen. Für Gott ist die Gnade also nicht einfach nur seine Barmherzigkeit zu den armen Menschen, sondern seine Liebe, die sich in seiner unauflöslichen Treue zu seinem Volk festmacht.
Diese Gnade Gottes erreicht darüber hinaus eine viel tiefere Dimension im Neuen Testament. Denn wir sehen, wie Gott seine Gnade zu uns Menschen dadurch zeigt, dass er seinen Sohn Jesus Christus zu uns auf die Erde sendet. Dieser erzählt uns von der Liebe Gottes, heilt die Menschen, und stirbt für die Menschen stellvertretend am Kreuz, um sie mit Gott zu versöhnen. Durch den Glauben an Jesus Christus und seinen Tod für uns Menschen können wir die Gnade Gottes erhalten. Wir haben dann einen neuen Bund mit Gott und erleben Gottes Bundestreue, so wie bereits im Alten Testament.
Aus der Gnade Gottes heraus dürfen wir jeden Tag in der Gemeinschaft mit Gott leben – nicht aufgrund einer Leistung, sondern aufgrund unseres Verhältnisses zu Gott in einer Vater-Sohn-Beziehung bzw. Vater-Tochter-Beziehung. Diese Gnade ist stärker als alle Widerstände in diesem Leben. Aus dieser Gnade dürfen wir unser Leben so gestalten, wie Gott es bereits für uns vorbereitet hat. Hierzu bemerkt Paulus, einer der ersten Christen, sehr treffend in seinem Brief an die Christen in Ephesus:

Denn aus Gnade seid ihr gerettet durch Glauben, und das nicht aus euch: Gottes Gabe ist es, nicht aus Werken, damit sich nicht jemand rühme. Denn wir sind sein Werk, geschaffen in Christus Jesus zu guten Werken, die Gott zuvor bereitet hat, dass wir darin wandeln sollen (Epheser 2,8-10, LUT).

Was bedeutet für mich „Freiheit“? Vor sechs Jahren habe ich zum Glauben an Jesus gefunden – und eine ganz neue Freiheit kennengelernt. Keine chaotische, rücksichtslose, egoistische Freiheit, in der alles erlaubt und damit alles egal ist. Sondern eine Freiheit durch Liebe. Der Glaube hat mich befreit von Sinnlosigkeit, tiefen Ängsten, verbissenen Wettkämpfen um Anerkennung und von einem trübseligen Blick nach vorn. Das ist eine Freiheit, die mir keiner nehmen kann!

Daniel Böcking
Stellvertretender Chefredakteur BILD, 42 Jahre, Berlin

Kapitel 6

Weihnachten im Gefängnis

Was würde mich dort erwarten? Zirka 60 bis 70 Mann wollten einen Vortrag von mir hören. Weihnachten stand unmittelbar vor der Tür, oder sollte ich besser sagen, vor den Mauern und Gitterstäben?

Ich war als einer der Ersten im Saal und hatte Zeit für mich. Man sagte mir, es seien auch Gäste da, die kein Deutsch verstünden. In meinem Kopf übernahm das Gedankenkino. Dort waren Männer, die Schweres durchgemacht und Schuld auf sich geladen hatten. Die auch mit Sicherheit so manchen Menschen vermissten; dazu noch einiges an Spannungen unter den Häftlingen und nun auch noch Weihnachten – so viele Emotionen. Was würde mich erwarten? So betete ich und bat Jesus darum, den Raum mit seiner Liebe zu erfüllen, dass auch jene, die kein Deutsch verstünden, trotzdem verstehen würden, auf welche Weise auch immer.

Nach und nach betraten die Männer den Saal. Ich schaute der Reihe nach in ihre Augen. Müde, leer, manche kalt, manche voller Wärme, manche ausdruckslos, manche voller Hoffnung … Im Prinzip nicht anders, als wenn ich in einem Straßencafé sitzen und die vorbeilaufenden Passanten beobachten würde.

Die Heilsarmee hatte zu diesem Abend eingeladen und begann mit einer lockeren Musik, danach wurde ich begrüßt. Die Begeisterung der Jungs hielt sich in Grenzen. Ich spürte ein Stück weit ihre Gedanken bzw. meinte sie zu erahnen. In den ersten Minuten war Unruhe; es gab Zwischenrufe und leichtes Gelächter. Ich erzählte von meiner Armut als kleiner Bub. Von meinem verletzenden Papa und auch, dass er verletzt wurde. Meine Fehler, die ich selbst als Vater beging, mein Scheitern als Ehemann und als Bruder und Sohn, bis hin zum Unfall meiner Familie und meinem Herzinfarkt. Je länger ich sprach, desto ruhiger wurde es im Saal. Liebe füllte den Raum. Die Jungs spürten: Meine Niederlagen waren irgendwie auch ihre. Meine Verletzungen kannten sie auch aus ihrem Leben. Ich erzählte von meinem harten Herzen und über Vergebung, über die schwersten Stunden meines Lebens.

Auf einmal bat einer ums Wort; er stand auf und bekannte: „Hey Micha! Am Anfang dachte ich mir, hey, was hat der zu sagen? Der labert doch nur! Aber hey Mann, was soll ich sagen; du hast mein Herz berührt!“ Dann ging einer quer durch den Raum, von einer Ecke in die andere, um dort einen anderen Häftling zu ehren. Tränen flossen. Tränen im Knast! Ich hörte davon, dass dort viele Tränen flössen, aber selten bis nie voreinander, sondern immer alleine in ihren Zellen, versteckt ins Kopfkissen. Die Liebe Jesu im Raum hatte die Herzen weich gemacht. Was für ein Abend, was für Momente!

Als mein Vortrag zu Ende war, wurden die Gefangenen mit einem Päckchen beschenkt. Dann kam das Unerwartete: Während der Geschenkausgabe kamen etwa 15 bis 20 Männer zu mir; sie standen in einer Schlange mit dem einfachen Verlangen, das mich so sehr berührte: Sie wollten einfach in den Arm genommen werden. Ich will hier nicht gefeiert werden, sondern vielmehr Gott danken und ihn ehren, dass er die Herzen der Jungs berührt und seine Liebe ausgeschüttet hat. Einer sagte mir unter Tränen:

„Leben ist die Summe der Stunden, in denen wir liebten; Liebe ist Freiheit!“

Viele erzählten mir an diesem Abend ein Stück ihrer Geschichte; ja, sie gewährten mir einen Einblick in ihre Herzen. KEINER von denen, die mit mir sprachen, also wirklich KEINER, kannte diese Vaterliebe von Zuhause. Schläge, Demütigungen, Im-Stich-gelassen-Sein, das kannten sie. Sehnsüchte trieben sie um, nach ihren Familien, nach Wiedergutmachung, nach Frieden. Und manche erzählten mir von ihrer Schuld, von Zweifeln und Wut.

Aus dem Augenwinkel heraus sah ich, wie mir ein Mann zuwinkte. Er war von ein paar anderen umgeben. Ich ging auf die kleine Gruppe zu. Jener, der im Mittelpunkt war, nahm mich in den Arm. Er war so um die Fünfzig. Er sprach Italienisch und ließ mich durch einen Freund, der übersetzte, wissen: „Ich habe kein einziges Wort verstanden, aber in meinem Herzen fühlte ich alles, was du gesagt hast und möchte dir dafür danken!“ Mein Gebet zu Beginn war erhört worden.

Der JVA-Beamte nahm mich auf die Seite und teilte mir mit, dass er so etwas noch nie erlebt habe; dass die Jungs einem Vortrag noch nie so konzentriert eine Stunde lang gefolgt waren. Gott sei Dank! Ihm allein gebührt alle Ehre, dem „Ich-bin-für-dich-da-Gott“, der bei David am Bett sitzt, mit Herrn Krause am Rollator steht, der „Blase“ und „Rocky“ ein neues Herz schenkte, dieser Gott ist auch in den Gefängnissen. Er war mit uns in diesem Saal, er umarmte jeden Weinenden. Er berührte auch das Herz des Beamten. Was für ein Gott, der Sehnsucht nach uns hat! Sehnsucht danach, uns in die Freiheit zu führen. Damit wir frei sind!

An diesem Abend war auch Prof. Dr. Erich Schneider anwesend. Später schrieb er in einem Artikel folgende Worte über diesen Abend:

Weihnachtsfeier für starke schwache Männer

In einem sonst eher schmucklosen, großen Saal steht ein einsamer, geschmückter Weihnachtsbaum. Ein elektrischer Stern erleuchtet die wohl selten genutzte Bühne. Davor steht einer im Kapuzenpulli, mit kahlem, markantem Kopf, muskulös. Man nimmt ihm den Bodyguard ab. Nicht einer wie viele andere, sondern der von Klitschko und Muhammad Ali. Er spricht mit etwas rauchiger, ausdrucksstarker Stimme. Man ahnt die Intensität dieses Lebens. Er hat jeden einzelnen seiner Zuhörer im Blick, 60 oder 70 jüngere und ältere Männer. Man spürt, sie sind hier im Gefängnis, weil etwas schief gegangen ist in ihrem Leben. Und er, Michael Stahl, holt sie ab, reagiert auf ihre Zurufe, zieht sie in seinen Bann. Er spricht von seiner jenischen[1] Herkunft, von seinem Vater, der ihn als 7-Jährigen anspuckte, statt ihn an Weihnachten mit einem Geschenk zu überraschen. Er lässt miterleben, was er auf seinem Weg an Verachtung, Verletzung, Verwundung erfahren hat. Aber er will kein Mitleid für sich, er will die Männer ermutigen. „Echte Männer können weinen. Wenn ihr nicht weint, können es eure Kinder auch nicht.“ Überhaupt: Gefühle zeigen – ist das männlich? Unbedingt. „Es ist kostbarer, über Niederlagen zu berichten, als immer den Starken markieren zu müssen“, schlägt er vor und spricht davon, wie er nach Langem einen Weg zum Herzen seines Vaters fand. Er lässt keinen Zweifel offen, dass Gott dies für jeden möchte. An Weihnachten verschenkt sich Gott den Menschen, aber nicht nur dann. „Ehrt die Mütter eurer Kinder“, rät er und „Liebt eure Kinder nicht nur, wenn sie etwas gut gemacht haben.“ Er erzählt von der mangelnden Anerkennung durch seinen Vater und lädt zuerst einen, dann einen zweiten Zuhörer ein, gerade jetzt einen der Kollegen mit einer Auszeichnung zu ehren. Da werden auch harte Männer weich.

Die Band der Heilsarmee spielte beim Gefängnisbesuch die perfekt passenden Songs: People, Get Ready, Lean on Me und auch Oh Happy Day. Am Ende gab es für jeden Insassen Geschenke, Weihnachtsplätzchen, weiterführenden Lesestoff. Das Wichtigste aber holten sich viele bei Michael persönlich ab: eine Umarmung von einem, der ihnen Liebe entgegengebracht, sie ermutigt hatte. Es war wie eine Umarmung vom himmlischen Vater selbst. Prof. Dr. Erich Schneider

[1] Jenische ist sowohl eine Eigen- als auch eine Fremdbezeichnung für Angehörige eines nach landschaftlicher und sozialer Abkunft in sich heterogenen Teils der Bevölkerung in Mittel- und Westeuropa. Historisch lassen sich Jenische auf Angehörige der marginalisierten Schichten der Armutsgesellschaften der frühen Neuzeit und des 19. Jahrhunderts zurückführen. – Wikipedia, Zugriff am 10.10.2019, Anm. d. Hrsg.

Freiheit beginnt, wenn dein Denken aus dem Rollstuhl deiner Gewohnheiten aufgestanden ist.
Die dicksten Gefängnismauern sind oft unsere eigenen Überzeugungen. Über uns selbst, über andere, das Leben. Egal, ob sie wahr sind oder nicht – wir glauben sie einfach. Besonders Lebenslügen sind oft sehr logisch. Im Rollstuhl meiner eigenen Wahrheit sitze ich zwar bequem, bin aber behindert. Ich bete zu Jesus, dass sein Geist mir innere Irrtümer zeigt und sie durch seine Wahrheit ersetzt. Das überrascht, befreit und verändert mein Denken. Durch seine Kraft kann ich aufstehen aus dem, was mich lähmt. Und auf einmal sind alle Dinge möglich!

Sigrid Röseler, TV Moderatorin

Kapitel 7

Heim der Hoffnungslosen

Dies ist die Geschichte von Bernie. Er war einst Leiter eines Heimes, in dem Jugendliche ein Zuhause fanden, die man in anderen Heimen kaum oder gar nicht mehr erziehen konnte. In diesem Heim durfte ich mehrfach dienen. Insider nannten es das *„Heim der Hoffnungslosen"*.

In Anwesenheit dieser jungen Kerle durfte ich meine Geschichte erzählen. So mancher erzählte mir im Anschluss daran seine Geschichte. Sie waren geschunden, gequält, misshandelt, gedemütigt worden; und vieles davon erzählten sie uns unter Tränen. Sie teilten ein Stück weit ihre Herzen mit uns – was ihnen Angst machte und wonach sie sich sehnten: Man kann es in einem Wort zusammenfassen: „nur" nach Liebe, einem Zuhause, welches Geborgenheit schenkt, wie jeder Mensch es sucht und braucht. Doch dass ausgerechnet der Zwei-Meter-Mann „Bernie" ihnen dieses Zuhause geben konnte, gleicht einem Wunder und zeigt, mit welch krummen Zeilen Gott Geschichte zu schreiben vermag. Hier seine unglaubliche Geschichte – voller Zweifel und Scheitern, aber auch voll Hoffnung und Freiheit:

Der freiheitssuchende Versager „Bernie"

Über 50 Jahre meines Lebens sind nun vergangen. Ich lebte zwischen Leben und Tod, zwischen Hoffnung und Verzweiflung, zwischen Stolz und Kapitulation. Ich habe in dieser Zeit vor allem eins erlebt: Versagen und die Gnade (= ein unverdientes Geschenk) Gottes. Ich schreibe davon bewusst am Anfang, weil das mein Leben am meisten geprägt hat. Bis heute ist es meine Motivation und mein täglicher Versuch, dieses Leben aus der Gnade Gottes heraus anzunehmen. Denn die Gnade Gottes ist das größte Geschenk dieser Welt!

Ich wuchs in einer Sozialwohnung in einem großen Betonblock auf und hatte eine glückliche Kindheit mit liebevollen Eltern. Schon als Kind fragte ich mich jedoch, was dieses Leben eigentlich zu bedeuten hat? Viele Fragen konnte ich mit meinem lieben Papa unter dem Sternenhimmel diskutieren. Es blieben jedoch ebenso viele Zweifel an Gott, bis ins Erwachsenenalter hinein. Ich war ein Grübler und Träumer und entwickelte mich zu einem totalen Schulversager, blieb zweimal sitzen und ging ohne jeglichen Abschluss von der Schule – nur die Liebe meiner Eltern rettete mich dort vor einem Absturz. Schon früh hinterließen die Lehrer ein Ohnmachtsgefühl des Versagens in mir, welches heute noch aus dunklen Ecken hervorzukriechen vermag.

Ich absolvierte bei Mercedes Benz erstaunlicherweise erfolgreich eine Ausbildung und ging während dieser Zeit regelmäßig an verlängerten Wochenenden mit christlichen Metalbands wie *Bloodgood*, *Whitecross*, *Shout* und *Creed* auf Tournee. Wir spielten vor Christen, jedoch auch in Clubs, wo wir vor allem durch Bierlachen und Scherben wateten. Meine Freunde und Vorbilder von *Bloodgood* lebten mir ihren Glauben ganz praktisch vor. Sie erzählten durch ihre Musik an sehr dunklen Orten von dieser Liebe von Jesus Christus zu uns Menschen. Ich stand damals nach dem Soundcheck mit dem Gitarristen David Zaffiro an der Bar, und er sagte zu mir: „Bernie, revere Jesus!" Ich konnte damals nur sehr schlecht Englisch und verstand ihn nicht. Erst daheim schaute ich in einem Wörterbuch nach. David sagte zu mir: „Bernie, verehre Jesus!" Ich begriff damals die Bedeutung seiner Worte nicht wirklich. Jedoch sollte diese Aussage zu meinem Überlebensmotto werden.

Die Musikszene wurde mein zweites Daheim. Ich lernte dort Menschen kennen, zu denen ich bis heute Freundschaften pflege. Immer wieder fiel ich in dieser Zeit auch in ein tiefes Loch. Ich fragte mich: „Warum leben wir überhaupt? Was hat das ganze Leben überhaupt für einen Sinn? Was ist, wenn es diesen Gott gar nicht gibt?"

Ein Arbeitskollege aus der Ausbildung lud mich eines Tages zu einem Konzert seiner Band ein. Er war kein Christ und spielte härteren Heavy Metal. Als ich dort im Konzertsaal eintraf, sah ich viele scheinbar zerbrochene Gestalten. Innerlich dachte ich überheblich, dass ich wahrscheinlich besser unterwegs sei als diese Menschen, die ich dort traf. Ein stark tätowierter und gepiercter Fan ging plötzlich während dem Konzert auf einen Schwerstbehinderten im Rollstuhl zu. Er begegnete diesem jungen, behinderten Menschen mit einer Liebe und einem Respekt, der mir beschämt die Tränen in die Augen drückte. Wie konnte ich nur so überheblich denken? Ich hatte hier ein Vorbild vor mir, von dem ich nur lernen konnte! Dort wurde der Grundstein gelegt für die Freude, mit Menschen unterwegs zu sein, die anders als andere sind, und ich merkte, dass ich dort genauso dazugehörte. Jesus Christus zeigte mir, wie sehr er diese Menschen liebte, die von der Gesellschaft (und in diesem Moment auch von mir) eher verachtet und nicht beachtet wurden.

Nach meiner Ausbildung ging ich für eineinhalb Jahre auf eine ostfriesische Insel, um dort Zivildienst zu leisten. Ich erlebte eine Form von „Freiheit" und suchte noch mehr danach, fand aber bei dieser Suche viel Niedergeschlagenheit. Ich versagte letztendlich bei dieser Suche durch meine menschlich begrenzten Vorstellungen von Freiheit. Ich war auf der Suche nach menschlichen Antworten über den (Un-)Sinn des Lebens und erhielt dabei keine.

Ich lebte nach meiner „Inselzeit" bei einer Tessiner Autorin und suchte weiterhin nach dieser für mich so wichtigen Freiheit und Antworten auf mein Dasein. Einen tieferen Sinn konnte ich auch dort nicht erkennen. Wo war Gott in all dem, was ich erlebte? Für was war ich überhaupt auf dieser Welt?! Ich schien durch eine zwar schöne und interessante Welt zu torkeln, ohne jedoch eine tiefere Bedeutung dahinter zu erkennen.

Nach der Zeit im Tessin arbeitete ich knapp zwei Jahre für die ARD. Ich war bei Sendungen, wie „Verstehen Sie Spaß", „Sportgala" und vielen anderen Sendungen dabei. Ich traf Prominente und war stolz darauf, diese Leute zu kennen. Dort lebte ich in einer Art Scheinwelt und begegnete dabei doch so vielen zerbrochenen Menschen. Das Warum unserer Existenz schien dort eine noch quälendere Frage zu sein. Nach der Zeit beim Fernsehen arbeite ich beim christlichen Plattenverlag PILA MUSIC, die auch meinen Bildband über die christliche Metalszene verlegten.

Eindrücklich war dort ein Erlebnis, als ich 1992 mit dem Gospelchor „Gospel News" und der polnischen Rockgruppe „Heavy Blues" u. a. im Schweizer Hochsicherheitsgefängnis „Thorberg" auf Tour war. Wir spielten vor ca. 100 „Inhaftierten". Während einem Gospelsong stand plötzlich ein Häftling mitten in der Männergruppe auf und sang diesen Gospel laut mit. Hier war eine Freiheit spürbar, die alle Umstände dieser Person vergessen ließ.

Scheinbar hatte diese echte Freiheit nichts mit der Freiheit zu tun, die ich verzweifelt suchte.

Ich lernte meine erste Frau Iris 1992 auf einem Konzert kennen. Es war Liebe auf den ersten Blick. Wir verlobten uns nach einem halben Jahr. 1993 heirateten wir. Ein Jahr später zogen wir ins christliche Zentrum Seeburg, um dort zu arbeiten und zu leben. Am

11. Mai 1996 kam unser Sohn Flurin mittelschwer behindert zur Welt. Eine Woche nach der Geburt starb meine Frau Iris. Ich stürzte in ein unendlich tiefes Loch. Dieser Gott, der mir meine geliebte Frau zu nehmen schien, konnte nicht existieren. Ich hasste Gott für das, was er mir antat.

Auf der einen Seite das neu entstandene Leben meines Sohnes – und auf der anderen Seite der völlig unerwartete Tod meiner 29-jährigen, kerngesunden und geliebten Frau. Sie starb am 19. Mai 1996 im Inselspital Bern auf medizinisch unerklärliche Weise. Meine Freunde Ruth und Roland waren dort treu an meiner Seite. Als meine Frau in meinen Armen starb, geschah etwas, das mich bis heute zutiefst bewegt und gleichzeitig etwas absolut Unbegreifliches darstellte: Erfüllt vom Heiligen Geist sang ich im Moment des Sterbens meiner Frau ein Lied zur Ehre Gottes. Meine Frau war nun daheim. Sie hatte ihr ganzes Leben an Jesus Christus geglaubt und war nun bei ihm.

Trotzdem zerbrach nach Iris' Tod alles in mir. Ich war ein junger, völlig überforderter Vater und Witwer, allein mit einem kleinen Baby, meinem Sohn, und in mir ein innerer Tod. Ich hasste Gott. War das seine Antwort auf meine Fragen? Ich wollte nicht mehr leben. Ich schrie aggressiv und verzweifelt fast jede Nacht zu Gott. Ich klagte ihn an! Mein Glaube schien nicht mehr vorhanden zu sein.

Und dann erlebte ich das Unerwartete. Ein Wunder, etwas Unbegreifliches. Mein Glaube an Gott schien weg zu sein. Aber trotzdem erlebte ich nach jeder verzweifelten Nacht, dass Gott mich körperlich spürbar in seinen Armen hielt. Auf übernatürliche Weise erfuhr ich, dass dieser Gott existierte! Er war kein Hirngespinst, keine Einbildung frommer Idioten. ER WAR UND IST REAL!

Er hielt mich, er tröstete mich. Er stellte mir Freunde zur Seite, die mir halfen und mich in meiner tiefen Verzweiflung unterstützten. Während meiner Trauerzeit kamen Menschen auf mich zu und fragten mich, warum ich so leuchten würde. Fassungslos antwortete ich, dass ich in tiefer Trauer sei, aber Gott mir so nah sei wie nie zuvor. Nicht ich war ihm nah, sondern er mir. Was für ein Geheimnis – ich begriff es nicht und erlebte es in meiner totalen Schwachheit als ein unfassbares Geschenk. Nicht ich entschied mich für ihn, sondern er entschied sich durch seine Liebe für mich. Durch seine Gnade lebte und lebe ich.

Bis heute habe ich keine Antwort, warum meine Frau sterben musste. Ein guter Freund sagte damals zu mir: „Iris durfte schon nach Hause, sie hatte schon genug für Gott getan" – was für eine krasse und provokante Perspektive. Kurz vor ihrem Tod schrieb meine Frau einen Satz in ihr Tagebuch: „Wir müssen glauben, um das Leben zu überleben." Wie überwältigend, dass sie das vor ihrem Tod notierte und damit zum Ausdruck brachte, was ich nach ihrem Tod jeden Tag buchstabieren musste. Diese Aussage drückte meine Abhängigkeit von Gottes Gnade aus und beschreibt mir bis heute, warum und für wen ich lebe.

Ich selbst durfte erleben, dass jeglicher Zweifel an Gottes Existenz bei mir verschwand. Heute kann ich herausfordernd sagen: „Mein Glaube an Gott ist ohne Zweifel frei von Zweifel – ich weiß und bin mir sicher, dass er existiert und mich unendlich liebt." Ich durfte erkennen, dass meine verzweifelte Suche nach Freiheit beendet wurde, als ich durch den Tod meiner Frau erfuhr, dass Gott real ist, dass nur die Liebe zu Jesus Christus in eine innere und äußere Freiheit führt, die alle Grenzen menschlicher Vorstellungskraft sprengt. Frei sein heißt also, erkennen zu dürfen, dass ich Gottes Kind sein darf. Hier erfuhr ich eine scheinbar simple Gleichung: Frei sein = Kind Gottes sein. Hier war mir also der Häftling im Thorberg-Gefängnis in seinem Glauben damals schon weit voraus.

Hatte ich nun das Happy End einer langen Suche erreicht? Auf eine Art ja, denn ich wusste nun, dass dieser Jesus Christus, dieser Heilige Geist und der Schöpfer dieser Welt existierten. Was für eine Gnade, dass ich als Zweifler so eine Gewissheit über Gottes Existenz bekommen durfte. Dieses Wissen und die tiefe Überzeugung wurden nun in den kommenden Jahren auf weitere harte Proben gestellt.

1998 durfte ich erneut heiraten und bin nun seit 21 Jahren mit meiner wunderbaren Frau Manuela verheiratet. Meine zweite Frau wagte es, einen jungen Witwer zu heiraten, der einen behinderten Sohn mit in die Ehe brachte. Auch das führte Gott nach seinem Willen. In der Zwischenzeit haben wir nun insgesamt vier wunderbare Kinder. Da ich Geburt mit Tod verband, war die Geburt unserer Tochter Adina im Jahr 2000 ein erster Heilungsprozess. Weitere folgten mit den Geburten unseres Sohnes Andrin 2003 und unserer Tochter Melina 2012.

Für die nun folgende Geschichte, die meinen behinderten Sohn Flurin betrifft, hat er mir sein Einverständnis gegeben, dass ich sie erzählen darf. Er sagte zu mir: „Papa, ich habe von Gott gespürt, dass ich diese Geschichte mit Menschen teilen will, die vielleicht Ähnliches erlebt haben. Es soll zur Ehre Gottes dienen."

2008 rief mich meine Frau auf der Arbeit an. Am Telefon sagte sie mir mit größter Erschütterung, dass etwas sehr Schreckliches passiert sei. Unser behinderter Sohn Flurin (zu dem Zeitpunkt zwölfjährig) war von einem Klassenkameraden der Sonderschule, in die er ging, zu ihm nach Hause eingeladen worden. Dieser Klassenkamerad vergewaltigte dort meinen Sohn.

Unsere Familie zerbrach fast an der Last dieses schrecklichen Erlebnisses. Ich telefonierte mit meinem sehr guten Freund Martin K. und schilderte ihm, dass ich nun am Ende sei. Wir konnten nicht mehr; und die Frage *Warum lässt Gott das zu*? war die erste, die ich stellte. Mein Freund Martin heulte laut auf der anderen Seite der Leitung, so hatte ich ihn noch nie gehört. Zusammen schluchzten wir ins Telefon. Als wir mit dem Heulen fertig waren, sagte Martin zu mir: „Das waren die Tränen Gottes über unsere Situation."

Obwohl der Täter später verurteilt wurde, blieben bei uns Gefühle von Hass, Wut, Bitterkeit und unendlicher Traurigkeit zurück. Ich zweifelte zwar nicht mehr an der Existenz Gottes, aber ich klagte ihn erneut an und verstand ihn nicht. Es folgte eine Zeit der psychotherapeutischen Behandlung unseres Sohnes Flurin. Er war gefangen in Angst, Trauer und einer riesigen Wut. Nach etwa einem Jahr konnten meine Frau und ich dem Täter vergeben und erlebten eine große innere Befreiung, als wir das Ganze unter Tränen vor dem Kreuz Jesu Christi niederlegen konnten. Unser Sohn Flurin brauchte noch mehr Zeit. Als wir 2010 unsere Herbstferien auf der Insel Elba verbrachten, lasen wir unseren Kindern die Geschichte „Nicht wie bei Räubers" vor – dort kam das Thema Vergebung zur Sprache. Plötzlich fing Flurin laut an zu heulen. Wir machten uns Sorgen und fragten, was denn los sei? Er antwortete: „Papa, das betrifft mich, ich muss vergeben, sonst werde ich nicht frei!" Zusammen gingen wir weinend auf die Knie und Flurin konnte seine Last am Kreuz Jesu Christi deponieren. Er wurde frei, als er dem Täter vergeben konnte. Vor Jahren hatte David Zaffiro mir gesagt:" Bernie, verehre Jesus!" Wie existentiell zeigte sich erneut diese Haltung. Vor ein paar Jahren ließ sich Flurin von Freunden im Fluss taufen und bekannte damit klar seinen Glauben zu Jesus Christus.

Während meiner Arbeit auf der Seeburg hatte mir Gott auch meine Berufung gezeigt, Menschen in schwierigen Lebenssituationen zu dienen. Ich arbeitete knappe 17 Jahre als Seelsorger und Therapeut mit psychisch gehandicapten Menschen und hörte und erlebte dabei manche zutiefst traurige und tragische Geschichten.

Von 2011 bis 2018 führte mich Gott in ein Heim für junge Männer, welches ich später auch einige Jahre leitete. In diesem Heim bekamen wir von den Behörden die hoffnungslosen Fälle zugeteilt. Abgeschobene Menschen, mit denen keiner mehr etwas zu tun haben wollte. Und diese Jungs waren oft erst zwischen dreizehn und vierzehn. In Leben dieser jungen Menschen war vieles schiefgelaufen. Sie kamen meistens aus einem Zuhause, wo sie keinerlei Liebe bekommen hatten. Wir merkten bei unserer Arbeit, dass das Heim wirklich als Platz für die hoffnungslosen Fälle bestimmt war. Ich erinnere mich noch gut an viele Begebenheiten, in denen Gott wirkte.

Einmal erhielt ich nachts um 23.00 Uhr den Anruf meines Mitarbeiters, dass einer der Jugendlichen komplett ausrastete. Ich fuhr sofort hin. Laut schreiend fand ich ihn am Boxsack, auf den er mit maximaler Kraft einschlug. Er schrie und fluchte mich ununterbrochen an. Ich spürte, dass ich ihm Zeit lassen musste und saß einfach in seiner Nähe. Eine halbe Stunde später sackte er in sich zusammen und fing an zu weinen. Jetzt konnte er mir von seiner Hoffnungslosigkeit erzählen. Ich durfte ihm die Hand auf die Schulter legen. Wir gingen auf die Knie und ich konnte für ihn beten – ich hatte dabei Tränen in den Augen. Er beruhigte sich sichtlich und spürte die Liebe Gottes. Erstaunt sah er, dass ich weinen musste. In der Kultur, aus der er kam, galt es als Stärke, wenn Männer weinen konnten.

Als ich einen anderen, sehr gewaltbereiten jungen Mann im Heim hatte, musste ich aufgrund der schwierigen Situation die Entscheidung treffen, ihm den Aufenthalt in unserem Heim fristlos zu kündigen. Für das schwierige Gespräch saß ich mit einem Mitarbeiter und dem jungen Mann zusammen. Ich merkte plötzlich, wie Gott das Gespräch in seine Hände nahm und ich ihm Dinge sagen konnte, die ich so nicht vorbereitet hatte. Es ging um die Liebe Gottes, um Vergebung, um die wahre Freiheit durch Jesus Christus. Plötzlich sagte der junge Mann zu mir: „Bernie, ich brauche diesen Jesus." Zusammen gingen wir auf die Knie und er nahm Jesus Christus in sein Leben auf. Aus einer geplanten Kündigung machte Gott einen „Vergebungsort" – das ist Gnade!

Im Jahr 2018 erlebte ich aus verschiedenen Umständen heraus ein totales menschliches Zerbrechen. Vorstellungen, Träume, Hoffnungen, Erfolge zerbrachen in kürzester Zeit. Gott führte mich erneut in eine extreme Krisenzeit. Ich war für fünf Monate mit „Burnout-Symptomen" krankgeschrieben. Über Wochen lag ich fast nur noch im Bett und sah keine Perspektiven mehr. Was wollte Gott mir damit sagen? Was hatte er für Pläne? Finanziell kamen wir in eine sehr schwierige Situation, da ich eine Zeitlang nur noch das Tagegeld der Versicherung erhielt. Unsere Familiensituation war durch diese Krise erneut sehr angespannt.

Ein befreundeter Sänger aus Schweden lud mich im August 2018 zu einem christlichen Festival ein. Mein Sohn Flurin und ich freuten uns auf ein rockiges Wochenende und wollten dort alle Sorgen hinter uns lassen. Als wir schon etwas früher auf dem Festivalgelände eintrafen, um unseren Freund Christian von der Band „Narnia" zu treffen, sah ich auf dem Festivalgelände einen Seelsorgewohnwagen, und Gott sagte mir schon an diesem Punkt: „Bernie, geh dort hinein!“ Doch ich hatte kein Interesse daran, und mein Ziel war es, zu feiern und Party zu machen. Mehrfach am Tag ging ich an diesem Wohnwagen vorbei und bekam von Gott diesen Hinweis. Abends um neun spielte eine tolle Band aus England, und eigentlich hätte mir diese Musik gefallen. Aber ich spürte plötzlich, wie tot und leblos ich innerlich war; schon lange waren meine Tränen versiegt. Die letzten Monate hatten ihren Tribut gefordert.

Ich folgte nun widerspenstig der Aufforderung Gottes, in den Seelsorgewohnwagen zu gehen. Ein junger, mir unbekannter Seelsorger wartete dort. Ich hatte keinerlei Erwartungen und erzählte ihm pragmatisch von meinem Leben und vor allem auch von meinem Burnout und dass ich von Gott her den Auftrag gehört hatte, in diesen Seelsorgewohnwagen zu kommen. Als ich fertig war, sagte er betroffen, dass er auch nicht wisse, was er sagen solle und erst mal Stille brauche. Etwa fünf Minuten saßen wir schweigend nebeneinander. Plötzlich fragte er mich nur diesen einen Satz: „Bernie, hast du vor Jesus komplett kapituliert?“

Wie ein aufgestauter Fluss, dessen Damm nun brach, heulte ich los und ich wusste, dass ich genau das nicht getan hatte. Ich glaubte der Lüge der Menschen (und meiner eigenen), die mir immer wohlmeinend vermittelten: „Und das packt Bernie auch noch! Bernie hat breite Schultern. Er trägt auch diese schwierige Situation noch.“

In Anwesenheit dieses feinen jungen Seelsorgers konnte ich vor dem Kreuz Jesu Christi komplett kapitulieren. Ich kam mir so vor, als ob ich nackt und eine weiße Fahne schwenkend vor dem Kreuz lag und Jesus Christus all meine Last hinlegte. Ich musste nichts können und auch nicht alles wieder in den Griff bekommen; ich durfte einfach IHN, diesen Sohn Gottes, verehren und wissen, durch seine Gnade und Liebe ist alles möglich. Diese Situation veränderte mein Leben erneut. Meine Kraft und Freude kamen zurück, und ich versuche nun mit allen Höhen und Tiefen meines „inneren Schweinehundes“ diesem Jesus nachzufolgen und ihn zu verehren. Denn es ist seine Liebe, die diesen lebensverändernden Ewigkeitswert hat.

Freiheit bedeutet für mich, morgens aufzustehen und zu wissen, dass ich nicht etwas tun muss, was ich nicht will. Dass ich über meinen Glauben sprechen kann, wann, wo und mit wem ich will. Dass ich Sport machen kann und mich sportgerecht ernähren darf. Dass ich eine Familie haben darf, die ich jeden Tag sehen kann.

Markus Malessa, Personalcoach,
Management Alexander Dimitrenko, IPF. e.V.-Vorstand

Kapitel 8

Ein sehr harter Mann

Eines Tages, kurz bevor ich einen Vortrag in Südtirol hatte, erreichte mich die Bitte einer Dame, ich möge mir doch Zeit für ihren Freund nehmen. Viele Anfragen, Bitten und Wünsche werden an uns herangetragen, wir können leider nicht allen gerecht werden; doch hier spürte ich, dass ich diesen Mann kennenlernen musste. So trafen wir uns in Meran. Ein großer starker Kerl. Seine wahre Stärke stellte sich aber erst nach und nach heraus. „Hartmann", ein genialer Name, der total zu diesem Kerl passte. Als wir 2018 einmal wieder mit 55 Männern eine Israelreise starteten, wer stand da am Flughafen in Tel Aviv? Na klar, der „Hartmann". Etwas oder jemand trieb ihn an, ließ ihm keine Ruhe.

Eines Tages führten wir ein sehr intensives Gespräch; es war auf den Golanhöhen. Wir hatten freie Sicht auf Syrien, das sich bereits im Krieg befand, als er mir von den Kämpfen in seinem Herzen erzählte. Was für ein genialer Typ, der offen über seine Kämpfe und Zweifel sprach. Stück für Stück eroberte Gott sein Herz und führte ihn mehr und mehr in eine Freiheit, die er bis dahin selbst noch nicht gekannt hatte. Hier ein Teil seiner Geschichte:

Hartmann Stragenegg

(Europameister im Kickboxen / Österreichischer Staatsmeister im Boxen)

Im Oktober 2017 war Michael Stahl in unsere Stadt eingeladen worden, um einen Vortrag zu halten. Ich sah damals die Werbeplakate zur Veranstaltung, kannte Michael aber nicht und wusste auch nicht, worum genau es bei dieser Veranstaltung gehen sollte. Aber in der Beschreibung stand etwas von „Bodyguard" und „Security", das interessierte mich. Warum ich auf das Plakat aufmerksam wurde, weiß ich nicht. Aber es stellte sich heraus, dass es so sein sollte.

Am Abend der Veranstaltung hätte ich das Boxtraining in einem nahegelegenen Dorf leiten sollen, deshalb musste ich einen Ersatz für mich finden. Es gelang mir aber nicht, und so musste ich selbst hin. Der Vortrag fand ohne mich statt.

Ich hatte meiner Freundin Karina davon erzählt, und sie schrieb Michael auf Facebook eine Nachricht, in der sie einige Gemeinsamkeiten von Michael und mir aufführte, wie Kampfsport und Security, und dass ich ihn gerne kennengelernt hätte, aber leider verhindert gewesen sei. Ich wusste davon nichts! Michael antwortete ihr, aus

einem Impuls heraus, wie er mir immer wieder sagt, er würde mich gerne treffen, sollte ich am nächsten Vormittag die Gelegenheit haben, ihn in einer Schule zu besuchen, wo er zu Gast war.

Als Karina mir das erzählte, war ich sehr erstaunt und ging am nächsten Tag in diese Schule. Ich stellte mich Michael vor, erzählte ihm ein wenig von meiner Vergangenheit und staunte, wie offen und freundlich er war. Er meinte, es gäbe keine Zufälle, und während ich mit ihm sprach, bemerkte ich auf einem Tisch verschiedenes Werbematerial, unter anderem eine Broschüre, die für eine Männerreise nach Israel warb. Unglaublich, Israel! Irgendwie hatte mich das Land und seine Geschichte schon immer interessiert. Dass ich eines Tages einer Reise in das „Gelobte Land“ so nahekommen würde, hatte ich mir bis dahin nie vorgestellt. Ich sprach Michael darauf an und er erklärte, dass er nur mit Männern reisen und sie zu den geschichtlichen und religiösen Stätten aus der Geschichte Jesu fahren würden, um dort zu beten. Ok, dachte ich, *Beten ist nicht so mein Ding, aber die Gelegenheit wäre gut.* Und außerdem war der Profiboxer Sasha Dimitrenko dabei sowie einige Persönlichkeiten aus der Polizei und Peter Neuer, der Vater des deutschen Nationaltorhüters Manuel Neuer. So kam es dann, dass ich im April mit dabei war.

Da stand ich nun im Ankunftsbereich des Flughafens in Tel Aviv. Wir mussten warten, da zwei von unserer Gruppe genauer kontrolliert wurden. Jetzt begegnete ich Michael zum zweiten Mal! Er staunte nicht wenig, mich mit der Gruppe in Israel anzutreffen. Zufälle gibt es nicht, waren die ersten Worte, die er zu mir sagte.

Wir verbrachten sehr intensive Tage mit Besichtigungen, Gesprächen und Gebeten. Ich hatte die Gelegenheit, mit Michael, Gerhard Wittig, Sascha Dimitrenko und einigen mehr über Gott, Glauben und Gebet zu sprechen. Nicht immer war ich gleicher Meinung, und öfter war ich bei den Gebeten nicht dabei. Auf den Golanhöhen redeten Michael und ich über unser Leben und unsere Erfahrungen, die sich in vielem glichen, und immer wieder wurde mir bewusst, dass ich zwar vieles gut machte, aber dennoch versuchte, alles alleine zu tun. Dafür würde mir irgendwann die Kraft fehlen! Michael machte mir den Vorschlag, ich solle mich auf Jesus einlassen. Er würde mich unterstützen und mich begleiten. Michael schlug mir vor, ab jetzt für mich und für meinen Sohn zu beten. Ich fand das sehr zuvorkommend und war gerührt.

Als ich wieder zu Hause war, versuchte ich, die Erlebnisse der Reise, die Leute, die dabei waren, und die Gespräche einzuordnen, was mir aber nicht wirklich gelang. So viele herzliche, offene und zuvorkommende Menschen hatte ich noch nie getroffen. Viele davon waren bei der Polizei und Kampfsportler oder einfach nur großartige Menschen, was mir sehr imponierte; und es macht mich stolz, sie zu kennen.

In der folgenden Zeit war ich dann öfter in Deutschland und machte bei Ausbildungen und Trainings von *Protactics*[1] mit. Dieses Jahr im April war ich zu Besuch bei Robert Geck in Rothenburg, den ich bei seiner Arbeit in den Schulen begleiten durfte. Auch hier traf ich wieder einfach nette Leute, wie Robert, Juli und die Familie Gundel, die freundlich, zuvorkommend und unterstützend sind. So etwas hatte ich vorher noch nie erlebt. An einem Sonntag wurde in einem Kinosaal ein Gottesdienst abgehalten, in welchem Gerhard Wittig die Predigt hielt; und mit ihm zusammen habe ich anschließend gebetet. Ich fühlte mich gut dabei!

Vollkommen angekommen in diesem neuen Abschnitt bin ich noch immer nicht! Aber ich merke, dass mich die Begegnungen mit diesen Menschen wachsen lassen. Im Juni dieses Jahres, beim Trainerlehrgang in Aalen, traf ich auf Matthias Ludwig, ehemaliger deutscher Meister im Boxen und gläubiger Christ, der heute in der Dominikanischen Republik lebt. Wir verstanden uns gleich sehr gut. Er erzählte mir von seinen Erfahrungen, über sein Leben in Santo Domingo und seine Arbeit mit Gangs wie *Mara Salvatrucha*. Wenn diese Leute auch noch so hart sind und sogar Menschen umbringen, um in die Gang aufgenommen zu werden, geht es doch immer um Anerkennung, Liebe und Wertschätzung. In vielen Gesprächen hatte er sich mit ihnen über diesen Mangel in ihrem Leben unterhalten und Zustimmung und Respekt erfahren. Mehr als einmal

---

[1] Mehr Informationen auf www.protactics.de

waren eine Umarmung und ein Gespräch über die endlose Liebe Gottes genug, um sie in Tränen ausbrechen zu lassen.

Ein paar Tage bevor ich nach Aalen fuhr, bekam ich eine Anfrage, bei uns zu Hause im Gefängnis mit den Insassen etwas Sport zu machen, und ich war mir nicht sicher, ob ich der Aufgabe gewachsen war. Matthias und Michael bekräftigten mich, ich solle mich der Herausforderung stellen. Gott hätte diese für mich vorbereitet, ich könne sie ohne Angst übernehmen. Und wie Matthias mit seiner unbändigen Ungeduld und seinem Draufgängertum meinte: „Immer weiter, Bruder, immer weiter! Wir beten für dich! Wenn du auf Jesus vertraust, bist du nie mehr allein!"

Jetzt bin ich schon seit einigen Monaten im Gefängnis von Bozen tätig, und meine Arbeit dort kommt gut an. Ich rede mit den Insassen über ihre Vergehen, das Leben im Gefängnis und was ihnen Hoffnung gibt. Sehr oft erzählen sie über ihre Familie, ihre Kindheit, von fehlender Liebe und Anerkennung, von falscher Freundschaft, Glaube und Hoffnung. Jetzt, in der Gefangenschaft, denken sie viel über ihr vorheriges Leben nach. Sehr viele von ihnen beten regelmäßig; es gibt ihnen Kraft und Hoffnung, Halt und Zuversicht. Ich sehe sehr viel Kreuze, die am Hals getragen werden. Ich hätte nicht damit gerechnet, gerade hier so viel Offenheit für den Glauben anzutreffen. Immer, wenn sie vom Gefängnisleben müde sind und am liebsten aufgeben würden, nehmen sie das Kreuz in die Hand und beten. Es gibt ihnen Sicherheit, Hoffnung und vor allem etwas Freiheit!

Die Freiheit der Gedanken und der Glaube an Jesus Christus ist das Einzige, das dir niemand nehmen kann!

Ich finde, es ist Freiheit, morgens im Frieden aufzustehen, aus vielen kulinarischen Genüssen auswählen zu können, meine Gedanken äußern zu dürfen, hinfahren zu können, wo ich möchte, Gefühle auszudrücken, frei von Erwartungen anderer Menschen zu sein, Jesus nachzufolgen und wie ein Vogel zu fliegen

Rainer Zilly, Grafiker

Kapitel 9

Nazi, Hooligan & Punk

Auf meinen Reisen wurde ich oft mit dem Namen „Oliver Schalk" konfrontiert. „Kennst du Olli?" oder „Den Olli musst du kennenlernen!" hörte ich immer öfters. Deshalb gab ich seinen Namen bei *YouTube* ein und war begeistert und berührt zu gleich. Ein Kurzinterview, bei dem er auf einem weißen Sofa saß, berührte mich besonders. Vielen Leuten sandte ich diesen Link und viele wurden ebenso berührt wie ich. Und dann, eines Tages, lernten wir uns in Berlin kennen. Ein toller Typ, wir mochten uns sofort. Hier seine Geschichte:

Oliver Schalk

Ich bin in Ost-Berlin geboren und aufgewachsen. Mein Vater verließ meinen Bruder und mich, als ich 10 Jahre alt war. Schon früh merkte ich, dass der Kommunismus ein ungerechtes System war, mit dem ich mich nicht identifizieren konnte. Ich zählte zu den ersten Punkern in Ostberlin und kritisierte die Staatsform und die „Stasi-Bonzen", wie wir sie damals nannten, durch die Liedtexte meiner Band „Ahnungslos". Wir vervielfältigten unsere punkigen Protest-Songs und verteilten sie an Freunde. Außerdem sprühte ich an die Wände eines S-Bahnhofs Parolen wie: „DDR=KZ" oder „Honecker raus", um meine Unzufriedenheit und meinen Hass gegenüber dem Staat zum Ausdruck zu bringen. Selbstverständlich kam mir die Staatssicherheit auf die Schliche. So wurde ich als Anführer einer staatsfeindlichen Gruppierung im Alter von 17 Jahren zu einem Jahr Gefängnis verurteilt.

In dem dortigen Straflager sollten „politische Feinde" „resozialisiert" werden – auch durch angewandte Gewalt. Zwei weitere Gefängnisaufenthalte folgten dem ersten. Ich wurde zu einem aggressiven Schläger einer führenden Hooligangruppe. Alkohol und später auch harte Drogen wie Kokain bestimmten meinen Alltag. Dann floh ich 1989 in die Prager Botschaft und kam über diese endlich in den so ersehnten Westen. Eine Woche nach meiner Ankunft in Westberlin öffnete sich die Mauer!

Doch auch im wiedervereinten Deutschland änderte sich meine egoistische und unzufriedene Seele nicht. Mit Alkohol und Drogen aufgeputscht, zog ich mit meinen Hooliganfreunden von Stadion zu Stadion auf der Suche nach Gewalt. Schlägereien mit anderen Fans und der Polizei waren an der Tagesordnung. Mit diesen Freunden eröffnete ich eine Kneipe, die zu einem Anlaufpunkt unterschiedlichster Krimineller wurde. Mein Absturz war vorgezeichnet.

Auf einem Biker-Treffen lernte ich Christen kennen, die mir eine Bibel schenkten, für mich beteten und mir ein authentisches, erfülltes Leben aufzeigten. So etwas hatte ich zuvor noch nie gesehen. Ich glaubte, Christen seien altmodisch, weltfremd und langweilig. Einige Zeit später öffnete ich die Bibel. Ich befand mich gerade auf einer Kur in Bad Gandersheim und las von einem Gott, der Mensch wurde und zu den ganz „Kaputten“ ging. Dieser JESUS „fesselte“ mich. Ich machte mich, naiv wie ich war, auf die Suche nach diesem lebendigen Gott! So bestieg ich am 21. November 2002 einen Berg in Bad Gandersheim und forderte JESUS heraus: „Wenn es dich wirklich gibt, dann zeig dich mir als Mensch!“ Auf dem Gipfel des Berges angekommen, erkannte ich, dass ich mich auf dem Parkplatz einer Bibelschule befand. Meine Knie zitterten, auf dem Weg war mir gar nicht aufgefallen, wo ich hinging. Ein Bibelschüler sprach mich an und fragte: „Suchst du jemanden?“ Stotternd stellte ich die Gegenfrage: „Bist du Jesus?“ Er verneinte lachend und meinte, er habe aber einen guten Draht zu ihm.

Aus dieser Begegnung entstand eine Freundschaft, und daraus eine Gemeinde speziell für sozial schwache Menschen und besonders für deren Kinder. In mir änderte sich so viel. Jesus schenkte mir ein Herz für eben diese Kinder und ich hatte eine Berufung. Oft fehlt den Kindern (genau wie mir damals) ein Vater. Ich kann ihnen den Vater nicht ersetzen, aber … auf den liebenden Vater im Himmel hinweisen! Im September 2018 zog es meine Frau und mich nach Mecklenburg-Vorpommern, nach Sassnitz auf Rügen. Dort leite ich jetzt das Stadtteil-Projekt JUMPERS (Jugend mit Perspektive), ein Kinder- und Familienzentrum mitten im Plattenbau-Viertel von Sassnitz. Alles, was sich in meinem Leben veränderte, führe ich auf die Beziehung zu JESUS zurück.

ER ist der, der Leben verändert und Sinn und Hoffnung gibt! Ich kann nur jeden ermutigen, sich IHM anzuvertrauen! Ich bin der festen Überzeugung, dass auch ohne Knastvergangenheit und kaputtem Elternhaus jedem Menschen eine Beziehung zu Gott so guttut! Ich kann von mir sagen, dass ich ein neuer Mensch geworden bin. Meinen Entwicklungsprozess als Christ betrachte ich wie ein gesundes Erziehungsprogramm Gottes. Ich sehe ihn als Vater und Freund. Durch diese Beziehung bin ich frei von Abhängigkeiten wie Drogen, Alkohol, Hass und Egoismus. Das macht mich dankbar!

Diese Veränderung in mir, ist so kostbar, dass ich sie unbedingt weitergeben muss! An Kinder, Jugendliche, Eltern oder Senioren … Ich wünsche mir, lieber Leser, dass du es selbst austestest und erfährst! Suche, und du wirst finden!

Freiheit finde ich in dem Wissen meiner Herkunft und Zugehörigkeit. Zu wissen, dass mich ein Gott geschaffen hat, der mich trotz all meiner Fehler liebt und über mich sagt, dass ich wunderbar gemacht bin, und der sich nichts sehnlicher wünscht, als die Ewigkeit mit mir zu verbringen. Ich muss nichts leisten. Er nennt mich sein Kind. Der Himmel ist ein Geschenk, weil jemand für mich bezahlt hat. Danke Jesus – Das ist Freiheit!

Thomas Enns, Sänger der Band „Koenige & Priester“

KAPITEL 10

Sinn statt Sucht

Fast alle, die in diesem Buch über ihre Haft sprechen, hatten auch mit Drogen zu tun. In viele leere Augen schaute ich in meinem Leben. Schon als Kind sah ich so manche unerfüllte Sehnsucht. Jeder Mensch sollte gesund bzw. zur Freiheit geliebt werden. Ich bin so froh, über ein so großes Netzwerk zu verfügen und so wunderbare Freunde an meiner Seite zu haben, wie meinen Freund Dr. Klaus Hettmer. Er ist Tiefenpsychologe; gemeinsam haben wir schon einiges erlebt; viel darf ich von ihm lernen. So bat ich ihn, einen Beitrag zu diesem so wichtigen Thema beizusteuern.

Tiefenpsychologe Dr. Klaus Hettmer

Als Psychotherapeut habe ich täglich mit Gebundenheiten und Abhängigkeiten von Menschen zu tun. Sei es, dass Menschen voneinander abhängig werden, seien es Abhängigkeiten von stoffgebundenen Suchtmitteln wie Alkohol, Drogen, oder von Internet, Pornografie, Kaufsucht etc. Prinzipiell kann ein Mensch nach allen möglichen Dingen süchtig werden. Dies führt immer zu schwerwiegenden Problemen in Beziehungen, in der Gesundheit oder auch den Finanzen.

Diese Abhängigkeiten sind oft schwer zu überwinden und zu behandeln, da meist lange die Einsicht fehlt, dass man sie nicht mehr kontrollieren kann und etwas ändern muss. Hinzu kommt, dass der schädliche Gebrauch und Missbrauch dieser Dinge ja für den betroffenen Menschen der Lösungsversuch eines tiefergehenden

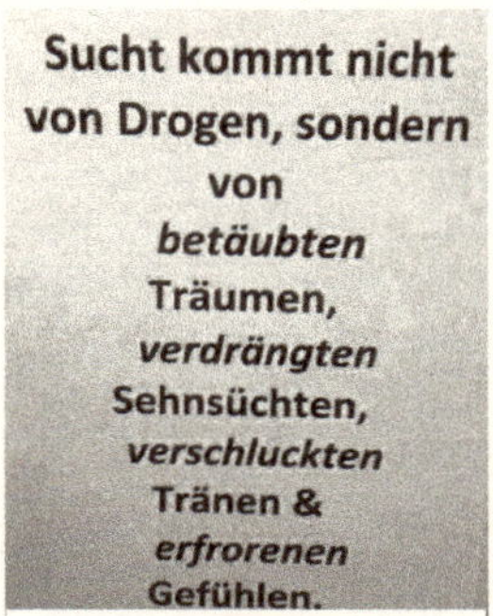

Ein „zufällig" entdecktes Plakat, das vieles auf den Punkt bringt.

Problems oder Konfliktes ist, welcher verdrängt werden muss, um den eigentlichen Schmerz und die Angst nicht zu spüren. Die Abhängigkeit selbst führt dann wiederum zu neuen Problemen und lässt die eigentliche Ursache, der man sich meist nicht bewusst ist, unerkannt und unbehandelt, sodass es sehr schwer ist, aus diesem Teufelskreis auszubrechen.

Ich denke, jeder kennt in irgendeiner Form diese Problematik und hat selbst erlebt, wie schwierig es ist, aus solch einer Abhängigkeit herauszukommen. Je mehr wir das versuchen, desto mehr gerät unser durch die Sucht mühsam gebasteltes Gleichgewicht ins Wanken und verstärkt wiederum diesen Mechanismus. Psychodynamisch gesehen wird mit Hilfe eines Suchtmittels das sogenannte Ich vor Schmerz und Depressionen geschützt, und es ist fast immer eine tiefergreifende Beschädigung des Selbst(wert)-Systems vorhanden.

Außerdem sind wir alle auch in gesundem Maße voneinander abhängig und können nur in Gemeinschaft miteinander überleben und Großes vollbringen. Wird aber dieser gesunde Wunsch nach Abhängigkeit und Geborgenheit und der ebenso wichtige Wunsch nach Freiheit und Individualität nicht erfüllt, kommt es zu den oben beschriebenen Extremen einer krankhaften Abhängigkeit oder Pseudounabhängigkeit. Das nennt man dann Neurose.

Was ist also zu tun?

In den klassischen Therapien wird entweder versucht, den Patienten vom Suchtmittel zu entwöhnen, mittels Psychoedukation[1] dem Klienten zu helfen, sein Verhalten und Denkmuster zu verändern oder auch die unbewussten Konflikte aufzudecken und zu bearbeiten. Diese Methoden sind anerkannt und bestimmt auch in vielen Fällen wirksam, aber oft sehr langwierig und mühsam durchzuführen, und oft genug gibt es Rückfälle. Hinzu kommt die mangelnde Einsicht, die meist erst dann vorhanden ist, wenn ein Mensch ganz am Boden liegt. Die Folgen jahrelanger Gebundenheiten sind aber meist nicht wieder zu beheben.

Aus meiner Erfahrung braucht es zur Überwindung von Süchten und Abhängigkeiten eine noch tiefere und ganzheitlichere Betrachtungsweise, denn der Mensch ist mehr als nur sein Körper, sein

---

[1] Psychoedukation ist ganz allgemein der Versuch, komplizierte medizinisch-wissenschaftliche Fakten so zu übersetzen, dass sie von betroffenen Patienten und deren Angehörigen gut verstanden werden. Dadurch soll den Patienten und ihren Angehörigen geholfen werden, die wichtigsten Informationen über die Erkrankung und die erforderlichen Behandlungsmaßnahmen begreifen und nachvollziehen zu können ... (Quelle: https://www.neurologen-und-psychiater-im-netz.org/psychiatrie-psychosomatik-psychotherapie/therapie/psychoedukation/was-ist-psychoedukation/

Verhalten, sein Denken und seine Gefühle. Ich glaube, dass hinter diesen Abhängigkeiten noch mehr steckt als nur Lernerfahrungen, körperliche oder seelische Prozesse. Meist leiden die Menschen auch unter dem Verlust ihres Selbstwertes und ihres Lebenssinnes. Damit meine ich das Erleben von Geborgenheit und Liebe als gewünschtes Lebewesen und auch von Freiheit in seinem „So-Sein". Aber es fehlt auch der Sinn der eigenen Existenz, die Aufgabe im Leben und das Eingebundensein in ein größeres Ganzes.

Deutlich wird uns dies oft erst am Ende des Lebens, zu Beginn eines Lebens oder auch bei Schicksalsschlägen, wenn wir an die eigenen Limits sowie die Grenzen von Medizin und Wissenschaft stoßen.

In der heutigen „aufgeklärten" Welt ist es nicht mehr modern und zeitgemäß, an einen höheren Sinn, ein höheres Wesen oder eine geistige Ebene zu glauben. Aber kann es nicht sein, dass es gerade *daran* liegt, dass so viele Menschen Angst haben und den Wert und die Einzigartigkeit ihres Lebens und das der anderen Menschen nicht mehr sehen?

Unseren geliebten Kindern geben wir noch all diese Erfahrungen, lieben sie von Herzen, wollten sie und wünschen uns, dass sie ein gutes Leben haben und gute Menschen werden. Wir wollen es auch nicht wahrhaben, wenn sie uns vom Schicksal genommen werden, und glauben an eine weitere unsichtbare Bindung an sie oder dass wir sie eines Tages wiedersehen werden. Und das ist auch gut so.

Ich denke, wir alle haben tief in unserem Inneren ein Wissen, eine Sehnsucht und auch eine Ahnung von diesen größeren Zusammenhängen: von Familie, Kindschaft und Elternschaft und auch von einer Liebe, die größer ist, als wir es uns vorstellen können. Meine Erfahrung in meinem Praxisalltag bestätigt dies: Wenn Menschen ganz und gar an ihrem Leben verzweifeln, keinen Sinn mehr darin sehen, keine Sicherheit zu haben meinen und dann ihrem Leben ein Ende setzen wollen, fehlen immer der Glaube und das Vertrauen, dass trotz aller Schwierigkeiten alles gut werden wird – der Glaube an einen guten Gott.

Ich selbst und auch Michael Stahl haben diesen Halt mehrmals erlebt, zuletzt er bei seinem Herzinfarkt und ich bei meiner Herzoperation. In dieser Situation blieb uns letztlich nichts anderes übrig, als der „höheren Gewalt" zu vertrauen; und wir sind beide nicht enttäuscht worden!

Gott hat uns in seinem Wort nicht versprochen, ein Leben ohne Probleme führen zu können, aber er hat uns allen zugesagt, dass er uns mitten in diesen Problemen begleitet und uns hindurchführen wird; dass er immer bei uns sein wird. Das habe ich unzählige Male in kleinen und großen Situationen erlebt!

Die sehr wirksamen Therapien mittels Selbsthilfegruppen weisen ebenso auf eine notwendige Kapitulation dem Suchtmittel gegenüber hin, da dieses ja auf die eigenen Kräfte bauen hieße (erster Schritt der AA-Gruppen). Der zweite Schritt des Zwölf-Schritte-Programms beinhaltet das Vertrauen in eine höhere Macht, die einem die geistige Gesundheit wiedergeben kann.

Für mich ist diese höhere Macht eine Person – als Jesus Christus auf diese Welt gekommen –, die uns von allen Gebundenheiten befreit hat.

Wenn wir zu ihm kommen und ihm vertrauen, werden auch die Verletzungen und Wunden heilen, die wir durch andere Menschen erlitten haben, und wir werden unabhängiger von der Anerkennung und Verführung dieser Welt. Ich sage manchmal: „Wenn ich das gute Essen (die Liebe) haben kann, werde ich das schlechte Essen (die Sucht) nicht mehr wählen!"

Für mich bedeutet das, in der Behandlung nicht nur die oben genannten klassischen Therapien zu berücksichtigen, sondern auch nach dem Herzen, dem Sinn und dem Glauben des Menschen zu fragen; und meist ergeben sich dann tiefere und heilsamere Gespräche.

In einem Beispiel aus der Bibel wird erzählt, wie ein Dämon ausgetrieben wird und er danach das Haus (den Menschen) leer vorfindet; dann wird dieser Dämon wiederkommen und noch mehr Probleme bereiten. Ähnlich ist es bei einer Sucht. Das heißt, wir müssen nicht nur die Tür zu der Abhängigkeit schließen, sondern auch unser Haus (Seele, Geist) mit Liebe füllen, um weiterhin frei bleiben zu können. Und das hat sich in zahlreichen Fällen in meiner Arbeit bestätigt.

Meist ist unser Herz als seelisches Organ verletzt, krank, einsam und ohne Sinn und Wert, aber für die Heilung von Abhängigkeiten und Süchten entscheidend.

Wenn wir den höheren Sinn und unseren ureigenen Platz in diesem Universum (an der Seite Jesu) gefunden haben, suchen wir an keinem anderen Ort mehr danach. Davon bin ich überzeugt!

Mehr als alles andere behüte dein Herz, denn von ihm geht das Leben aus! (Sprüche 4,23 SLT)

Dr. med. Klaus Hettmer

Wenn ich sage „Ich bin Christ"
dann schreie ich nicht hinaus: „Mein Leben ist sauber!"
Vielmehr flüstere ich: „Ich war verloren,
aber ich wurde gefunden und mir wurde vergeben."
Wenn ich sage „Ich bin Christ",
dann sage ich dies nicht mit selbstgefälligem Stolz.
Vielmehr bekenne ich, dass ich immer wieder stolpere,
mich verirre und Jesus Christus als meinen Reiseführer brauche.
Wenn ich sage „Ich bin Christ",
dann versuche ich nicht, um jeden Preis stark zu sein.
Vielmehr gebe ich zu, dass ich immer wieder versage
und Gott brauche, um mein Durcheinander in Ordnung zu bringen.
Wenn ich sage „Ich bin Christ",
dann behaupte ich nicht, perfekt zu sein.
Dazu sind meine Mängel viel zu offensichtlich.
Und doch glaubt Gott, dass ich es wert bin.
Wenn ich sage „Ich bin Christ",
dann erlebe ich immer noch Schmerzen, Kummer und Enttäuschungen,
aber ich trage sie zu Gott. Ich strecke mich aus nach seiner Hilfe,
weil ich weiß, dass ihn bekümmert, was mich bekümmert.
Wenn ich sage „Ich bin Christ",
dann bin ich nicht heiliger als du; ich habe kein Recht zu richten.
Ich bin bloß ein einfacher Sünder, der irgendwie Gottes Gnade empfangen
und seine Liebe am eigenen Leib erfahren durfte.

Dagmar Mehler

Kapitel 11

Der Mörder und Gottes Stimme

Es war ein Interview mit Torsten Hartung, das mich tief bewegte – genau genommen waren es zwei Wörter: „Ich weiß." Der Moderation fiel das Sprechen schwer. Sichtlich bewegt war sie über das, was sie aus Torstens Mund hörte und das, was Torsten gehört hatte, als er in Einzelhaft war und Gott alles sagte, was ihm auf dem Herzen lag, seine ganze Last, all seine Verletzungen, all seine Schuld, und wie er diese zwei Wörter vernahm: „Ich weiß!" – ohne jegliche Anklage, nur in Liebe. Ich danke Torsten so sehr, dass er seine Geschichte mit uns teilt!

Torsten Hartung

> 20. Juni 1992. Zwei Limousinen nähern sich einem Waldstück nahe der lettischen Hauptstadt Riga. Auf einer Lichtung halten sie. Drei Männer steigen aus. Einer bleibt bei den Autos, die beiden anderen gehen ein Stück. Dann zieht einer von ihnen eine Pistole, zielt auf den Kopf seines Gegenübers und drückt ab. Ein dumpfer Knall hallt durch den Wald. Torsten Hartung steckt die Waffe wieder ein. Den Exekutierten lässt er liegen, nimmt ihm nur die Papiere ab. Der Tote hieß Dieter und war ein Komplize und krimineller Weggefährte Hartungs. Doch dann versuchte er, Hartung seine Führungsposition innerhalb des damals größten europäischen Autoschieberrings streitig zu machen und wollte Geschäfte hinter dessen Rücken abwickeln. Ein todeswürdiges Vergehen!

So beschrieb ein Reporter meine schreckliche Tat. 20 Jahre zuvor lebte ich mit meinen drei Geschwistern in einer atheistischen, gewalttätigen Familie. Meine Eltern konnten ihre Konflikte grundsätzlich nur mit Gewalt lösen und haben dies auch an uns weitergegeben. Sätze, wie „Du bist nix" und „Wir haben dich nie gewollt" hörte ich sehr oft. Als ich sieben war, sagte meine Mutter zu mir: „Ich gehe jetzt auf den Dachboden und häng mich auf, und du bist schuld

..." Sie täuschte es nur vor, aber am selben Abend hat mein Vater mich geschlagen, da meine Mutter ihm sagte, ich würde es verdienen. An diesem Tag starb mein Urvertrauen gänzlich und der Hass begann zu wachsen, mit gerade einmal sieben Jahren ...

In der Schule wurde ich durch Schlägereien und sonstige Streiche zunehmend auffällig. Ich merkte schnell, dass man sich „um mich kümmerte", wenn ich Einträge bekam oder meine Eltern in die Schule kommen mussten – auch wenn es immer Strafen gab. Es war für mich wenigstens eine negative Form der Aufmerksamkeit.

Eine andere Begebenheit war, als mein Vater mich so stark schlug, dass meine Mutter schrie: „Hör auf, du schlägst den Jungen sonst noch tot!" Da war ich zehn. Dieser Satz bewirkte etwas in mir. Ab sofort ging es bei Schlägereien nicht mehr um einen ausgeschlagenen Zahn oder eine gebrochene Nase; ich projizierte diesen Satz auf meine Gegner: „Wenn du über mich gewinnen willst, musst du mich totschlagen!"

Mit 18 Jahren wurde ich das erste Mal verurteilt, wegen Diebstahls für zehn Monate; beim zweiten Mal wegen Körperverletzung für ein Jahr und zehn Monate, beim dritten Mal für fast drei Jahre.

1983 schien es für kurze Zeit so, als würde mein Leben eine gute Wende nehmen. Ich lernte eine junge Frau kennen, die viel Geduld und Verständnis für mich hatte. Ich machte eine Lehre zum Dachdecker und wollte raus aus der DDR. Nach einem vorgetäuschten Fluchtversuch saß ich zwei Jahre im Gefängnis in Cottbus. Danach wurde ich nach West-Berlin abgeschoben. Zwar lebte ich nun in Freiheit, aber meine Geschichte hatte ich ja mitgenommen. Meiner Freundin verhalf ich ebenfalls zur Flucht und fing eine Meisterschule an. Sie und diese Aufgabe waren meine beiden „Krücken", auf denen ich durchs Leben stolperte.

Dann musste ich die Meisterschule aufgrund der Finanzen abbrechen und meine Freundin trennte sich von mir. Ich sah überhaupt keinen Sinn mehr in meinem Leben. Da kamen mir plötzlich Goethes Faust und sein Pakt mit Mephisto in den Sinn, und obwohl ich zu dieser Zeit weder an Gott noch an den Teufel glaubte, sprach ich in diese unsichtbare Wirklichkeit hinein: „Du kannst meine Seele haben; ich brauche sie nicht mehr. Aber im Gegenzug möchte ich eineinhalb Jahre leben wie ein König dieser Welt!"

Wenige Wochen darauf lernte ich den „Paten von Riga" kennen, der mich fragte, wer ihnen Luxusautos besorgen könne. Zwei Bekannte von mir studierten zu der Zeit Feinmechanik an einer Fernuniversität, um die Schließmechanismen von Oberklassewagen der Marken Mercedes und BMW überwinden zu können. Sie brauchten 20 Sekunden, um einen Wagen zu knacken. Ich selbst kümmerte mich um die gesamte Logistik, besorgte gefälschte Zulassungs- und Versicherungspapiere und brachte die Fahrzeuge an ihren Bestimmungsort. Ich lieferte gestohlene Luxuskarossen nach Russland und in den gesamten Ostblock sowie in die arabische Welt. Damit verdiente ich bis zu 90.000 US-Dollar – pro Woche! Inzwischen umfasste diese kriminelle Organisation 54 Mitarbeiter, und ich war von Anbeginn ihr Anführer.

Doch dann stellte einer meiner Mitarbeiter, sein Name war Dieter, meine Position in der Organisation in Frage, und für mich war klar, dass ich ihn umbringen werde. Am 20. Juni 1992 erschoss ich ihn – ohne jegliche Emotion. Nun hatte ich meine unangefochtene Autorität wieder zurückgewonnen.

Insgesamt 120 Luxusautos stahl meine Organisation, und die Höhe des Versicherungsschadens belief sich damals auf 15,8 Millionen DM. Ich war dennoch leer und kaputt, und als ich vor meiner Festnahme noch Urlaub auf Mallorca machte, besuchte ich eine kleine Kirche. Darin stand eine Wand, an welche die Besucher Gebetsanliegen heften konnten. Ich schrieb auf einen Zettel: „Ich wünsche mir ein Leben im Glück." Kurze Zeit später wurde ich in Stockholm von Interpol verhaftet. Ich kam sofort in Einzelhaft. 4 Jahre, 9 Monate und 2 Tage sah ich keinen anderen Menschen als den Gefängniswärter, der die Tür auf- und zuschloss.

Ich begann ein Fernstudium in Psychologie, denn ich wollte mich selbst verstehen. Ich war ja nicht nur Opfer, sondern vor allem Täter. Doch wohin ich mit meiner Schuld sollte, wusste ich zu diesem Zeitpunkt nicht.

Eines Tages, nach meiner Einzelhaft, sah ich mit den anderen Gefangenen zusammen einen Jesus-Film und schrieb danach in mein Tagebuch: „Jesus, du hattest deine Auferstehung. Gib auch mir eine zweite Chance! Schenk mir ein neues Leben!" Einige Wochen später lag ich auf meinem Gefängnisbett und sah, wie sich das weiße Laken, das ich wegen der Hitze vors Fenster gespannt hatte, aufgrund eines Luftzugs ans Fensterkreuz legte. Beim Anblick dieses Kreuzes kam mir wieder der Jesus-Film in den Sinn, und ohne es zu wollen, fing ich an zu weinen. Ich fühlte mich hilflos, verzweifelt, ohne jegliche Hoffnung. Meine Seele weinte über mein gelebtes Leben und wieder sprach ich in die unsichtbare Welt:

„Gott, wenn es dich gibt, bitte schenk mir ein neues Leben, ich will dieses Leben nicht mehr!"

In diesem Moment hörte ich eine Stimme: „Ich weiß …" Es war eine Stimme so voller Barmherzigkeit und Liebe …

In diesem Augenblick wurde für mich klar: Gott gibt es!

Diese Erfahrung hat mich zutiefst erschüttert und ich bekam Ehrfurcht vor Gottes Größe und vor seine Liebe, in der es keine Verurteilung gab:

Ich kenne dich, Sohn,
ich kenne dein Opfersein
und auch dein Tätersein,
ich weiß!

Meine ganze Wert- und Weltanschauung brach zusammen, und ich musste anfangen, ganz neu zu denken, mit der wichtigen Komponente, dass Gott da ist. Und das hatte Konsequenzen für mein Leben! Ab diesem Zeitpunkt versuchte ich durch ein intensives Bibelstudium herauszufinden: *Wie ist Gott?* Er stellte mir sehr wertvolle Menschen an die Seite, die mich in dieser Zeit begleiteten, und auf meine anstehenden Fragen antworten konnten. Am 20. Juni 2000 ließ ich mich in der Gefängniskapelle in Berlin-Tegel taufen. Erst später wurde mir bewusst, dass das auf den Tag genau acht Jahre nach dem Mord an Dieter war. Für mein Leben ist der 20. Juni ein symbolisches Datum. Es zeigt, wie böse der Mensch von sich aus ist, wie Gott aber selbst aus dem Schlechtesten Gutes erwachsen lassen kann. 2006 wurde ich nach knapp 15 Jahren Haft entlassen.

Heute lebe ich mit meiner Frau Claudia in Thüringen. Ich bin seit Jahren ehrenamtlich in der Pastoralen Gefängnisarbeit tätig. Der Schmerz, den ich erfahren und auch anderen Menschen zugefügt habe, prädestiniert mich zu dieser pastoralen Seelsorgearbeit. Ich möchte durch diese Arbeit die Menschen in erster Linie aus ihrem inneren Gefängnis heraus und in die Freiheit führen. Ich hätte mir das gewünscht, als ich damals selbst im Gefängnis war.

Meine Frau und ich haben gemeinsam ein Haus auf die Beine gestellt, in dem wir mit jungen Straftätern wie in einer Familie zusammenleben. Sie haben die Möglichkeit, ihre Schul- und Lehrausbildung nachzuholen und in einer Form der Sozialisierung zu lernen, die auch die Aufarbeitung ihrer Fehlneigungen beinhaltet. Nicht alle nehmen es an; aber die, die es annehmen, sind Sonnenscheine; und wir dürfen wahre Wunder erleben!

Zum Abschluss möchte ich euch allen noch sagen, dass in mir heute keine unruhigen Fragen mehr existieren. Mein Wunsch nach Glück erfüllt sich in meinem Leben Tag für Tag. Ich weiß, ich komme von meinem Vater, und zu ihm werde ich eines Tages zurückkehren. Das größte Glück ist, zu wissen, dass, egal was Menschen einem antun, Gott dich und mich unendlich liebt!

Kapitel 12

Verlogenes Paradies

So mancher Dealer verspricht das Paradies – die Flucht aus unerfüllter Sehn-Sucht, das Betäuben seelischer Schmerzen. Kurz vor der Fertigstellung dieses Buches schrieb mir eine Bekannte, sie habe einen Ex-Häftling mit einer beeindruckenden Geschichte kennengelernt. Der Impuls dieser Dame war sehr wertvoll, da kurze Zeit später Dejvid und ich schon Kontakt zueinander hatten. Er war einer der Leute gewesen, die anderen ein Stück „Paradies" durch Drogen versprochen hatten. Mitten im Gefängnis lud er Jesus in sein Herz ein, der ihm und allen Menschen das wahre Paradies schenken möchte. Dejvid war einst ein Drogendealer, doch lassen wir ihn selbst berichten, was „Freiheit" heute für ihn bedeutet:

Dejvid

Mein Name ist Dejvid, 32 Jahre jung, wohnhaft in der Schweiz in Basel. Früher war ich Drogenhändler und übte jegliche Art von kriminellen Aktivitäten aus. Seit zwei Jahren habe ich Jesus in meinem Leben.

Freiheit bedeutet:
Wenn wir eingesperrt sind hinter Gittern – und dennoch …
… frei sein dürfen.
Wenn uns die Liebe zwischen Menschen entzogen wird,
und wir dennoch …
… geliebt werden.
Eine Liebe, die man kaum beschreiben kann.
Diese Liebe ermöglicht unserem Geist, frei zu sein,
unter jeder Art von Umständen.
Auch wenn unsere Leiber weggesperrt sind,
dürfen wir durch diese Liebe eine geistige Freiheit
erlangen und erfahren
Dem Herrn sei Dank!

Hier ein Tagebuchauszug von Dejvid:

Waaghof, 10.11.2018

Frei in der Gefangenschaft

Tief in Gedanken und bei geschlossenen Augen rieche ich das Essen, das mich umzingelt.

Nun schaue ich den Häftlingen in die Augen und sehe eine Leere in ihnen. Ihre Blicke sind kraftlos und ihre Körper erstarrt von der Kälte in ihrem Herzen. Sie glauben nicht an eine Rettung, längst haben sie sich aufgegeben. Das Lachen fällt ihnen schwer, selbst auf die Mahlzeiten können sie ohne Weiteres verzichten. Gleichgültig und fast leblos irren sie umher. Ihre Köpfe wie auch ihre Schultern sind gesenkt. Vielen von ihnen wäre selbst der Tod lieber, sie glauben nämlich nicht an die Gnade Gottes. Gott ist den meisten ein Fremdwort. Täglich versuche ich den Häftlingen etwas von meiner Liebe zu Gott weiterzugeben. Ich erhoffe mir ein Licht in ihrer Finsternis zu sein. Bei jedem Gespräch erzähle ich von meiner Rettung und all den Wundern, die unser Herr vollbrachte. Meine Augen strahlen, während ich ihnen von der Vergebung der Sünden berichte. Stets erwähne ich, sie sollten ihre Lasten beim Herrn ablegen. Durch die Bindung zu Gott würden sie wieder lernen, sich selbst zu lieben.

Unser Leib ist gefangen, doch niemals unser Geist!

Einige beginnen sich zu öffnen und geben zu, dass sie gerne erlöst wären. Man sagt, der Wille erreiche alles, also frage ich einige, was sie denn zu verlieren hätten, denn die Entscheidung, mit Gott zu gehen, wäre alles andere als kostenpflichtig. Sie verspricht eine Heilung der Seele und eine grenzenlose Liebe. Für sie ist jede Haftzeit wie auch eine Therapie aussichtslos, denn ihnen fehlt der Glaube. Ihnen ist bewusst, dass ihre Sucht ihren Körper wie auch die Seele versklavt. Sie sind durch die Sucht gezwungen, unschönen Dinge zu tun, die sie dann ihre Freiheit kostet. Ich bete für sie, denn auch sie sind Gottes Kinder, gefangen durch den Teufel. Tränen fließen ... Seine Liebe dringt durch jede Stahltür ...

Wir sind nicht alleine ... **DANKE JESUS**

Solche Zeilen aus der Feder eines ehemaligen Drogendealers! Mögen viele Herzen durch diese Zeilen berührt werden, die Dejvid bereits in der Haft verfasst hat und jetzt mit uns teilt, damit wir heute schon wahrhaft frei bzw. mehr und mehr in die wahre Freiheit geführt werden.

Kapitel 13

Wer bin ich?

Diese Frage gehört wohl zu den vier wichtigsten unseres Lebens:

- Wo komme ich her?
- Wo gehe ich hin?
- Was ist der Sinn des Lebens?
- Wer bin ich?

Es muss so Ende 2001 gewesen sein, als meine heutige Kollegin Hilda meine kleine Sportschule betrat. Sie war gereizt, ließ sich kaum etwas sagen und rebellierte nicht selten. Nach einer weiteren Widerspenstigkeit nahm ich sie eines Tages zur Seite und sagte ihr: „Wenn du etwas lernen möchtest, solltest du auch etwas annehmen!" Es hat nicht viel gefehlt und sie hätte das Handtuch geworfen oder ich hätte sie rausgeworfen. Wie gut, dass es nicht so weit kam!

Das ist nun 18 Jahre her. Sie ist ein fester Bestandteil unseres Teams und nicht mehr daraus wegzudenken. Was hatte zu ihrer Bitterkeit, zu ihrem Mangel an Selbstwert geführt? Ihre Mama war psychisch krank, konnte sie kaum in den Arm nehmen oder ihr die Liebe geben, die sie von ihr gebraucht hätte. Stattdessen erlebte Hilda, dass ihre Mama oft in Kliniken war. Ihr Papa war mit all dem überfordert.

Es war so um das Jahr 2009, als ihr Papa zu Besuch war (Hilda kommt ursprünglich aus Ungarn) und ich sie fragte, ob sie ihm schon einmal Liebe ausgesprochen habe. In jenen Tagen sprach Hilda ihren Eltern, die schon lange geschieden waren, zum ersten Mal Liebe aus. Auch Hildas Ehe war geschieden worden. Es ist schon bemerkenswert, wie sich so manches durch die Generationen zieht. Mit diesem Prozess des Versöhnens mit ihrer Lebensgeschichte kehrte zunehmend Frieden in ihr Leben ein. Dazu wurden noch einige Bindungen gelöst, die schwer auf ihrer Seele lasteten. Durch den Glauben an Jesus, wurde aus dieser einst bitteren jungen Frau eine Frau, die anderen Hoffnung und Halt gab. Es ist schon außergewöhnlich, dass ein Mensch, der früher in so manchen Dingen gefangen war – bitter, traurig und mit mangelndem Selbstwert – heute Tausenden mit Freude, Hoffnung und Wertschätzung begegnet. Sie hilft Menschen ins Leben hinein, weil sie jenen kennengelernt hat, der das Leben selbst ist. Sie sitzt an Betten von Sterbenden und hält Hände, weil sie jenen liebt, der sie hält und der den Tod besiegte.

Ihre Lebensfragen sind nach einer langen Odyssee, nach vielen Verletzungen, Enttäuschungen, kranken Bindungen, aber auch durch viele Wunder nun beantwortet:

- Wo kommt sie her? „Aus Gottes liebevoller Hand."
- Wo geht sie hin? „Eines Tages nach Hause."
- Was ist der Sinn des Lebens? „Gottes Kind zu werden."
- Wer bin ich? „Gottes Kind!"

Diese Freiheit, die ihr Jesus Christus schenkte, teilt sie in vielen kleinen Begegnungen mit der Welt um sich herum und wird zum Segen für viele. In einem Gespräch über wahre Freiheit erzählte sie mir, wie sehr ihr die Geschichte von Dietrich Bonhoeffer ans Herz geht. Tief berührt zeigte sie sich über sein Werk: Wer bin ich? Stellen wir uns nicht alle die Frage?

Hier Hildas Zeilen zu Dietrich Bonhoeffer:

Eine herausragende Persönlichkeit, die in diesem Buch nicht fehlen darf, und ein großes Vorbild für Mut und Gottvertrauen war Dietrich Bonhoeffer. Es gibt einige Experten, die sich mit der außergewöhnlichen Biografie dieses Mannes beschäftigen. Ich nenne hier nur einige Eckdaten aus seinem bewegten Leben:

Er wurde 1906 in Breslau in eine große Familie geboren. Die Familiendynamik und die Werte seiner Eltern ermöglichten ihm ein hohes Bildungsniveau. Er absolvierte sein Staatsexamen an der Evangelischen Theologischen Fakultät der Universität Tübingen, und 1927 promovierte er zum Doktor der Theologie an der Humboldt-Universität zu Berlin.

Im Alter von vierundzwanzig Jahren ging Bonhoeffer in die USA, um ein Aufbaustudium zu absolvieren. Er konnte durch diese Reise ganz realistische Eindrücke über Gottes Gnade und Liebe sammeln. Nach seiner Rückkehr 1931 wurde Bonhoeffer Dozent für Systematische Theologie an der Universität Berlin.

Nach der Machtübernahme der Nationalsozialisten im Jahre 1932 gestaltete sich Bonhoeffers Arbeit und die Werte, für die er eintrat, zunehmend schwieriger. Er begab sich in internationale Versammlungen, um sich der Bewegung der Deutschen Christen und ihrem Versuch, den Nazi-Nationalismus mit dem christlichen Evangelium zu verschmelzen, zu widersetzen. 1935 wurde er Seminarleiter in Finkenwalde, wo er Pastoren der „Bekennenden Kirche" ausbildete.

Im August 1936 wurde Bonhoeffers Lehrbefugnis an der Universität Berlin widerrufen, nachdem er von Theodor Heckel als „Pazifist und Staatsfeind" denunziert worden war. Im September 1937 schloss die Gestapo das Seminar in Finkenwalde und verhaftete bis November 27 Pastoren und ehemalige Studenten. In den darauffolgenden Jahren wurde Dietrich Bonhoeffer immer mehr zur Zielscheibe der SS. Er war als prominenter Regimegegner seit dem 5. April 1943 in verschiedenen Gefängnissen inhaftiert. Schließlich wurde er am 08. April 1945 von einem Gericht ohne Zeugen, Protokoll oder Verteidigung im KZ Flossenbürg zum Tode verurteilt und am 09. April in der Morgendämmerung erhängt.

Man könnte jetzt mit Recht sagen, so viele andere wurden doch in dieser Zeit hingerichtet; so viele Menschen fielen diesem grausamen Regime zum Opfer. Wieso soll Dietrich Bonhoeffer eine herausragende Persönlichkeit sein? Im Zentrum von Bonhoeffers Theologie steht Christus, in dem Gott und die Welt versöhnt sind. Bonhoeffers Gott ist ein leidender Gott, dessen Manifestation in dieser Weltlichkeit zu finden ist. Bonhoeffer bestand darauf, dass die Kirche, wie die Christen, „an den Leiden Gottes in den Händen einer gottlosen Welt teilhaben musste"[1], wenn sie eine wahre Kirche Christi sein sollte.

Es gibt viele Briefe, Aufzeichnungen und Werke von Bonhoeffer zum Recherchieren. Er schrieb im Dezember 1944 folgendes Gedicht an seine junge Verlobte Maria von Wedemeyer. Ein Gedicht, das später eines der bekanntesten Kirchenlieder wurde:

Von guten Mächten treu und still umgeben,
behütet und getröstet wunderbar,
so will ich diese Tage mit euch leben
und mit euch gehen in ein neues Jahr.

---

[1] Aus: Ferdinand Schlingensiepen, *Dietrich Bonhoeffer 1906–1945: Eine Biographie.*

Noch will das alte unsre Herzen quälen,
noch drückt uns böser Tage schwere Last.
Ach Herr, gib unsern aufgeschreckten Seelen
das Heil, für das du uns geschaffen hast.

Und reichst du uns den schweren Kelch, den bittern
des Leids, gefüllt bis an den höchsten Rand,
so nehmen wir ihn dankbar ohne Zittern
aus deiner guten und geliebten Hand.

Doch willst du uns noch einmal Freude schenken
an dieser Welt und ihrer Sonne Glanz,
dann wolln wir des Vergangenen gedenken,
und dann gehört dir unser Leben ganz.

Lass warm und hell die Kerzen heute flammen,
die du in unsre Dunkelheit gebracht,
führ, wenn es sein kann, wieder uns zusammen.
Wir wissen es, dein Licht scheint in der Nacht.

Wenn sich die Stille nun tief um uns breitet,
so lass uns hören jenen vollen Klang
der Welt, die unsichtbar sich um uns weitet,
all deiner Kinder hohen Lobgesang.

Von guten Mächten wunderbar geborgen,
erwarten wir getrost, was kommen mag.
Gott ist bei uns am Abend und am Morgen
und ganz gewiss an jedem neuen Tag.[2]

Ganz bewegend fand ich diesen Abschnitt, den Bonhoeffer am Anfang seines Briefes schrieb:

> Es ist, als ob die Seele in der Einsamkeit Organe ausbildet, die wir im Alltag kaum kennen. So habe ich mich noch keinen Augenblick allein und verlassen gefühlt. Du und die Eltern, Ihr alle, die Freunde und Schüler im Feld, Ihr seid mir immer ganz gegenwärtig. Eure Gebete und guten Gedanken, Bibelworte, längst vergangene Gespräche, Musikstücke, Bücher bekommen Leben und Wirklichkeit wie nie zuvor. Es ist ein großes unsichtbares Reich, in dem man lebt und an dessen Realität man keinen Zweifel hat. Wenn es im alten Kinderlied von den Engeln heißt: ‚zweie,

[2] Wikipedia „Von Guten Mächten wunderbar geborgen"

> die mich decken, zweie, die mich wecken', so ist diese Bewahrung am Abend und am Morgen durch gute unsichtbare Mächte etwas, was wir Erwachsenen heute nicht weniger brauchen als die Kinder.[3]

Was für ein Trost, eine Hoffnung und Zuversicht ... Was für eine Akzeptanz der eigenen Unfähigkeit, etwas an dieser Situation zu ändern. Was für eine große Ruhe darin, dass Gott alles unter Kontrolle hat! Ich kann meine Gedanken nicht in Worte fassen, oder das, was ich dabei empfinde, wenn ich diese Zeilen mit dem Bewusstsein lese, dass Bonhoeffer seinen Tod vor Augen hatte ...

Auch folgende Worte von ihm bringen mich immer wieder zum Nachdenken:

> *Wer bin ich?*
> *Sie sagen mir oft, ich träte aus meiner Zelle, gelassen und heiter und fest, wie ein Gutsherr aus seinem Schloss.*
> *Wer bin ich?*
> *Sie sagen mir oft, ich spräche mit meinen Bewachern frei und freundlich und klar, als hätte ich zu gebieten.*
> *Wer bin ich?*
> *Sie sagen mir auch, ich trüge die Tage des Unglücks gleichmütig lächelnd und stolz, wie einer, der Siegen gewohnt ist.*
> *Bin ich das wirklich, was andere von mir sagen? Oder bin ich nur das, was ich selbst von mir weiß? Unruhig, sehnsüchtig, krank, wie ein Vogel im Käfig, ringend nach Lebensatem, als würgte mir einer die Kehle, hungernd nach Farben, nach Blumen, nach Vogelstimmen, dürstend nach guten Worten, nach menschlicher Nähe, zitternd vor Zorn über Willkür und kleinlichste Kränkung, umgetrieben vom Warten auf große Dinge, ohnmächtig bangend um Freunde in endloser Ferne, müde und leer zum Beten, zum Denken, zum Schaffen, matt und bereit, von allem Abschied zu nehmen?*
> *Wer bin ich?*
> *Der oder jener? Bin ich denn heute dieser und morgen ein andrer? Bin ich beides zugleich? Vor Menschen ein Heuchler und vor mir selbst ein verächtlich wehleidiger Schwächling? Oder gleicht, was in mir noch ist, dem geschlagenen Heer, das in Unordnung weicht vor schon gewonnenem Sieg?*

---

[3] Bonhoeffer, Dietrich: Widerstand und Ergebung (Dietrich Bonhoeffer Werke, Bd. 8), Gütersloh 2015 [Erstveröffentlichung 1951], S. 607 f.

Wer bin ich? Einsames Fragen treibt mit mir Spott.
Wer ich auch bin, Du kennst mich, Dein bin ich, o Gott![4]

Die letzten Worte Bonhoeffers sollen folgende gewesen sein: „*Dies ist das Ende – für mich der Anfang des Lebens.*“

Wenn ich mir anschaue, wie Jesus den Menschen begegnet, dann berührt es mich, wie er Menschen „ent-schämt“. Er begegnet nicht moralisch oder neunmalklug. Er sieht den Menschen und nimmt ihn in seinen Bedürfnissen ernst. Er liebt den Menschen – mit allem was dazugehört. Er muss nichts mehr vor sich und anderen verstecken. Das berührt mich! Das gibt mir die Freiheit, zu mir zu stehen und mich lieben zu lernen. So kann ich frei und erlöst zum Gestalter meines Lebens werden.

Andi Weiss, Songpoesie & Sinncoaching, www.andi-weiss.de

[4] Ebd., S.513.

Kapitel 14

Der Gentleman und Schul-Bodyguard

Dies sind Gedanken von meinem Freund Uwe Beck. Gemeinsam trainieren wir, waren zusammen in Israel. Es gibt vieles, was uns verbindet. So manchen bewegenden Augenblick erlebten wir zusammen, der sich gar nicht richtig beschreiben lässt. Die wichtigsten Momente sind jene, in denen wir Herzenseinblicke gewähren. Dafür danke ich Uwe sehr. Hier ein paar Einblicke in Uwes Herz.

Uwe Beck, Gewaltpräventionspädagoge

Man(n) kann davon ausgehen, dass alle, die an diesem Buch mitwirken durften, ihre persönlichen Lebenskatastrophen hatten, welche bewältigt werden mussten! Zumindest hat man diese bestmöglich konfrontiert, dagegen angekämpft, und schlussendlich die Hilfe erfahren, die notwendig war, damit es weitergehen konnte. Aber bei allen, wirklich *allen*, gab es den einen und einzigen Helfer, auf den ich später noch näher eingehen möchte.

Mein Name ist Uwe Beck, ich bin 55 Jahre jung und kann rückblickend sagen, dass alles seinen Weg gehen musste, um den kennen und lieben zu lernen, der die Rettung bedeutet.

Aber kurz von vorne:

Wenn ein Kind durch ständige Angst und Verunsicherung oft nur unter Tränen einschlafen kann bzw. eigentlich gar nicht einschlafen will, um familiär brenzlige Situationen rechtzeitig mitzubekommen, um eventuell helfen zu können, im Grunde aber weder körperlich noch seelisch in der Lage dazu ist, dann verliert es das Urvertrauen. Die Folge ist mangelndes Selbstvertrauen, Unsicherheit, Angst vor Versagen und Schuldgefühle. Das wiederum überträgt sich so ziemlich auf jeden Bereich des alltäglichen Lebens und trägt die entsprechenden Früchte.

Irgendwann kommt der Zeitpunkt, an dem man allen beweisen möchte, dass man nicht der ist, der hilflos und tatenlos zusehen muss (selbst wenn es der Situation geschuldet ist), wenn etwas passiert, das einen überfordert. Man sucht sich etwas, das man durch eigenes Engagement beeinflussen und steuern kann, dessen Erfolg daraus resultiert, wieviel Energie man selbst investiert!

Ich suchte, um es kurz zu machen, mein Heil im Sport, da ich hier meinen Stress am besten abbauen konnte und mir dadurch Anerkennung verschaffen wollte. Es begann wie bei fast jedem Jungen mit Fußball. In der pubertären Phase wollte ich stärker sein als alle anderen, weil ich im Grunde genommen ja sehr verletzlich war. Zwischen meinem 20. und 30. Lebensjahr trainierte ich dann wie verrückt im Fitnessstudio und packte 20 kg Muskelmasse auf meinen Körper. Ich genoss dadurch die Anerkennung und Bewunderung, die ich als Kind so sehr vermisste. Ich war stark, und das sollte jeder sehen – aber eigentlich war ich schwach!

Als ich das bemerkte und es mir, vor allem, eingestehen konnte, musste eine neue Herausforderung her. Ich begann neben dem stark reduzierten Krafttraining zu laufen. Auch das konnte ich nicht auf normal üblichem Level machen; es musste ein Marathon sein, auf den ich ebenso akribisch hintrainierte, wie ich es früher im Kraftsport betrieben hatte.

Zu der Zeit begann ich auch mit Kampfsport. Im September 1990 trat ich einer *Wing Tsun Kung Fu Schule* bei. Damit deren Training aber nicht mit meinem Marathonziel kollidierte, klingelte mich mein Wecker um 4 Uhr 30 aus den Federn und ich ging bis um 6 Uhr laufen, fünfmal pro Woche, also um die 70 km wöchentlich. Am Abend ging ich dann in die Kung Fu Schule und fiel todmüde um 22 Uhr ins Bett.

Nach zwei Marathonläufen, in Stuttgart und Frankfurt, hatte ich es mir bewiesen – aber was denn? Vor was lief ich davon?

Den ersten Marathon bestritt ich, um zu sehen, wie leidensfähig und zäh ich bin, ob ich es schaffe. Der zweite diente nur, um zu überprüfen, dass der erste kein Zufall war!

Eine schwere Krankheit (Pfeiffersches Drüsenfieber) hob meinen Lebensrhythmus aus den Angeln. Ich musste ein Jahr lang die harte Gangart zurückfahren bzw. durfte nur noch moderat trainieren. Das war meine erste Rettung, da ich mich vermutlich totgelaufen hätte.

Nach diesem Abstinenzjahr war ich wieder sehr unsicher, da ich meine Sicherheit aus dem Sport bezogen hatte, was mir nun nicht mehr möglich war. Akribisch trainierte ich nun auf meinen mittlerweile 2. Techniker-Grad im *Wing Tsun* hin und hatte sogar für fünf Jahre eine sehr gut laufende, eigene Wing-Tsun-Schule. Ich machte in einem Fernstudium noch eine Ausbildung zum „Lehrer für Fitness und Reha-Sport", verließ meine gute Position in der Industrie, in welcher ich als Arbeitsstudientechniker gearbeitet hatte, und ging in den Bereich Fitness/Gesundheitssport, in dem ich bis heute als Betriebsleiter tätig bin.

Vor gut dreizehn Jahren heiratete ich meine liebe Frau Andrea. Sie wurde schwanger, und unser Sohn kam unter sehr dramatischen Umständen zur Welt. Das Kind „verkeilte" sich nach zwölfstündigen Wehen mit der Schulter im Geburtskanal, und lediglich das kleine Köpfchen bzw. nur die Schädeldecke war zu sehen. Meine Frau wie das Kind rangen Minute für Minute mit dem Leben; das Kind steckte fest und drohte zu ersticken.

Meine Frau „kippte" mehrfach durch die Schmerzen weg, da mittlerweile drei Notärzte krampfhaft versuchten, unser Kind mit einer Saugglocke auf die Welt zu bringen. Ich konnte nur ihre Hand halten und aus den entsetzten Gesichtern der Ärzte ablesen, wie es um meine beiden Engel stand.

Und wieder war ich völlig hilflos ... In meinem Kopf war es, als tobte ein Sturm ... Ich stand dabei ... konnte nicht helfen ... Kannte ich das nicht irgendwoher? ... Ich war kurz vor dem Durchdrehen ...

Intuitiv rief ich in meinen Gedanken: JESUS HILF!

Jetzt passierte etwas, was ich nie mehr vergessen werde: Ich wurde von einer tiefen Ruhe berührt und sagte in dieser immer noch dramatischen und unveränderten Situation zu meiner Frau: Andrea, alles wird gut!

Wie konnte ich nur? Alles war noch beim Alten und der Tod bei beiden näher als das Leben. Wer befahl diesem Sturm in meinem Kopf zu schweigen? Hatte dies der HERR Jesus nicht auch schon gemacht?[1]

Keine Ahnung, ob die Ärzte mich jetzt für verrückt hielten. Sie leiteten jedenfalls eine sofortige Not-OP ein und öffneten die Bauchdecke fast gleichzeitig mit der Anästhesie. Ich höre bis heute die Schreie meiner Frau, als das Skalpell die Bauchdecke öffnete, bevor die Anästhesie Wirkung zeigte.

In diesem Moment hatte Andrea eine Nahtoderfahrung.

Zur selben Zeit fiel zu Hause mein (gläubiger) Schwiegervater auf die Knie und schrie: Jesus, lass meine Tochter hier! (Man muss dazu sagen, dass er gar nichts von der Situation wusste.) Im selben Augenblick hörte Andrea eine Stimme, die sagte: „Komm zurück!"

... und sie kam zurück!

Ich kann meine Erleichterung nicht in Worten ausdrücken! Ab da wusste ich, dass es Gott gibt!

[1] Vgl. Matthäus 8,23-27.

Durch die Sauerstoffunterversorgung wurde unser Sohn körperlich und geistig behindert. Es folgten Jahre der höchsten körperlichen und mentalen Herausforderungen. Die ersten fünf Jahre mussten wir *jede* Nacht fünfmal aufstehen, um unseren Sohn zu beruhigen, und 15 Mal mussten wir nach schweren Krampfanfällen, bei denen er nicht mehr atmen konnte, den Notarzt holen. Man kann es sich ganz sicher nicht vorstellen, wie es sich anfühlt, wenn man sein nicht mehr atmendes Kind auf dem Arm hält und nur noch betet, dass die Notfallmedizin wirkt und das Kind wieder atmet. Es folgten dann immer wochenlange und zermürbende Aufenthalte in der Klinik. Oft bin ich mit nur zwei bis drei Stunden Schlaf zur Arbeit gefahren.

Ohne die Kraft von Jesus wäre das *nie* und *nimmer* möglich gewesen.

Bei einem Vortrag in Reutlingen lernte ich Michael Stahl und seine Geschichte kennen, welche sich in vielen Punkten mit meiner deckte. Ich glaube, dass wir auch deshalb einen so guten Kontakt zueinander haben. Im Sommer 2018 schloss ich die Jahres-Ausbildung zum MSE-Trainer[2] mit dem 1. DAN erfolgreich ab, im Dezember dann noch die Prüfung zum Gewaltpräventionspädagogen beim Bundesverband für Gewaltprävention. Seit 2019 sind Kerstin (eine weitere Mitarbeiterin von Protactics) und ich nun bei der IPF[3] als Schutzbeauftragte tätig!

Im Nebenjob, als Gewaltpräventionstrainer, bin ich sehr oft in sogenannten Problemschulen, in welchen ein sehr hohes Gewaltpotential besteht. Schlägereien, Waffengewalt gegen Mitschüler, Drogendeals und diverse andere Delikte sind an der Tagesordnung und bringen die Lehrer an den Rand der Verzweiflung.

So hatte ich auch kürzlich einen Auftrag an einer solchen Gesamtschule, an der mein Chef mit 14 „schweren Jungs" sogenannte „Cool down"-Unterrichtseinheiten gestartet hatte. Nach kurzer Zeit fragte er bei mir an, ob ich die Gruppe nicht übernehmen könne, da ihm das Aggressionspotenzial zu hoch sei und er keinen Zugang zu den Jungs fände. Ich sagte zu und bekam von den Lehrern eine Liste, aus der die verschiedenen Vergehen der einzelnen Jungs zu ersehen waren. Von körperlicher Gewalt über Drogendeals, Waffen, bis hin zu einer ernstzunehmenden Androhung eines Amoklaufs an der Schule war so ziemlich alles dabei! Ich legte die Liste gleich

---

[2] **M**odern **S**elfdefence **E**ducation

[3] International Protactics Federation e. V., www.protactics.de

beiseite und schaute sie auch nie mehr an, da ich neutral an die Sache herangehen wollte.

Weil ich die Gedankengänge dieser Jungs schnell nachvollziehen konnte und ihnen das Gefühl gab, sie ernst zu nehmen und zu respektieren, fand ich schnell Zugang zu ihren Herzen. Natürlich musste ich deren Anführer gewinnen und ihm klarmachen, dass ich das Sagen habe, ohne ihn jedoch vor seiner „Gefolgschaft" bloßzustellen. Ich musste ihm also in den gezielten Trainingseinheiten der Selbstverteidigung, in denen es um Fairness, Respekt und Kontrolle sowie Reflextraining geht, etwas weh tun, um ihm über diese Trainingseinheiten klarzumachen, dass man niemanden unterschätzen sollte. Dieselbe Situation durfte er natürlich auch bei mir versuchen, um der Chancengleichheit willen, und so waren wir in Kürze ein gutes Team.

Zum Unverständnis meiner Kollegen ging ich sehr gerne zu diesen Jungs, ja ich mochte sie sogar von ganzem Herzen! Und ich bin sicher, sie mochten mich auch! Irgendwie taten sie mir leid, aber andererseits muss ich gestehen, bewunderte ich sie ein stückweit auch dafür, wie taff sie waren. Ich fragte mich oft, warum – vielleicht, weil ich auch so hatte sein wollen, als ich es nicht konnte? Oder die Identifikation mit ihnen, da wir uns alle in der Jugend irgendwie nach einer Gang sehnten, was in Wirklichkeit der Wunsch nach familiärem Zusammenhalt und Geborgenheit war, wie bei vielen Menschen, die in Gangs landen.

Leider wurde die Truppe im Laufe der Zeit immer kleiner, da Verhaftungen, Schulausschlüsse etc. die Gruppe immer wieder dezimierten. Bald waren es nur noch 8 Jungs von ehemals 14. Zwei von ihnen hatte ich von Anfang an ins Herz geschlossen, deren Namen ich nach Rücksprache nennen darf: Sergej und Ben, zwei tolle Jungs! Ich erkannte sofort ihr gebrochenes und verletztes Herz, das sich nach Anerkennung und Liebe sehnte, so wie im Grunde genommen auch mein eigenes. Beide waren kein unbeschriebenes Blatt, kurz vor dem Ausschluss aus der Schule und gefährlich, da meiner Einschätzung nach nicht die Schreihälse gefährlich sind, sondern die Menschen, die ruhig werden; da gab es bei beiden ein Potenzial. Aber ich mag sie sehr und schätze sie, da sie mir in Einzelgesprächen viele persönliche Dinge anvertrauten, die ich sehr gut nachvollziehen konnte und welche mich traurig stimmten. Durch meine eigene Vergangenheit konnte ich mich oft gut in die Situationen einfühlen, und das merkten meine Freunde Sergej und Ben. Sie öffneten sich und wurden zu super Mitarbeitern in der Gruppe, überdachten viele Situationen ihres Tuns und zeigten nachweisliche Veränderung zum Positiven.

Es kam der Tag des letzten Trainings, und ich wurde wie ein Freund begrüßt und verabschiedet, als gehörte ich zur Gruppe. Abschließend gab es einen Vortragstag mit Michael Stahl, und die Jungs lauschten gespannt Michaels Worten. Man konnte ihre Bewegtheit förmlich spüren, da hier offensichtlich ein Leidensgenosse das Wort hatte. Am Ende der Veranstaltung gab Michael dem Anführer der Gruppe eine Medaille, mit der er einen der im Saal Anwesenden ehren sollte.

Er, der Leute drangsalierte und schlug, sollte nun jemand ehren? Er sollte ehren dürfen? Man konnte ihm die Überraschung im Gesicht ansehen. Zögernd und im Saal umherblickend stand er nun da, der „Anführer". Michael sagte, es dürfe auch ein Lehrer sein. Daraufhin kam er ohne zu zögern auf mich zu und legte mir die Medaille um den Hals.

Ich war tief bewegt und drückte ihn lange und fest an meine Brust ... wir hatten Tränen in den Augen ... und nicht nur wir, sondern auch viele Anwesende, wie Michael, mein Chef Marc und einige Lehrer. Ich war angekommen!

Auch ich ehrte nun die Resttruppe mit einer Medaille und wusste innerlich, dass dies nicht das Ende sein konnte. Sergej und Ben blieben uns nachhaltig im Kopf, sowohl Michael als auch mir.

Am nächsten Tag rief mich der immer noch bewegte Marc an. Seine Frau habe ihn gefragt: „Und nun? Ist jetzt alles aus mit den Jungs? Lasst ihr sie jetzt alleine? Vielleicht fallen sie dann zurück ..." Das ging auch mir nicht aus dem Kopf, und Marc hatte eine tolle Idee: Wir machen Sergej und Ben zu „Schul-Bodyguards", mit einer Ein-Tages-Ausbildung, u.a. bei und mit Michael Stahl in Bopfingen, welche wir den Jungs als Anerkennung ihrer Leistung schenken. Michael war sofort begeistert, da er durch die Augen der Jungs in deren Herz gesehen und die Verletztheit darin erkannt hatte. Die beiden sollen anschließend in der Schule bzw. auf dem Pausenhof für ein respektvolles Miteinander sorgen und die Lage kontrollieren, denn das ist ihr tiefster Wunsch.

Einer hört unsere stummen Schreie nach Liebe und Geborgenheit, die uns auch nur einer geben kann – unser HERR Jesus, der uns so sehr liebte, dass er ans Kreuz ging, damit wir errettet würden!

Bei wem war er gewesen, als er umherzog und predigte? – Genau bei den Leuten, die von der Gesellschaft verachtet wurden!

Wie hatte er sie erreicht und konnte die Umkehr bewirken? – Indem er sie gesundliebte!

Lasst uns den Menschen mit Liebe begegnen, und wir werden ihre Herzen erreichen!
Diese Liebe werden sie weitergeben und unsere Welt wird besser ...

Uwe Beck

Kapitel 15

Freiheit durch bedingungslose Liebe

Es war ein besonderes Erlebnis für mich, in der Lutherstadt Wittenberg sprechen zu dürfen. Kaum angekommen, offenbarte man mir, dass sich der amtierende Ministerpräsident von Sachsen-Anhalt, Reiner Haseloff, mit seiner Ehefrau zu meinem Vortrag angekündigt habe. Der Ministerpräsident und seine Gattin kamen zu meinem Vortrag? War das hier versteckte Kamera? Da waren sie, die Überbleibsel meiner Minderwertigkeit. Wer war ich schon, dass der Ministerpräsident meine Worte hören wollte?

Im Anschluss an meinen Vortrag hatte ich ein wunderbares Gespräch mit Ministerpräsident Haseloff. Im Gespräch äußerte er: „Tragen Sie bitte diese einfachen, wunderbaren Wahrheiten der Liebe und Wertschätzung in die Welt hinaus und am besten auch zu vielen Menschen, die in Verantwortung stehen!“

Von meinem Gastgeber, dem Pfarrer Dr. Jürgen Hofmann, wurde ich liebevoll empfangen. Ein toller Typ, lebensfroh und freundlich. Es lag mir am Herzen, dass er dieses Buch mit seinen persönlichen Gedanken zum Thema „Freiheit“ bereichert:

Pfarrer Dr. Jürgen Hofmann

(Pfarrer in der Lutherstadt Wittenberg, in Pratau. 1988 promoviert im Fach „Neues Testament“ an der Berliner Humboldt Universität)

Nach welcher Freiheit habe ich mich in meinem Leben am meisten gesehnt? Nicht danach, alles tun zu können, was mir in den Sinn kommt. Das hätte eigentlich nahe gelegen, da meine ersten dreißig Lebensjahre von vielen und großen Unfreiheiten geprägt waren, weil ich in der DDR aufgewachsen bin. Aber ich sehnte mich nach der Freiheit, so zu sein, mich so geben zu können, wie ich wirklich bin, mich nicht mehr verstellen zu müssen.

Doch ich hatte Minderwertigkeitsgefühle, die ich nach außen hin gut überspielen konnte. Allerdings kostete das viel Kraft. Ich dachte, wenn die anderen sehen würden, was in mir ist, dann würden sie sich von mir abwenden.

In mir war eine Sehnsucht, frei zu sein – mein Herz sprechen zu lassen. Frei zu sein – mein Herz für andere öffnen zu können. Frei zu sein – anderen an meinem Leben Anteil zu geben und Anteil an ihrem Leben haben zu können. Und frei zu sein – für einen Austausch von Herz zu Herz.

Aber ich kannte eben auch die dunklen Stellen in meinem Herzen: Die Angst vor dem Alleinsein. Die Angst, enttäuscht zu werden. Die Sorge, Lebenszeit zu verschwenden. Und die Sorge, anderen nicht gerecht werden zu können. Diese Ängste und Sorgen waren in meinem Herzen, weil sie seit meiner Kindheit dort angelegt waren. Und zwar durch einen Mangel an Bestätigung, Annahme und Liebe. Also durch das, was mir vor allem meine Eltern nicht hatten geben können.

Ich kann mich noch erinnern, dass ich mir als Jugendlicher die Frage nach dem Sinn des Lebens gar nicht hatte stellen wollen. Bereits sie schien mir sinnlos. Später wusste ich, warum ich um diese Frage einen großen Bogen gemacht hatte. Weil die Antwort mich noch tiefer hinuntergezogen hätte. Weil ich mir hätte klar machen müssen, dass ich vom Sinn des Lebens noch weit entfernt war!

Erst als ich Jesus kennengelernt hatte, als ich ihn in mein Leben hineingelassen hatte, da war die Frage nach dem Sinn meines Lebens grundsätzlich für mich beantwortet. *Jesus* war der Sinn – und seine Liebe.

Später musste sich das für die verschiedenen Bereiche meines Lebens natürlich noch konkretisieren. Ich erlebte, was das Wort Jesu inhaltlich bedeutet: *„Die Wahrheit wird euch frei machen.“*[1] Denn durch Jesus erfahre ich die Wahrheit über meine Vergangenheit, über meine Gegenwart und auch über meine Zukunft. Und ganz persönlich, da Jesus auch die Wahrheit in Person ist. Durch ihn zieht die Wahrheit persönlich in mein Leben ein.

Ich wollte es immer allen recht machen, damit ich geliebt werde. Jetzt kann ich in meinem Herzen annehmen, dass Jesus mich liebt,

---

[1] Johannes 8,32 (LUT).

so wie ich bin, und dass er in meinem Leben sogar noch mehr Liebe bewirken kann.

Nicht ich muss etwas bewirken, damit ich geliebt werde, sondern Jesu Liebe macht mich erst fähig, mich und andere zu lieben.

Ich musste dann auch ein falsches Gottesbild hinter mir lassen. Und zwar ein moralistisches: Der Glaube war für mich nur eine lästige Pflicht, die ich einem strengen Gott zu erweisen hatte. Andererseits wollte ich aber auch nicht ins andere Extrem verfallen und bei einer heute sehr modernen Anschauung landen, in der Gott uns völlig alleine unseren Lebensweg gehen lässt.

Ich will mit dem Gott, der mir seine Liebe so klar gezeigt hat, mein Leben gemeinsam gestalten. Dabei will ich keine Marionette sein, bei der Gott jedes Wort und jede Bewegung allein bestimmt. Aber auch – um im Bilde zu bleiben – kein völlig freier Schauspieler, der auf das Drehbuch und den Regisseur pfeift und auf der Bühne seines Lebens macht, was er will; und das dann auch noch als freie Selbstbestimmung deklariert. Denn ich weiß, dass ich durch den Heiligen Geist und die Bibel schon göttliche Vorgaben und Hilfen habe. Mit ihnen kann ich in wahrer Freiheit das Beste aus dem machen, was Gott an Gaben und Fähigkeiten in mein Leben hineingelegt hat.

Einem Gott, der mich bedingungslos liebt, dem kann und möchte ich in freier Entscheidung mein Leben immer wieder anvertrauen. Ich möchte seine Liebe mit meiner Liebe erwidern. Ich bin mir gewiss, dass ich umso freier werde, je mehr ich eins werde mit Jesus.

Kapitel 16

Eine Freiheit, die nur die wenigsten Menschen kennen

Was für ein Mut machender Kerl, dieser David Kadel. So oft sah ich ihn in irgendeiner Reportage. Oft gut gelaunt oder mit einem lockeren Spruch. Als wir uns näher kennenlernten und zu Freunden wurden, sah ich noch mehr in ihm. Manche Menschen können uns erzählen, was sie wollen, doch viel entscheidender ist der Blick in ihre Augen. In Davids sah ich oft eine Tiefe. Ein Ringen um die Menschen aus Liebe. Ich freue mich so sehr, dass auch er uns einen Teil seiner Gedanken und Wertschätzung schenkt:

David Kadel

So verschieden wir Menschen sind, eine Sehnsucht haben wir alle gemeinsam: Wir wollen frei sein!

In meiner Jugend gab es im Kino immer diesen Freiheits-Klassiker: die Marlboro Werbung mit dem Cowboy, der ohne Grenzen lebt, weil er die wahre Freiheit auf seinem Pferd in den Weiten der Prärie erlebt. Hach, herrlich! So richtig „FREI SEIN“ müsste man. Aber damit meine ich nicht die „Freiheit“, die uns die Werbung jeden Tag verkauft, im Zusammenhang mit finanzieller Unabhängigkeit, nein, ich meine die Freiheit im Kopf!

Als Mentaltrainer und Life-Coach habe ich tagtäglich mit Menschen zu tun, die Geld haben, die ein tolles Leben führen und leider trotzdem nicht frei sind. Ihr „Gefängnis“ findet in ihrem Kopf statt. 60% der Deutschen haben Zukunftsängste, habe ich kürzlich gelesen. 87% sind unzufrieden mit ihrem Arbeitsplatz. Und fast jeder, den wir kennen, antwortet auf die Frage nach seinem Ergehen regelmäßig mit Aussagen wie: „Ich hab grad echt Stress!“

Wie kommt es, dass wir in einem der reichsten und schönsten Länder der Welt leben, und doch nicht frei sind? Meine Erfahrung der letzten 25 Jahre, in denen ich als Coach und Mentor, aber auch als Freund Menschen ein Stück ihres Wegs begleiten durfte: Leider bringt man uns in Deutschland in der Schule und an der Uni alles Mögliche bei, aber nicht das Wichtigste, nämlich wie man glücklich und zufrieden in seinem Denken ist. Frei im Kopf zu sein, heißt für mich, souverän mit Sorgen und Widerständen umgehen zu können.

Ob du ein glücklicher Mensch bist, hat nichts mit deinem Kontostand zu tun; es ist viel eher eine Frage deines Lebensprinzips. Ich glaube, dass 95 % der Menschen re-aktiv leben. „Re" steht hier für das „Re-agieren". Sie reagieren auf jede Sorge, auf jedes ungute Gefühl, das plötzlich um die Ecke kommt, und lassen sich so den Tag und das Wochenende und vielleicht die ganze Woche versauen, weil sie sich zu sehr ihren sogenannten Problemen widmen.

„Am meisten Energie vergeuden wir mit der Lösung von Problemen, die niemals auftauchen werden!", sagt der englische Autor William Somerset Maugham. Einer der brillantesten Sätze, die es auf den Punkt bringen, wie unsinnig es oft ist, sich irgendwelchen Sorgen zu widmen. Ich meine hier nicht ernsthafte Sorgen bei schlimmen Krankheiten oder Unglücksfällen. Ich meine diese „Sorge", die wir alle kennen, die sich nie anmeldet, aber urplötzlich in deinem Kopf anwächst und wächst und wächst, weil du sie immer größer aufbläst. Wie oft habe ich mir früher wegen irgendwelcher Menschen oder Umstände Sorgen gemacht – und einige Tage später hatte sich alles in Luft aufgelöst, weil ich es falsch „interpretiert" hatte. Der Klassiker: Du schreibst jemandem auf WhatsApp, der dann drei Tage lang nicht reagiert. Und dir kommt plötzlich der Gedanke, dass er dir mit seiner Nicht-Antwort etwas sagen will. „Der hat sicher etwas gegen mich! Was hab ich bloß falsch gemacht?" Doch am Ende war der Typ nur faul oder hatte dich in all der Reizüberflutung, die wir alle erleben, schlichtweg vergessen. Umsonst gesorgt!

Ich habe vor circa 15 Jahren eine Entwicklung und Veränderung meiner Denkweise begonnen und die Seiten gewechselt – vom „reaktiven" Typen zum „pro-aktiven" Typen. Der Pro-Aktive sagt sich in Situationen, in denen er von Sorgen und Gefühlen bombardiert wird: „Stop! Ich bestimme, was ich denke! Und ich möchte das jetzt nicht denken!" Danach macht er fröhlich mit dem weiter, was er bis zu der Sorgen-Attacke gerade tat und freut sich des Lebens, weil er sich entschieden hat, DIESEN NEGATIVEN GEDANKEN NICHT ZU DENKEN! Das (!) – genau das ist die größte FREIHEIT, die man erlangen kann. Denn man ist nicht länger ein ohnmächtiger Spielball seiner Gefühle, sondern HERR (FRAU) SEINER GEDANKEN! Und das ist der entscheidende Unterschied, denn 95% der Menschen leiden unter diesen Denk-Attacken oder „Headfuck", wie junge Leute sagen, weil sie dem ohnmächtig gegenüberstehen und nichts dagegen tun können – zumindest denken sie das.

„Ich muss das nicht denken!" Als ich diesen Satz 2007 zum ersten Mal in meinem Leben bei der Autorin Joyce Meyer entdeckte, war es für mich, als hätte ich Amerika entdeckt. Revolutionär war nicht der Satz alleine, sondern es auszuprobieren und festzustellen: „Wow! Das geht ja wirklich: Ich kann tatsächlich zu 99 % ohne Sorgen leben, weil ich einfach selber bestimme, was ich denken möchte und was nicht!" Und das ist der Punkt, an dem wir über „wahre Freiheit" sprechen, die im Kopf stattfindet – wenn einer (wie ich damals) erlebt, dass er König seiner Gedanken ist und nicht ein Bettler, der die Sorgen anbettelt, dass sie doch bitte verschwinden mögen. Es ist eine Sache der Haltung, aber auch der Werte. Martin Luther hat einmal geschrieben: „Du kannst nicht verhindern, dass ein Sorgenvogel auf deinem Kopf landet, aber du kannst verhindern, dass er ein Nest baut!" Das heißt für mich: Ich jage den Vogel weg, damit er mich nicht vergiftet und meine komplette Aufmerksamkeit raubt.

Doch ein Problem gibt es noch: Wenn mein Gehirn jetzt an dieser Stelle eine Art Vakuum hat, weil ich diesen negativen Gedanken, der mir Sorgen bereitet, nicht denken will, dann wird er wieder zurückkommen wie ein Bumerang, um dieses „Vakuum" zu füllen, denn irgendetwas muss ich doch denken. Und jetzt kommt das „PRO" von pro-aktiv ins Spiel. Das bedeutet, dass ich mich entscheide, dieses Vakuum mit einem anderen Gedanken zu füllen, proaktiv, nach vorne gerichtet – nämlich mit „Dankbarkeit". Dankbarkeit ist die größte Sorgen-Waffe, die negative Gefühle und Gedanken zerschießt. Ein anderer Sorgenkiller, der genauso wirksam ist, heißt „Gottvertrauen". Mir in einer Sorgensituation selber zu sagen: „Ich möchte das nicht denken, denn Gott sorgt für mich. Amen!", ist der schnellste Weg zur Freiheit, den man erleben kann.

Manchen Klienten empfehle ich einen DIN-A4-Zettel an ihren Nachttisch zu hängen, den sie zweimal am Tag sehen, beim Aufstehen und beim Schlafengehen. Auf diesem Zettel steht: „10 Gründe, wofür ich dankbar bin!" Das sind echte Sorgen-Killer, sobald ich sie mir in mein Bewusstsein rufe, da ich noch nie einen Menschen getroffen habe, der dankbar war und sich gleichzeitig Sorgen gemacht hat. Oder der von Herzen Gott vertraut und sich gleichzeitig Sorgen macht. Wenn ein Mensch einmal am Tag aus seinem tiefsten Herzen heraus diesen Satz sagen kann: „Der Herr ist mein Hirte, mir wird NICHTS mangeln!" und ihn vielleicht als Sticker an seinen Laptop hängt oder als Hintergrundbild seines Handys einrichtet, dann wird er ein freieres Leben führen als jeder andere, den er kennt!

Klingt zu einfach, oder? Ja ist einfach, aber es macht eben keiner! Oder kennst du jemanden, der bewusst an seiner Dankbarkeit oder seinem Gottvertrauen arbeitet? Ich kenne so gut wie niemanden.

> ***Nur wenn du bereit bist, die Dinge zu tun, die kaum einer tut, wirst du auch die Dinge erreichen, die kaum einer erreicht!***

Wenn ich mit Fußballprofis arbeite, begegnen mir auch da junge Leute, die zwar viel Geld haben, aber leider nur ein Mini-Selbstbewusstsein. Wir arbeiten dann konkret an ihren Denkmustern, um eine neue Freiheit im Schädel zu erlangen. Manchmal stelle ich meinem Gegenüber eine Schlüsselfrage, um ihn aufzuwecken und den Spiegel vorzuhalten: „Inwiefern ist deine ZUFRIEDENHEIT abhängig von äußeren Umständen, oder der Meinung anderer? Bitte auf einer Skala von 0-10 antworten." Sehr oft reagiert mein Gegenüber begeistert über diese Frage und sagt mir: „Genial! Genau das beschreibt exakt mein Problem, denn ich bin eine 9 oder 10, also meine Zufriedenheit ist total abhängig von äußeren Umständen und Menschen!" Und dann arbeiten wir daran, dass er sich im Laufe der Wochen und Monate mit sich selbst beschäftigt und sich besser kennenlernt, um immer mehr Richtung 3,2,1 zu gelangen. Die „0" werden wir wohl kaum erreichen, das wäre dann der fatalistische Typ, dem alles im Leben scheißegal ist. Das ist nicht realistisch, da wir ja tagtäglich mit Menschen zu tun haben und uns ein Stück weit auch abhängig machen (müssen?). Ich selber bin bei 1 bis 2. Ich habe für mich gelernt, dass kein Mensch auf dieser Welt für mein Glück verantwortlich ist, außer mir selbst. Ich habe mir vor Jahren selbst BEWUSST gemacht (das ist „selbstbewusst" in der besten Art), dass ich nicht erst dann glücklich sein werde, wenn dieses oder jenes passiert oder dieser eine Mensch mir so begegnet, wie ich es erhoffe – nein, ich bin mir selbst BEWUSST darüber, dass Glück und Zufriedenheit JETZT in mir stattfinden, wenn ich:

- so sehr „zu mir selbst finde", dass ich 100% weiß, wer ich sein will;
- Dankbarkeit als Lebens-Prinzip lebe;
- mir selbst genüge;
- Demut lerne;
- anderen Menschen diene;
- nur Gott für mein Glück brauche – *„Dir nahe zu sein, Gott, ist mein ganzes Glück!"* (Psalm 73,28 GNB);

- in mir selbst ruhe und all diesen vielen Ablenkungen, die mich unruhig machen (TV, Instagram, Handy ...) so oft es geht aus dem Weg gehe.

In Johannes 8,36 (GNB) steht: *Wenn der Sohn* (Jesus) *euch frei macht, dann seid ihr wirklich frei!*

Im Rahmen meiner Mentalitätsschulung mit Fußballprofis gehe ich regelmäßig in Gefängnisse und veranstalte dort mit der JVA „Mutmach-Events". Mit Davie Selke, „Zecke" Neuendorf, Heiko Herrlich, Sandro Schwarz, Willi Orban, Thilo Kehrer, Marco Rose, Markus Pröll u.v.a. habe ich echte Herzens-Typen an meiner Seite, die dasselbe Anliegen haben wie ich: Menschen, in schwierigen Situationen Mut zu machen und ihnen auf Augenhöhe zu begegnen, weil wir genauso sind wie sie.

Ob du jetzt im Gefängnis sitzt oder Fußballprofi bist, du musst eines verstehen, nämlich deine Identität, wer du im Leben sein sollst. Solange du das nicht erkannt hast, wirst du immer in einer Art Gefängnis ohne Gitterstäbe leben und den Knast im Kopf erleben, weil du zu sehr in der Gesellschaft und im Zeitgeist gefangen bist – anstatt frei zu sein vor Gott, vor den Menschen, vor dir selber, weil du erkannt hast, wer du bist.

Im Buch der Offenbarung heißt es, *dass Gott uns durch Jesus Christus zu Königen und Priestern gemacht hat!*[1] Das ist für mich kein Bild, kein Witz und kein Missverständnis, sondern die wichtigste Erkenntnis, die ein Mensch im Leben haben kann, dass er durch die innige Verbundenheit mit Gott erst wirklich frei ist und in Würde leben kann – wie ein König. Ein König, der zugleich ein Dienender (Priester) ist. Ganz oben über den Dingen und Sorgen der Welt stehend, aber auch gleichzeitig ganz unten, den Geringsten dienend. Deswegen hat Jesus, der König, seinen Jüngern ihre dreckigen Füße gewaschen, um ihnen zu zeigen, dass ein „echter König" seine Identität als Diener der Menschen verstanden hat.

Ich denke, wenn unsere Politiker das nur annähernd zu 1 % verstanden hätten, dann würden unsere Gesellschaften anders aussehen und man würde erleben, wie Menschen wieder anfangen, sich füreinander zu interessieren und sich gegenseitig Gutes zu tun. Aber die hohen Herren und mächtigen Macher unserer Zeit drehen sich in erster Linie um ihre eigenen Interessen und dienen vornehmlich den Reichen und Lobbyisten, weil sie nur dadurch ganz nach oben kommen.

---

[1] Vgl. Offenbarung 5,10.

Wer willst *du* sein im Leben: Egoist oder Diener? Jürgen Klopp, mit dem ich einige Buch- und Filmprojekte gemacht habe, wird genau dafür bewundert, dass er Menschen das Gefühl gibt, etwas Besonderes zu sein. Ich kenne Jürgen schon viele Jahre, seit 2003, und er ist (wie ich auch) ein bekennender Christ. Und das Besondere an Klopp: Er lebt sein Christsein auch ganz bewusst, indem er die Menschen, die er trifft, inspiriert und ermutigt, so gut er es kann. Klopp wird als Champion gefeiert, aber wer genau hinschaut, der erkennt, dass er ein „Diener" der Menschen ist, weil er gelernt hat, frei zu sein von seinen Egoismen. Vielleicht nicht immer, sonst wäre er ja bei Null ;-) (siehe Schlüsselfrage oben), aber er arbeitet immer wieder daran, dass er sich nicht abhängig macht, z. B. von der Meinung der Medien, der Kritiker, der Liebe der Fans (die heute groß ist und morgen schon in Hass umschlagen kann). Und das macht ihn letztendlich zu einem freien Mann, der in sich ruht und auch nach sechs (!) verlorenen Final-Spielen in Folge noch lachen kann, weil er eine Freiheit kennengelernt hat, die unabhängig von Titeln und Erfolgen ist. Als „Kloppo" im Mai mit dem FC Liverpool Champions-League-Sieger wurde, sagte er vor dem Finale einen Satz, der um die Welt ging: „Wenn der liebe Gott mich dazu braucht, um zu zeigen, dass einer sechs Endspiele in Folge verliert und er es tatsächlich noch ein siebtes Mal versucht, dann bin ich wohl die perfekte Person dafür!"

Mit Klopp, David Alaba und vielen weiteren Stars habe ich ein Buch geschrieben mit dem Titel: „Was macht Dich stark?!" Dieses Buch bekommt jeder Gefangene am Ende unserer Mutmach-Events in der JVA geschenkt, bevor er in seine Zelle zurückmuss. 90 Minuten erzählen der Fußballprofi und ich vom Scheitern und vom Wiederaufstehen. Mit Trainer Heiko Herrlich spreche ich über den Gehirn-Tumor, den er plötzlich als Spieler des BVB bekam, und wie er damit umging, kurz vor dem Tod zu stehen. Manche der Zuhörer haben dann Tränen in den Augen, weil Heiko und ebenso die anderen Jungs sehr ehrlich erzählen, wie sie in ihrem Leben auch schon ganz tief unten waren. Sie verraten aber auch, dass es das tiefe Erkennen der Liebe Gottes war, das ihnen dann geholfen hat, aus diesem Teufelskreis von Selbstmitleid und Opfersein, von Bitterkeit und Schwäche auszubrechen.

Gottes Liebe für mein Leben zu erkennen – in aller Konsequenz –, das macht stark! Deswegen liebe ich auch diese Mutmach-Events, weil wir den Gefangenen in ihre Unfreiheit hinein eine „Stärke" bringen, die wirklich frei macht. Gott als Gegenüber zu erkennen, der mein Vater sein will und mich bedingungslos (!) liebt – das war wohl die wichtigste und am meisten freimachende Erkenntnis meines Lebens.

2020 werde ich mit den Fußballern auch in onkologische Kinderkliniken in ganz Deutschland gehen. Denn auch hier warten junge, wertvolle Menschen auf uns, weil es in deren Leben wenig Inspiration und Hoffnung gibt. Ich weiß nicht, wie ich denken würde, wenn ich elf Jahre alt wäre, keine Haare mehr auf dem Kopf und den Krebs in mir tragen würde, der gerade dabei ist, mein junges Leben auszulöschen. Mehr „Gefängnis im Kopf" geht eigentlich gar nicht. Deswegen möchten wir zu diesen Kids gehen und sie stärken und ihnen zeigen, wie man auch in den schwierigsten Situationen im Kopf frei sein kann, wenn man weiß, wo der „König der Freiheit" zu finden ist. Das Geheimnis: Er lebt in dir – sobald du ihn einlädst, denn Gott ist nur ein Gebet weit entfernt.

David Kadel arbeitet als „Inspirations-Trainer" mit Fußball-Profis und Leichtathleten und berät Unternehmen mit seinem Programm „H.E.R.Z.E.N.S. Coaching" ---> „Inspiration hat Folgen ...!".
2002 bis 2007 moderierte der gelernte TV-Journalist die wöchentliche Talk-Sendung „N24 Ethik", in der er mit Prominenten aus Politik, Wirtschaft und Sport über Werte und deren Erfolgsgeheimnis sprach. Sein neues Motivations-Buch "Was macht Dich stark?" wurde bei SKY vorgestellt und eroberte Platz 1 der Bestseller-Liste Sport.
Der gebürtige Perser hat mit *„Wenn Du für Sonne betest, lass den Schirm zu Hause!"* außerdem ein Buch über Gebetserhörungen geschrieben und tourt mit seinem Fußball-Roadmovie "Und vorne hilft der liebe Gott!", mit Jürgen Klopp, David Alaba und 7 weiteren Fußballstars, gerade durch die deutschen Programm-Kinos.
www.undvornehilftderliebegott.de | www.davidkadel.de

Kapitel 17

Das Gericht

„Blase“ erzählte mir einmal, dass er unzählige Verhandlungen hatte und dass jede einzelne Verurteilung „zuRECHT“ geschah. Die Wahrheit wurde in fast allen Fällen gefunden. „Ich bekam, was ich verdiente“, so äußerte er sich zu seinen Strafen. „Wahrheit“ und „Recht“ können bzw. sollten nicht voneinander getrennt werden. Jeden Tag befassen sich unzählige Gerichte damit. Ob dann tatsächlich die Wahrheit im Mittelpunkt steht oder das Recht sein Recht bekommt, ist eine andere Sache. Ein Richter gibt dann die Richtung vor.

So haben auch fast alle Religionen eines gemeinsam: Du bekommst das, was du verdienst. Im Evangelium Jesu Christi ist es genau andersherum: *ER* bekam das, was *WIR* verdient hätten: Er nahm freiwillig unsere Schuld auf sich. Johannes der Täufer sagte über Jesus: „Seht, das Lamm Gottes, das die Sünde der Welt hinwegnimmt!“[1] Und noch treffender hatte es der Prophet Jesaja beschrieben, als er das Geschehen voraussah (Jesaja 53 ELB):

> *Wer hat unserer Verkündigung geglaubt? An wem ist der Arm des HERRN offenbar geworden?*
> *Er ist wie ein Trieb vor ihm aufgeschossen und wie ein Wurzelspross aus dürrem Erdreich. Er hatte keine Gestalt und keine Pracht. Und als wir ihn sahen, da hatte er kein Aussehen, dass wir Gefallen an ihm gefunden hätten. Er war verachtet und von den Menschen verlassen, ein Mann der Schmerzen und mit Leiden vertraut, wie einer, vor dem man das Gesicht verbirgt. Er war verachtet, und wir haben ihn nicht geachtet.*
> *Jedoch unsere Leiden – er hat sie getragen, und unsere Schmerzen – er hat sie auf sich geladen. Wir aber, wir hielten ihn für bestraft, von Gott geschlagen und niedergebeugt. Doch er war durchbohrt um unserer Vergehen willen, zerschlagen um unserer Sünden willen. Die Strafe lag auf ihm zu unserm Frieden, und durch seine Striemen ist uns Heilung geworden.*

---

[1] Johannes 1,29 (REÜ).

Wir alle irrten umher wie Schafe, wir wandten uns jeder auf seinen eigenen Weg; aber der HERR ließ ihn treffen unser aller Schuld. Er wurde misshandelt, aber er beugte sich und tat seinen Mund nicht auf wie das Lamm, das zur Schlachtung geführt wird und wie ein Schaf, das stumm ist vor seinen Scherern; und er tat seinen Mund nicht auf.
Aus Bedrängnis und Gericht wurde er hinweggenommen. Und wer wird über seine Generation nachsinnen? Denn er wurde abgeschnitten vom Lande der Lebendigen. Wegen des Vergehens seines Volkes hat ihn Strafe getroffen. Und man gab ihm bei Gottlosen sein Grab, aber bei einem Reichen ist er gewesen in seinem Tod, weil er kein Unrecht begangen hat und kein Trug in seinem Mund gewesen ist. Doch dem HERRN gefiel es, ihn zu zerschlagen. Er hat ihn leiden lassen.
Wenn er sein Leben als Schuldopfer eingesetzt hat, wird er Nachkommen sehen, er wird seine Tage verlängern. Und was dem HERRN gefällt, wird durch seine Hand gelingen. Um der Mühsal seiner Seele willen wird er Frucht sehen, er wird sich sättigen.
Durch seine Erkenntnis wird der Gerechte, mein Knecht, den Vielen zur Gerechtigkeit verhelfen, und ihre Sünden wird er sich selbst aufladen. Darum werde ich ihm Anteil geben unter den Großen, und mit Gewaltigen wird er die Beute teilen: dafür, dass er seine Seele ausgeschüttet hat in den Tod und sich zu den Verbrechern zählen ließ. Er aber hat die Sünde vieler getragen und für die Verbrecher Fürbitte getan.

Fast unglaublich: Der Prophet Jesaja beschrieb die Kreuzigung schon hunderte Jahre, bevor sie geschah, als hätte er selbst dabeigestanden. Jesus trug, was wir hätten tragen müssen. ER nahm das Urteil auf sich, damit wir frei sind. ER starb, damit wir leben.

Während ich an diesem Buch arbeitete, entdeckte ich eine Geschichte im Internet, deren Verfasser unbekannt ist. Ich wünsche mir, dass jeder Mensch diese Zeilen mit seinem Herzen lesen möge:

Die Gerichtsverhandlung

Am Ende der Zeit versammelten sich Millionen von Menschen auf einer riesigen Ebene vor dem Thron Gottes. Viele von ihnen schauten ängstlich in das helle Licht, das ihnen entgegenstrahlte. Aber es gab auch einige Gruppen von Menschen, die sich hitzig miteinander unterhielten. Die Umgebung schien sie nicht zu beeindrucken.

„Wie kann Gott über uns Gericht sitzen? Was versteht er schon von unserem Leiden?", fauchte eine junge Brünette. Sie zog einen Ärmel hoch und zeigte eine eintätowierte Nummer aus einem Konzentrationslager.

Aufgeregt öffnete ein farbiger junger Mann seinen Hemdkragen. „Schaut euch das an!“, forderte er seine Nachbarn auf. Am Hals sah man das hässliche Mal eines Stricks. „Gelyncht wurde ich nur darum, weil ich schwarz bin. In Sklavenschiffen hat man uns erstickt. Von unseren Liebsten wurden wir getrennt. Wie die Tiere mussten wir arbeiten – bis der Tod uns die Freiheit schenkte."

Ein junges Mädchen starrte trotzig vor sich hin. Auf ihrer Stirn stand das Wort ‚Unehelich’. „Dieses Brandmal zu ertragen,“ murmelte sie, „ging über, über…“, und ihre Stimme verlor sich im Gemurmel der anderen.

Überall auf der Ebene wurden jetzt ärgerliche Stimmen laut. Jeder richtete Klagen an Gott, weil er das Böse und das Leiden in der Welt zugelassen hatte.

Wie gut hatte er es doch im Himmel, in all der Schönheit und Helligkeit zu wohnen. Dort gab es keine Tränen, keine Furcht, keinen Hunger und keinen Hass. – Ja, konnte sich Gott überhaupt vorstellen, was der Mensch auf der Erde erdulden musste? Schließlich führte er selbst ein recht behütetes Dasein – fanden sie.

Es bildeten sich Gruppen, und jede wählte einen Sprecher. Immer war es derjenige, der am meisten gelitten hatte. Da war ein Jude, ein Schwarzer, ein Unberührbarer aus Indien, ein Unehelicher, ein entstellter Leprakranker, ein Opfer aus Hiroshima, eine Abgetriebene und jemand aus einem Arbeitslager in Sibirien.

Sie diskutierten aufgeregt miteinander. Schließlich waren sie sich in der Formulierung ihrer Anklage einig. Der Sachverhalt war ganz einfach. Bevor Gott das Recht hatte, sie zu richten, sollte er das ertragen, was sie ertragen mussten.

Ihr Urteil: Gott sollte dazu verurteilt werden, auf der Erde zu leben – als Mensch! Aber da Gott ja Gott war, hatten sie bestimmte Bedingungen aufgestellt. Er sollte keine Möglichkeit haben, aufgrund seiner göttlichen Natur sich selbst zu helfen. Und dazu hatten sie sich Folgendes ausgedacht:

Er sollte als Jude geboren werden. Die Legitimität seiner Geburt sollte zweifelhaft sein. Niemand würde wissen, wer eigentlich der Vater war. Er sollte versuchen, den Menschen zu erklären, wer Gott sei. Er sollte von seinen engsten Freunden verraten werden.

Er sollte aufgrund falscher Anschuldigungen angeklagt werden, von einem voreingenommenen Gericht verhört und von einem feigen Richter verurteilt werden.
Schließlich sollte er selbst erfahren, was es heißt, völlig allein und verlassen von allen Menschen zu sein. Er sollte gequält werden und dann sterben. Und das sollte in aller Öffentlichkeit geschehen, und zwar so schrecklich, dass kein Zweifel daran bestehen konnte, dass er wirklich gestorben war. Dazu sollte es eine riesige Menge von Zeugen geben, die das bestätigen.
Während jeder Sprecher seinen Teil des Urteils verkündete, erhob sich ein großes Raunen in der riesigen Menschenmenge. Und als der letzte Sprecher den Urteilsspruch abgeschlossen hatte, folgte ein langes Schweigen.
Und alle, die Gott verurteilt hatten, gingen plötzlich leise fort. Niemand wagte mehr zu sprechen. Keiner bewegte sich – denn plötzlich wusste es jeder: Gott hatte die Strafe ja schon auf sich genommen.[2]

Was für ein Gott! Was für eine Liebe!

Ich erinnere mich an einen sterbenden Atheisten, der während seiner letzten Atemzüge schwere Kämpfe mit seinem Gewissen hatte. Ich sagte ihm, dass der Herr Jesus für alle Schuld am Kreuz auf Golgatha bezahlt hat, dass dieser Ort zur Müllkippe des Universums wurde; und wenn er wolle, könne er hier den Müll seines Lebens abladen und das Geschenk der Freiheit und des Friedens heute noch empfangen. Unbeschreibliche Momente folgten. Der Mann fing an zu beten, versöhnte sich mit Gott und seinem Leben; und als er starb, ging er mit einem Lächeln, ja, als freier Mann ging er aus dieser Welt.

Freiheit bedeutet für mich, dass ich weiß, wo der Feind (der Teufel) steht und was seine Absicht ist; und dass Gott mein himmlischer Vater ist, der mich liebt und immer für mich da ist!

Ernst von Heyking

---

[2] http://www.pro-leben.de/symb/dierebellion.php; leicht abgewandelt.

Kapitel 18

Kriegsgefangenschaft

In der Aufarbeitung meiner Lebensgeschichte und während meines Heilungsprozesses, in dem ich mich immer noch befinde, stellte ich bei der Betrachtung meiner Vorfahren fest, welches Leid sie oft erdulden mussten bzw. ertragen hatten. Als ich Ende 2007 meinem Papa meine Liebe aussprach, veränderte sich nicht nur mein Leben, sondern das meines Papas gleich mit.

Doch vor dieser Versöhnung waren wir uns mal wieder für Monate aus dem Weg gegangen. Folgendes hatte sich zugetragen:

Wie jedes Jahr hatte ich Weihnachten 2006 meinem Erzeuger (Vater oder Papa kam mir selten oder nie über die Lippen) ein Rasierwasser und ein paar Weihnachtskekse geschenkt. Im Januar begegneten wir uns wieder. Kaum hatte er mich gesehen, schrie er quer über die Straße: „Deine alten Kekse kannst du in Zukunft selber fressen!“ Ich schäumte vor Wut und entgegnete: „Du undankbarer Mensch! Ich will nie wieder was mit dir zu tun haben!“

Heute, nach unserer Versöhnung, nachdem er mir sein Herz gezeigt hat mit allem, was darin an Schmerz und Schuld, an Sehnsucht und Mangel an Liebe war, verstehe ich, was er mir eigentlich hatte sagen wollen: Dass er gerne an Weihnachten bei mir gewesen wäre, weil er all die Feste davor alleine war, und weil er mich liebt. Das war die Sehnsucht hinter seinem vordergründigen Schimpfen gewesen. Doch niemand hatte ihm erklärt, wie man nach seinem Herzen lebt und daraus spricht; und mir hatte keiner beigebracht, die wahre Bedeutung seiner Worte zu verstehen.

Selbst jetzt, beim Schreiben, berührt mich dies. Lasst uns genau hinhören, wenn Menschen uns beleidigen oder anknurren – was wollen sie uns in Wirklichkeit sagen? Und sollten wir, bevor wir andere beleidigen, nicht lernen, ihnen zu sagen, was wir wirklich empfinden?

Nach unserer Versöhnung erzählte mir Papa so einiges über seine Kindheit. Auch er war verletzt worden, und das nicht zu wenig. Liebe bekam er nicht zu hören. Mein Papa und meine Tanten erzählten mir einiges aus ihrer Kindheit. Mit diesem Wissen verstehe ich immer besser. Wie bereits erwähnt: Verstehen heißt nicht unbedingt, etwas gut zu heißen.

Mein Opa war Jahrgang 1909. Er erlebte den 1. Weltkrieg als Kind, den zweiten als Soldat an der Front. Auch die Grausamkeit der Kriegsgefangenschaft musste er durchmachen. Mit all diesen Eindrücken des Krieges und der Gefangenschaft kehrte er heim. Er hatte weder Seelsorge noch sonst etwas, das seiner Seele geholfen hätte, mit dem Trauma fertig zu werden. Er schwieg. Was musste dieser Mann alles erlebt haben?!

Ein Jahr nach unserer Versöhnung, nach der Geburt meiner Tochter, als mein Papa sie in seinen Armen hielt, weinte er. Im Nachhinein sahen wir, dass das Kreuz über ihm stand. Nicht nur auf dem Bild, sondern über seinem Leben. Dadurch wurde er frei. Auf seinem Grabstein steht: „Gott ist Liebe“.

Ein alter Mann machte mir einmal klar: „Der Krieg war nicht unpersönlich, wobei man aus dem einen Schützengraben in den anderen feuerte, sondern oft kämpfte man Mann gegen Mann. Man schlug, würgte, stach oder tötete auf andere Weise. Schreckliche Bilder prägten sich in Kopf, Herz und Seele!“ Traumatisiert, wie viele andere Männer auch, kam mein Opa aus dem Krieg. Reden konnte und wollte er wohl mit niemanden. Ich war 18 Jahre alt, als er starb. Nie hatte er vom Krieg erzählt. Er war hart und bitter, doch ich liebte ihn. Gesagt habe ich es ihm nie, und er mir auch nicht. Ich glaube, er war bis zu seinem Tod 1988 in Gefangenschaft. Einen wahren Freund hatte er meines Wissens auch nicht gehabt. Zu all der Tragik des Kriegs verlor er dann auch noch einen Sohn. Wohin mit all dem Schmerz?

Mein Papa wurde als Kind sehr oft verprügelt. Er war eines dieser Kriegskinder, welche es sehr schwer hatten. Ich bin das Kind eines Kriegskindes. Meine Kinder sind die Enkel eines Kriegskindes. Der Krieg hinterlässt heute noch Spuren, doch das wäre eine längere Geschichte. Das Böse ist wie ein Virus, der um sich greift; aber auch die Liebe.

Dunkelheit ist nur die Abwesenheit von Licht,
Kälte nur die Abwesenheit von Wärme,
Böses nur die Abwesenheit von Liebe.

In meinen Recherchen traf ich immer wieder auf die „Heimkehr der Zehntausend". Konrad Adenauers Verhandlungen war es zu verdanken, dass 1955/56 Zug für Zug mit ehemaligen Kriegsgefangenen im Auffanglager Friedland eintrafen. Allerdings bedeutete die „Heimkehr der Zehntausend" zugleich das Ende der Hoffnung für viele andere Familien, deren Angehörige nicht zurückkamen. Manche der Heimkehrer stellten fest, dass einige ihrer Frauen wieder liiert waren oder manch Angehöriger nicht mehr lebte. Von einem Leid in das nächste befördert. Doch was sangen sie dort im Auffanglager Friedland? „Nun danket alle Gott ..." Unsere heutige westliche Gesellschaft, die überwiegend im Überfluss lebt, wirft diesen Gott aus ihrem Leben oder ignoriert ihn einfach; und jene, die unfassbares Leid erlebt hatten, dankten Gott. Unbeschreiblich – ich lerne von diesen Männern!

In meinem Bekanntenkreis lebt ein über Neunzigjähriger. Seine Frau erzählte mir einmal, dass er oft heute noch von der Gefangenschaft träumt. Heute, nach über 70 Jahren, träumt dieser Mann noch davon. Immer wieder erlebt er die Schrecken der Gefangenschaft. Ich möchte mehr und mehr verstehen, warum vieles so war, wie es war, und heute vieles so ist, wie es ist. Nach allem, was ich heute über meinen Papa und meinen Opa weiß, kann ich nur eines sagen: „Ich hatte den besten Papa und den besten Opa auf der ganzen Welt, die sie halt sein konnten."

Auf die vielen Warum-Fragen – die Kriege, die Konzentrationslager, all die Schrecken des Dritten Reiches usw. – habe ich keine Antworten. Umso bewegender die Aussage des SPD-Politikers Carlo Mierendorf (1897–1943):

> Wissen Sie, ich bin als Atheist in das Konzentrationslager gekommen, und nach allem, was ich dort erlebt habe, verließ ich es als gläubiger Christ. Mir ist klar geworden, dass ein Volk ohne metaphysische Bindung, ohne Bindung an einen Gott, weder regiert noch auf Dauer blühen kann.[1]

[1] https://thema.erzbistum-koeln.de/ohnegott/wort_der_woche/ vom 08.10.2007

Kapitel 19

Adenauers Freiheit

Wie unbeschreiblich Gottes Wege doch führen. Immer wieder beschäftige ich mich mit dem Thema der Kriegsgefangenschaft, und immer wieder „stolperte" ich dabei über den Namen Konrad Adenauer. Eines Tages durfte ich seinen Enkelsohn Andreas Adenauer kennenlernen. Was für eine „coole Socke"! Sofort war er bereit, seine Freiheitsgedanken mit uns zu teilen.

Andreas Adenauer

„Freiheit" – welch ein Wort: FREIHEIT!

Wer möchte nicht frei sein? Ich denke, dieser Wunsch – frei zu sein – liegt in jedem menschlichen Herz. Für mich hatte Freiheit immer einen sehr hohen Stellenwert.

Als ich 24 Jahre jung war und bereits einige Jahre wusste, dass es meine große Leidenschaft war (und ist), meine Berufung als kreativer Kaufmann in der Textilbranche auszuleben, beschloss ich meinen ersten Laden zu eröffnen. Der Name war FREEDOM, also FREIHEIT.

Andreas mit seinem Opa, Konrad Adenauer, dem 1. Bundeskanzler der Bundesrepublik Deutschland.

Freiheit bedeutete für mich, unabhängig zu sein. Ich habe dann viele Jahre viel gearbeitet und genau danach gestrebt – *meine* Freiheit zu finden. Ich wollte frei sein von gesellschaftlichen Zwängen und aus Zwängen ausbrechen, die mir andere Menschen auferlegen wollten, aus welchen Gründen auch immer. Vielleicht kam mein Wunsch gerade aus dem familiären Umstand, ein Enkel des ersten Bundeskanzlers der BRD, Konrad Adenauer, zu sein und den natürlich damit verbundenen Zwängen. Ich war nicht der Andreas, sondern der Enkel.

Von der anderen Seite, der meiner Mutter, die aus einer schwedischen Unternehmer-Dynastie kommt, habe ich das Blut eines Unternehmers. Also von Menschen, die etwas wagen, die entwickeln und bauen. Und das hat mein deutscher Großvater natürlich auch getan. Konrad war ein Erfinder und Gestalter; er hat Köln damals zu einer grandiosen Stadt entwickelt, und für den Aufbau Deutschlands nach dem Krieg war er ja auch wesentlich mitverantwortlich.

Da war ich also, mit meinen Genen, die nach Individualität schrien; der Andreas, der NICHT in eine Form, sondern einen Status der Freiheit erreichen wollte. Und meine Freiheit lautete 25 Jahre

lang: GELD. Geld macht unabhängig. Erfolg macht unabhängig. Das war meine Sicht. Ich habe nie wirklich Wert auf Status gelegt. Den kannte ich schon und habe ihn irgendwie auch in die Wiege gelegt bekommen. Reine Gnade. Aber Freiheit wollte ich mir verdienen. Und das funktionierte mit Gottes Hilfe auch sehr gut. Mit Mitte 40 war ich sehr erfolgreich in meiner Branche und ging für die Firma *Esprit* in die USA. Dort fing Gott an, mich langsam und behutsam von meinen Idealen zu trennen.

Mir wurde in den darauffolgenden 12 Jahren dann immer mehr bewusst, dass ich durch Geld in Wahrheit weder Freiheit noch Unabhängigkeit hatte. Im Gegenteil, ich fühlte mich immer abhängiger von dem Zwang, diese „Freiheit" verteidigen zu müssen, die einem riesigen Loch gleichkam, das ich aber nie füllen konnte.

Gott hat mir dann immer mehr das Geld und vermeintliche Sicherheiten genommen und sie durch Werte ersetzt: durch seine Liebe; durch so viele wertvolle Momente in seiner Gegenwart; durch echte Liebe von anderen Menschen, welche die Liebe Gottes in ihren Herzen trugen. Ich fand meinen Platz in einer Gemeinde. Ich fühlte immer stärker, wie ich Frieden und Unabhängigkeit genau dann fand, wenn ich meine sogenannte Freiheit eintauschte gegen die Abhängigkeit von der größten Quelle des Glücks und der Freiheit: Jesus Christus.

Diese Welt kann mir niemals Freiheit geben. Aber in den liebenden Armen Jesu bin ich frei und stark. Weil ich bei IHM bin. Bei ihm bin ich geliebt, akzeptiert, entspannt, glücklich und frei. Sogar im Sturm erlebe ich einen Frieden, den man nicht erklären kann. DAS ist FREIHEIT!

Mein Großvater ist ein stark gläubiger Mann (ich schreibe in der Gegenwart, weil ich glaube, dass alle Menschen, die schon vorausgegangen sind, jetzt eben bei Jesus sind und genauso im Jetzt leben wie wir gerade). Mit zu seinen wichtigsten Taten gehörten mit Sicherheit die erfolgreichen Verhandlungen zur BEFREIUNG der deutschen Kriegsgefangenen in Russland. Mein Großvater hat sich vor den Verhandlungen in eine Kapelle einschließen lassen, um zu Gott um Weisheit zu beten.

Ich bin überzeugt, dass mein Großvater all seine Weisheit und Freiheit durch Gebet von Gott empfangen hat. Sein Lebenswerk dokumentiert es. Und wenn Menschen in der Freiheit Gottes LEBEN, dann können sie eben genau DIESE FREIHEIT Gottes an andere weitergeben und teilen.

Gott, Jesus ist FREIHEIT. Niemand kann Freiheit geben. Keine Droge, kein Geld, keine Religion. Die einzige Freiheit (der einzige Weg) ist Jesus Christus. Das ist meine Erfahrung. Und das möchte ich dir heute schreiben. Und es ist nicht kompliziert. Die Welt erzählt eine andere Geschichte. Glaube sie nicht!

Jesus möchte eine Beziehung mit dir haben. Das ist die Wahrheit. Du hast nichts zu verlieren, aber alles zu gewinnen. Und ich bete, dass, wenn du diese Zeilen liest, ein Funke meiner Lebensfreude und des Geschenks der Freiheit, welche Jesus mir jeden Tag aufs Neue gibt, auf dich überspringt und du den Schritt wagst in *deine* Freiheit.

Kapitel 20

Gefangen im Gefühl von Minderwertigkeit

Unzählige Male hörte ich sie, diese Sätze mit „NICHTS".

- „DU BIST NICHTS!"
- „DU KANNST NICHTS!"
- „AUS DIR WIRD NICHTS!"

Sie trafen mich härter als so mancher Schlag und Tritt in meinem Leben, denn diese Hiebe treffen mitten ins Herz. Bei etlichen Gangs oder im Gefängnis erzählte ich von diesen „Nichts"-Sätzen, und viele gaben mir zu verstehen, dass sie diese Sätze auch unzählige Male zu hören bekommen hatten.

Vielleicht musstest du leider auch schon solche Sätze ertragen? Dann lass dir sagen: Jene, die das sagten, haben dich belogen, denn sie selbst wurden belogen. Es ist eine Lüge, dass du ein „Nichts" bist. Aber ich spüre selbst heute, noch Jahrzehnte später, dass diese Sätze nicht spurlos an mir vorübergegangen sind. In meinem Heilungsprozess verlieren diese Sätze Stück für Stück an Macht. Man wischt sie nicht einfach weg wie eine Träne. Man legt sie nicht einfach zur Seite, wie ein Buch, das man gelesen hat. Sie sind unangenehme Weggefährten, verbunden mit einem weiteren Gesellen: dem „Zweifel". Als Jesus gen Himmel fuhr, so berichtet die Bibel, glaubten viele an ihn, einige aber zweifelten. Ich kenne das. Aber Jesus gab allen den Befehl, die beste Nachricht der Welt zu allen Menschen zu bringen. Eines Tages las ich beinahe „zufällig" diese Worte in der Bibel:

... ER MACHTE SICH SELBST ZU NICHTS ... (Philipper 2,7 ELB).

ER! JESUS! Er, der König der Könige, der nackt, gequält und entwürdigt an einem Kreuz hängt! Der mit seiner Nacktheit und deren Entwürdigung alle Scham und Minderwertigkeit auf sich nahm und all das „NICHTS", das unser Herz zerriss!

Es ist schon unbegreiflich,

- dass das Licht der Welt mitten am Tag in Dunkelheit stirbt,
- dass das Wasser des Lebens am Kreuz ruft: „Mich dürstet!",
- dass der Odem des Lebens, elendig und qualvoll um Luft ringt und letztendlich erstickt …

Er machte sich selbst zu NICHTS, damit *wir* frei und vollkommen werden!

Als ich eines Abends in meine Sportschule fuhr, sah ich einen bekannten Obdachlosen. Ich bot ihm an, in der Sportschule zu nächtigen. Darauf lächelte er und meinte:

„Ich habe zwar NICHTS, und doch habe ich Gott, der über mich wacht und mir Geborgenheit schenkt – somit habe ich ALLES, was ich brauche!"

Ein sterbender Teenager meinte voller Vertrauen zu mir: „Ich habe JESUS in meinem Herzen; deshalb bin ich in Wahrheit gesund und habe ALLES, was ich brauche!"[1]

Wir sind mit NICHTS in diese Welt gekommen und werden mit NICHTS aus dieser Welt gehen!

Wenn uns NICHTS mehr hält, wird er uns tragen!

NICHTS kann uns trennen von der Liebe Gottes! NICHTS!

Ich traf so viele Menschen in meinen Leben, die dachten, ALLES zu haben, bis die Katastrophen über sie hereinbrachen. (Bei mir war es genauso.)

Für viele Sterbende, die ich auf ihrem letzten Weg ein kleines Stück begleiten durfte, war Christus ALLES, was sie hatten und wahrhaft brauchten. Ein Mann sagte mir einmal: „Früher hatte ich Millionen und war arm. Nun bin ich arm, habe aber Jesus in meinem Herzen, nun bin ich wahrhaft reich!"

„Du bist nichts" wird durch Vertrauen in die Liebe Gottes verwandelt in „Du bist kostbar und wertvoll!" Aus „Du kannst nichts" wird: „Die auf Gott vertrauen, denen sind alle Dinge möglich!" Aus „Du wirst nichts" wird: „Ich bin Gottes geliebtes Kind!"

Das Wissen über unsere Identität bestimmt unser Handeln. Vor einigen Tagen kam meine kleine Tochter zu mir. Sie hatte irgendetwas gegen meinen Willen getan und fragte mich voller Reue, ob ich so trotzdem noch liebe. „Ich liebe dich immer!", sagte ich ihr. „Egal was war und was kommt, meine Liebe bleibt!" Wenige Augenblicke später erinnerte ich mich an diese Worte von Paulus:

---

[1] Vgl. Michael Stahl, *Maja Loretta – Post aus den Wolken,* GloryWorld-Medien 2016.

> *Denn ich bin gewiss, dass weder Tod noch Leben, weder Engel noch Mächte noch Gewalten, weder Gegenwärtiges noch Zukünftiges, weder Hohes noch Tiefes noch eine andere Kreatur uns scheiden kann von der Liebe Gottes, die in Christus Jesus ist, unserm Herrn* (Römer 8,38-39 LUT).

Nichts, aber auch gar nichts, kann uns von der Liebe Gottes trennen – einer Liebe, die uns sicher ist und keinen Leistungsdruck erzeugt. Eine grenzenlose und bedingungslose Liebe. Die Liebe des Papas aller Papas!

Kapitel 21

Club der Gescheiterten

Fast immer werden aus den „Du bist"-Sätzen „Ich bin"-Sätze. Also aus „Du bist nichts" wird eines Tages „Ich bin nichts", aus „Du kannst nichts" wird oft „Ich kann nichts", und so geht das weiter. Achten wir darauf, dass wir die „Du bist"- und die „Ich bin"-Sätze stets in Liebe fortsetzen. Beides hat Macht, das Negative und das Positive. Es liegt stets auch in unserer Entscheidungskraft, wie wir handeln. Wir wissen ja nun: Liebe ist eine Entscheidung.

Oft hörte ich von Menschen, dass Gott sie aufgrund ihres Versagens ohnehin nicht lieben könne, und dass sie Gott sowieso nur enttäuschten. Ist das wirklich so? Können wir Gott tatsächlich enttäuschen? Ich denke nicht! Um jemanden zu enttäuschen, müsste sich dieser zuvor getäuscht haben; und da bin ich mir total sicher, dass Gott sich in keinem Einzigen täuscht, da er den Grund unseres Herzens kennt. Und was ist nun mit all unserem Versagen, unserer Schuld und Scham? Immer wieder denke ich dabei an Petrus.

Was ich hier fühlte, kann ich nur in zwei Worte fassen: „Freiheit & Liebe".

Als ich im März 2019 mit einer Gruppe Männern in Israel war, kamen wir auch zu dem wunderbaren Fleckchen *Mensa Domini* (Tisch des Herrn). Man geht davon aus, dass Jesus an diesem Ort Petrus zum Frühstück eingeladen hatte. Hier ein paar Kurzgedanken dazu:

Am Kohlenfeuer

Vor Kurzem wurde ich von einem Freund darauf aufmerksam gemacht, dass das Wort „Kohlenfeuer“ zweimal in der Bibel steht: Am ersten Kohlenfeuer, im Hof des Hannas, wo Jesus verhört wurde, verleugnete Petrus aus Angst und Feigheit seinen Herrn dreimal; am zweiten Kohlenfeuer bereitete Jesus nach seiner Auferstehung für seine Jünger ein Frühstück mit Brot und Fisch am Ufer des Sees Genezareth und heilte Petrus’ Herz von dessen Versagen.[1]

- Als Petrus sich am Feuer der „Welt“ wärmte, endete das in Einsamkeit, Bitterkeit und Scham. Als Jesus ihm am Ufer des Sees ein leckeres Frühstück bereitete, da wurde er angenommen und in die Freiheit geführt.
- Beim ersten Mal saß Petrus gemeinsam mit der Welt an einem Kohlenfeuer, welches auch von der Welt entfacht worden war; und beim zweiten Mal saß er gemeinsam mit Jesus an einem Kohlenfeuer, welches auch von Jesus entzündet worden war.
- Beim ersten entstand ein Trauma, beim zweiten wurde er davon geheilt.
- Am ersten Kohlenfeuer verleugnete Petrus dreimal seinen Herrn; am zweiten darf er Jesus dreimal seine Liebe bekennen. Dabei handelt es sich letztendlich um eine klassische Traumatherapie, wie kürzlich eine Bekannte meinte, die Traumatherapeutin ist.

Komm, setz dich ans Feuer und lass dich gesund lieben! Nicht am Kohlenfeuer der Welt, sondern an jenem, welches der Herr machte!

Petrus wurde angenommen, egal was er tat oder nicht tat, denn er bereute bitterlich und nahm die Einladung Jesu an. Dies ist der Schlüssel: bereuen und das Geschenk annehmen.

Viele Menschen der Bibel haben sich nicht unbedingt nur mit Ruhm bekleckert. Schauen wir uns doch einmal ein paar Personen in der Bibel an und was sie sich so leisteten; Gott konnte sie trotz oder gerade wegen ihres Versagens gebrauchen:

- Adam und Eva trennten durch ihr Ungehorsam sich und die ganze Menschheit von Gott, aber er ließ sie nicht im Stich.
- Kain erschlug seinen Bruder Abel, und Gott beschützte ihn trotzdem.

---

[1] Vgl. Johannes 18,12-27 und 21,9-25.

- Noah war ein frommer Mann, aber er betrank sich und lag dann nackt im Zelt.
- Abraham log. Gott hieß das nicht gut, aber er segnete ihn trotzdem.
- Sarah lachte über Gottes Verheißung, trotzdem erhörte Gott ihr Gebet und schenkte ihr einen Sohn, obwohl sie zu alt dafür war.
- Jakob betrog seinen Bruder um das Erstgeburtsrecht, doch Gott hatte ihn berufen, nahm ihn in seine „Charakterschule" und segnete und bewahrte ihn auf allen seinen Wegen.
- Mose erschlug einen ägyptischen Aufseher, aber Gott nahm auch ihn viele Jahre in seine „Charakterschule" und machte ihn später zum Führer seines Volkes.
- Simson erschlug aus Wut 30 Männer, gab seine Frau einem anderen und nahm sich eine Geliebte. Aber Gott nahm seine Berufung nicht zurück und tat großartige Dinge durch ihn.
- Rahab war eine Prostituierte, aber durch sie rettete Gott seine Kundschafter und bewahrte später sie und ihre Familie.
- David war ein Ehebrecher, Mörder und Lügner, doch Gott vergab ihm, stellte sich zu ihm als König und ließ ihn sein Volk regieren.
- Salomo wurde durch Ehebruch gezeugt, aber Gott machte ihn zum weisesten und reichsten König aller Zeiten.
- Elia war lebensmüde und wollte sterben, doch Gott stärkte ihn übernatürlich durch einen Engel und schenkte ihm eine ganz persönliche Begegnung mit ihm (Gott) selbst.
- Jeremia verfluchte den Tag seiner Geburt, aber heute noch lesen wir Gottes Wort, das durch ihn als Propheten gesprochen wurde.
- Jona lief vor Gottes Auftrag davon; doch auch ihn wusste Gott zu nehmen und in Liebe zu erziehen, sodass er am Ende die Millionenstadt Ninive durch ihn retten konnte.
- Zachäus war ein kleiner Mann und großer Gauner, aber Jesus besuchte ihn und drehte ihn total um, sodass er zum absoluten Wohltäter und Gottesliebhaber wurde.
- Saulus verfolgte die Christen, und Jesus ließ ihn als Paulus das Evangelium in die Welt hinaustragen.
- Der Erste, dem Jesus das Paradies versprach, war ein Mörder, der umkehrte und sich Jesus zuwandte.

- Die erste Person, die Jesus nach der Auferstehung sah, war eine ehemalige Prostituierte.
- ... und Lazarus war sogar tot und hat schon gestunken, als Jesus ihn aus dem Grab rief und lebendig machte.

Ich hoffe, deine Restzweifel, ob Gott dich liebt, haben sich somit erledigt. Was immer du getan hast, wie sehr es auch in deinem Leben stinkt, du bist willkommen, angenommen, geliebt und zum Leben in Freiheit bestimmt.

KAPITEL 22

Der Schlossherr

Uve Simon (ja, du hast richtig gelesen, da steht ein „v“), was für eine Erscheinung, ein großer, starker Mann mit einer tiefen, rauen Stimme. Ich durfte ihn um das Jahr 2009 kennenlernen. Was für eine Größe – und damit meine ich in erster Linie die Größe, mit der er anderen diente. Er betreute ehemalige Strafgefangene und Drogensüchtige auf einem Schloss.

Wir hatten eine unbeschreibliche gemeinsame Zeit. Viele der früheren Gefängnisinsassen erzählten mir ihre Geschichte von Mord und Totschlag, von Süchten und Einbrüchen, Schuld und Versagen. Uve und sein Team begegneten ihnen allen mit LIEBE. Was ich erst dort erfuhr, war, dass Uve selbst schon hinter „schwedischen Gardinen“ gesessen hatte. Hier ist ein Teil seiner Geschichte, aus seiner eigenen Feder.

Das Gefängnis-Comeback mit Zellenschlüssel – Uve Simon

Nach außen sah mein Elternhaus sehr bürgerlich aus. Doch als ich zehn Jahre alt war, missbrauchte mich mein alkoholisierter Vater. Zehn Jahre später, nachdem ich mein Leben geordnet hatte, wollte ich mit ihm darüber sprechen, aber er sagte mir, dies sei in Preußen die übliche Strafe für missratene Söhne der gehobenen Bürgerschicht gewesen.

Nach dem Tod meines Vaters fand unsere älteste Tochter bei der Wohnungsauflösung einen Tagebuchzettel, auf dem stand, er sei mit 80 Jahren wieder in die Kirche eingetreten, weil er die Wandlung in meinem Leben so erstaunlich fand, dass er (ein Freimaurer) jetzt doch an Gott glauben müsse.

Ich selbst wurde nach dem Missbrauch in meinem „bürgerlichen Elternhaus“ ein schlechter Schüler und konnte nicht ins Gymnasium gehen, obwohl das alle erwartet hatten. Ich gründete eine Kinderbande und beschäftigte mich mit Okkultismus. Schließlich fand ich im CVJM Kassel Halt und kam zu einer Entscheidung für Jesus Christus.

Dennoch saß der Hass auf meinen Vater so tief, dass ich mit 16 Jahren zu Hause abhaute und zuvor den Kassenschrank meines Vaters aufbrach. Er war verantwortlich im Strafvollzug beschäftigt und informierte die Polizei und seinen Freund, der Staatsanwalt war. Ich wollte in die Fremdenlegion und war schon in Freiburg auf dem Bahnhof, als ich verhaftet wurde und in Untersuchungshaft kam. Am nächsten Morgen wurde ich von den Aufsichtsbeamten auf dem Kopf kahlgeschoren und in Einzelhaft gesperrt. Da zertrümmerte ich die Zelle. Doch als ich vergebens gegen die Tür ankämpfte, um auszubrechen, hatte ich natürlich keinen Erfolg und war total am Ende. Da fiel mir mein Konfirmationsspruch aus Jesaja 41,10 ein:

Fürchte dich nicht, denn ich bin bei dir. Sieh dich nicht ängstlich nach Hilfe um, denn ich bin dein Gott!

GOTT HAT HUMOR UND FÜHRT IMMER IN DIE FREIHEIT! 18 Jahre später (ich hatte inzwischen eine Ausbildung zum Krankenpfleger gemacht, war am Theologischen Seminar in Wiedenest gewesen, hatte als Anästhesiepfleger gearbeitet und auch als Evangelist und war nun Stadtmissionsleiter in Freiburg) bekam ich von der Badischen Landeskirche den Auftrag zur Gefängnisseelsorge in der Untersuchungshaftanstalt, in der ich selbst einmal inhaftiert gewesen war. Damit bekam ich dann dort einen Zellenschlüssel!

Elke & Uve Simon

Bei meinem Antrittsbesuch schaute mich der Vollzugsdienstleiter erstaunt an und fragte mich: „Sie kommen mir so bekannt vor. Ich weiß nur nicht woher!?“ Ich erzählte es ihm und berichtete ihm dann, wie es mir in meinem Dienst als Evangelist geschenkt worden war, immer wieder in Gefängniseinsätzen Menschen zum Neuanfang mit JESUS begeistern zu können.

Bis in die Gegenwart darf ich zusammen mit meiner Frau Elke und unseren fünf Kindern erleben, wie Männer und Frauen aus Abhängigkeiten, aus dem Gefängnis, aus Problemen und Süchten herauskommen, und dass ein Leben mit Christus immer in die Freiheit führt. Darum lade ich (aufgrund unserer 50jährigen Erfahrung) alle Leser ein, persönlich auszutesten, ob das stimmt, was Jesus in Johannes 8,34-36 (LUT) versprochen hat:

> *Wer Sünde tut, der ist der Sünde Knecht. Der Knecht aber bleibt nicht ewig im Haus; der Sohn bleibt ewig. Wenn euch nun der Sohn frei macht, so seid ihr wirklich frei.*

Diese Zeilen aus Uves Herzen haben mehr Bedeutung und Kraft, als wohl viele ahnen; mit seiner Geschichte und all den Begegnungen, die er in seinem Leben hatte, werden sie zu einem kostbaren Schatz.

Kapitel 23

Der Kampf um Würde

Dies ist die Geschichte von Laura Kelsch, die uns ein Stück auf ihre Lebensreise mitnimmt und dabei schonungslos ehrlich ist. Doch wie so oft bereits erwähnt: „Wahrheit macht frei!“ Ich bin sehr beeindruckt von Lauras Tiefe und empfinde es als sehr wertvoll, dass sie bereit war, uns ihre Geschichte näherzubringen.

Laura Kelsch

Mein Name ist Laura und ich arbeite als Mediatorin. Kurz: Ich bin eine Konfliktmanagerin. Wenn Menschen Probleme und Streitigkeiten nicht mehr eigenständig beilegen können, unterstütze ich sie aus meiner neutralen Position heraus, eine selbstbestimmte Lösung zu erarbeiten, mit der jeder der Betroffenen einverstanden ist.

Vor einigen Monaten hatte ich einen jungen Mandanten, der weitaus mehr benötigte als nur die Begleitung durch einen Konflikt mit seiner Familie. Für ihn war es fünf vor zwölf. Das Gericht hatte ihm nochmals eine Chance zur Besserung gegeben. Die meisten Konflikte haben ihren Ursprung selten in der Sache selbst. Die Probleme wurzeln tiefer. In diesem Fall benötigte ich jemanden, der sich auf Vater-Sohn-Beziehungen verstand. Ich wurde auf Michael Stahl aufmerksam und kontaktierte ihn. Er lud den jungen Mann zu einem Gespräch ein. Seitdem hat sich einiges in dessen Leben getan.

Ich selbst traf Michael wenige Wochen später das erste Mal auf seinem Sommerfest. Wir unterhielten uns unter anderem auch über meine Arbeit. Neben Familienmediationen und Wirtschaftsmediationen nehmen auch Menschen meine Dienstleistung in Anspruch, die bereits in Haft saßen oder denen eine Haftstrafe bevorsteht. (Meine erste Begegnung mit einem Gefängnis war jedoch nicht beruflich bedingt gewesen, sondern hatte auf privater Ebene stattgefunden.) Kurze Zeit darauf fragte mich Michael, ob ich mir vorstellen könne, meine Geschichte zu erzählen. Ich dachte darüber nach und sagte zu.

Mir sind bisher nur Geschichten von Menschen bekannt, die selbst eine Zeit ihres Lebens hinter Gittern verbracht haben, aber nicht von betroffenen Angehörigen. Meine persönliche Betroffenheit ist jedoch kein Einzelfall. Zu fast jedem Häftling gibt es Familienmitglieder oder Freunde, die „draußen" auf ihn warten. Jeder macht seine ganz persönlichen Erfahrungen. Trotzdem habe ich noch nie die Geschichte eines betroffenen Angehörigen gelesen. Daher möchte ich hier berichten, wie man mit der Tatsache lebt und umgeht, Angehörige eines Häftlings zu sein.

Mein Bruder und ich sind nicht in einem kriminellen Umfeld aufgewachsen. Die Verkörperung von bildungsfernen und sozial schwachen Familienklischees, die man so gerne argumentativ als Grundlage krimineller Laufbahnen einsetzt, treffen ebenso wenig zu. Trotzdem befindet sich mein Bruder im Gefängnis. Es ist schwer in Worte zu fassen, was in einem vorgeht. Das emotionale Spektrum reicht von tiefer Scham, Traurigkeit, Verzweiflung bis über Wut, Zorn und letztlich auch furchtbarem Schmerz.

Die tiefe Scham: Ich schämte mich, dass sich mein Bruder in Haft befindet. Lange Zeit war es für mich nicht möglich, darüber zu sprechen oder die Tatsache gar beim Namen zu nennen. Ich wäre am liebsten im Boden versunken. Anfänglich schwieg ich über diesen Teil meines Lebens. Ich „versteckte" meinen Bruder. Mit der Zeit wird man darin immer besser. Stellen Sie sich vor, wie das ist, wenn man in keinem kriminellen Umfeld aufgewachsen ist.

Wie jede Familie ist auch meine von Lebenskrisen nicht verschont geblieben. Nach einer dieser Krisen hatte sich mein Bruder für den Weg entschieden, der ihn letztlich seine weltliche Freiheit gekostet hatte.

In den meisten Haftanstalten sind Besuche nur unter der Woche möglich. Die Haft eines Angehörigen betrifft in der Regel nicht nur den Inhaftierten selbst, sondern eben auch sein soziales Umfeld. Für mich waren die Besuchstage bei meinem Bruder immer sehr stressig. Wenn mich beispielsweise eine Kollegin fragte: „Was machst du denn an dem einen Urlaubstag?", dann konnte ich nicht sagen: „Ich besuche meinen Bruder im Gefängnis."

Haben Sie einmal den Gesichtsausdruck eines Menschen gesehen, dem Sie sagen, dass Sie an einen solchen Ort gehen? Oder die peinliche Stille erlebt, wenn Sie Ihren Satz beendet haben? Plötzlich sind Sie selber in Haft, obwohl Sie sich physisch in einem Büro befinden. Man betrachtet Sie mit anderen Augen. Ich habe nur wenige Reaktionen von Außenstehenden erlebt, die mich nicht verurteilten.

Ich kümmere mich normalerweise nicht darum, was andere Menschen über mich denken. Aber wenn man sich in einem sozial intakten Gefüge befindet, dann muss man sehr genau abwägen, wie klug es ist, diesen Teil des Lebens zu erwähnen. Nicht selten kann es zu Problemen am Arbeitsplatz oder im Freundes- und Familienkreis führen, wenn man die Wahrheit erzählt. Unfreiwillig gerate ich in eine „Co-Häftlingsposition". Automatisch fange ich an, mich zu rechtfertigen, warum es so ist, wie es ist. Das macht die Situation allerdings nur noch schlimmer. Am Ende dieses demütigenden Prozesses hat man viel erzählt und das gewünschte Verständnis und den lockeren Umgang mit der Sache selbst durch Rechtfertigung verwirkt. Ich fühle mich plötzlich sehr klein, schäme mich und bin verunsichert. Dabei geht es hier doch gar nicht um mich.

Mir kommt das Wort *Sippenhaft* in den Kopf. Warum schäme ich mich eigentlich? Dieser Makel *Bruder in der JVA* scheint bei mir merkwürdige Zustände auszulösen. Er passt nicht in eine „normale" Welt. Ich versuche den Spagat zwischen Normalität und „Abart". Ich war noch nie gut im Spagat. Das wird hier einmal mehr deutlich, und in mir regt sich die Wut und der Zorn, dass ich überhaupt diese Übung machen muss.

Ich überlege: Wenn mir eine solche Reaktion entgegengebracht wird, wie reagieren wohl manche Menschen darauf, wenn ihnen jemand mitteilt, dass er Freigänger oder ehemaliger Insasse ist? Ich habe in der Vergangenheit einmal für einen großen Bildungsträger gearbeitet. Einmal mehr kann ich verstehen, warum mancher ehemalige Insasse in seinem Lebenslauf beispielsweise *1999–2009: beruflicher Aufenthalt in Russland* aufgeführt hatte. Nähere Definitionen werden nicht genannt. Die Erfahrung scheint wohl gezeigt zu haben, dass dies eine gute Umschiffung der Klippe namens JVA ist. Das Stichwort Gefängnis scheint ein heikles Thema in der deutschen Gesellschaft zu sein.

Auch als ich meinen Bruder das erste Mal in einem Gefängnis besuchte, fühlte ich diese Scham. Es war mir peinlich und unangenehm vor den hohen Mauern mit Stacheldraht und Kameras zu stehen. In mir regte sich der Gedanke: Wir gehören hier nicht her. Zu diesem WIR zählte ich auch meinen Bruder. Er war noch nie zuvor straffällig geworden, und mit diesen Augen sah ich ihn zum damaligen Zeitpunkt immer noch.

Ich bin gestresst hier zu sein. Mich stressen die Beamten, mich stressen die Mauern, mich stresst, dass ich diese Erfahrung machen muss, mich stresst einfach alles ...

Verunsicherung machte sich in mir breit. Wie wird man als Angehöriger in einem Gefängnis behandelt? Wie ist der Besuchsablauf? Wie geht es meinem Bruder? Was erlebt er auf dieser Seite der Mauern? Meine Haltung Justizvollzugsbeamten gegenüber ist ambivalent. Das rührt vermutlich daher, dass ich mir lange Zeit nicht vor Augen geführt hatte, dass ein Gefängnis ein Gefängnis ist und die Menschen, die dazu verurteilt wurden, eine Zeit ihres Lebens in einer Haftanstalt zuzubringen, aus einem individuellen Grund dort sind.

Neben den Besuchen, die ein Häftling erhält, sind Justizvollzugsbeamte der tägliche Hauptkontakt. Aus Erzählungen und auch eigenen Erfahrungen ist mir bekannt, dass der Umgang mit- und untereinander nicht nur angenehm sein kann. Als Mediatorin habe ich viele gedankliche Anstrengungen unternommen, welche Verbesserungen man in einen Haftanstaltsalltag einfließen lassen kann. Ich denke hierbei an Konflikte, die beispielsweise unter Inhaftierten und Justizvollzugsbeamten auftreten können. Aber auch Spannungen bei Besuchen von Familien und Freunden oder unter den Häftlingen selbst. Konflikte können unterschiedliche Ursachen haben. Als sozusagen freier Mensch kann man sich nicht vorstellen, wie ein Haftalltag aussieht und mit welchen Problemen die Menschen zu kämpfen haben.

Bei diesem ersten Gefängnisbesuch waren die Kontrollen für Angehörige sehr streng. Danach ging es durch Stockwerke runter und wieder rauf, und schließlich standen wir mit einer Gruppe anderer Besucher vor Automaten mit Lebensmitteln. Mit Münzen konnte man zwei Plastiktüten mit unterschiedlichem Inhalt aus Zigaretten, Softgetränken und Süßigkeiten lösen, die dem Häftling von den Wärtern während des Besuches übergeben wurden. Die Tatsache, dass hier nichts selbstverständlich war, beschämte mich. Wie mag es wohl sein, wenn man auf eine Alltagsführung angewiesen ist, die einem von fremden Menschen diktiert wird? Ein selbstbestimmtes Leben ist nicht mehr möglich. Man muss sich in einen Justizvollzugsanstalts-Alltag einfügen.

Der Besuch fand in einem kleinen Raum mit Stühlen und einem Tisch statt. Die Atmosphäre war seltsam bedrückend. Ich wusste nicht, was ich sagen sollte. Aber ich fragte meinen Bruder, ob er sich eigentlich nicht schämt, hier zu sein. Ich kann mich nicht mehr genau erinnern, wie oft ich meinen Bruder in der kurzen Zeit in diesem Gefängnis besucht habe. Ich habe diese erste Gefängnisepisode sehr stark verdrängt; es sind nur noch Fragmente in meinen Erinnerungen geblieben. Ich bin sogar dankbar dafür, denn diese Erinnerungen sind auch mit Schmerz verbunden.

Ich kann nicht mehr genau sagen, wie lange es gedauert hat, bis er das nächste Mal aufgrund einer weiteren Straftat in einer JVA untergebracht wurde. Vielleicht waren es ungefähr anderthalb Jahre nach seiner ersten Entlassung.

Traurigkeit und Schmerz: Wenn das Weinen zu einem ständigen Begleiter wird, kann man nicht nur aus Scham über gewisse Lebensereignisse nicht sprechen. Man kann es auch nicht, weil einem die Tränen die Stimme ersticken. Ich liebe meinen Bruder! Dennoch musste ich mir eingestehen, dass er auch eine kriminelle Seite an sich hat. Obwohl mein Bruder an Leib und Leben niemandem geschadet hatte, hatte er eine unverhältnismäßig hohe Haftstrafe bekommen. Als das Urteil von den Richtern verkündet wurde, wurde mir dumpf im Kopf. Ich hatte das Gefühl, nicht mehr atmen zu können. Hitze schoss in mein Gesicht. Ein Schmerz packte mich, mein Herz raste und ich wollte schreien und weinen. Wenn es mir schon so erging, wie fühlte er sich wohl? Und trotzdem: Gott hat es zugelassen.

Die ersten Monate nach dem Urteil waren am ergreifendsten. Ich vermisste meinen Bruder jeden Tag. Anfänglich fuhr ich jede Woche zu ihm ins Gefängnis. Ich freute mich ihn zu sehen. Es ist wichtig den Kontakt zu halten, der auf ein Minimum reduziert ist. Die Gespräche waren zu Beginn sehr schwer. Wir waren nie alleine, sondern wurden immer von Beamten überwacht. Persönliches kann man nicht sprechen, Gefühle sind tabu. Ich belastete meinen Bruder durch meine Traurigkeit, und er belastete mich dadurch, dass er in Haft war.

Ich wage zu bezweifeln, dass Gefängniserfahrungen an irgendjemandem spurlos vorbei gehen. Was mich angeht, so habe ich die ersten Jahre zwischen Traurigkeit und Schmerz sowie Wut und Zorn verbracht. Die Vorstellung, dass mein Bruder viele seiner jungen Jahre nun so verbringen sollte, bedrückte mich und schmerzte mich. Ich konnte ihm nicht helfen. Das Gefängnis nimmt auch Angehörigen die Fähigkeit dazu. Ohnmacht macht sich breit. Man ist wie abgeschnitten, hat keinen Zugriff auf sein Familienmitglied.

Ich fühlte mich ebenso gefangen wie er, obwohl ich frei war. Da nur enge Vertraute von seiner Situation wussten, sprach ich mit niemandem sonst darüber. Mein Schweigen diente auch dem Schutz vor emotionalen Verletzungen. Ich konnte nichts mehr ertragen, war ständig am Limit mit allem. Ich wollte auch kein normales Leben mehr führen. Sah mich selbst wie eine Co-Gefangene.

Freizeitprogramm löste in mir ein schlechtes Gewissen aus, weil mein Bruder das selbst nicht leben konnte. Es war ihm durch die Haft verwehrt. Manchmal gingen meine Überlegungen sogar so weit, dass ich Lebensereignisse und Wohnorte nach dem Ort und der Zeit meines Bruders richten wollte.

Mein Alltag war von wöchentlichen JVA-Besuchen und dem Abarbeiten von Papierkram, der damit zusammenhing, unterbrochen. Das Leben stoppt während einer Haftzeit nicht. Irgendwann kommt die Entlassung und dann muss es weitergehen. Ich denke an Prediger 3 aus der Bibel: „Alles hat seine Zeit."

Wut und Zorn: Wie sehr war ich wütend und zornig die letzten Jahre! Ich hatte regelrechte Ausbrüche. Danach konnte ich mich oftmals nicht mehr an das Gesagte erinnern. Ich war von Wut und Zorn buchstäblich geblendet, gleichzeitig waren sie aber auch mein Antrieb. Ich empfand das Urteil der Richter als ungerecht. Ich konnte es einfach nicht akzeptieren. Genau das war ein Problem. Mein Bruder war ja nicht zu Unrecht verurteilt worden. Aber diese Denkweise hatte ich zum damaligen Zeitpunkt noch nicht erreicht. Es ist nämlich ein Unterschied, ob man den Blickwinkel vom Richtertisch aus innehat oder ob man verwandt mit dem Angeklagten ist. Eine nüchterne Betrachtung fiel mir schwer. Er ist doch mein Bruder, und ich hatte den Drang, den unaufhaltsamen Schaden von ihm abzuwenden.

Wer übrigens Gerechtigkeit von einem Gericht erwartet, der wird enttäuscht. Es geht um Recht, niemals um Gerechtigkeit. Denken Sie nicht, dass das negativ gemeint ist. Es ist nur eine hilfreiche Erkenntnis, zu der ich nach einigen Semestern Rechtswissenschaften gelangte, und die ich gerne weitergeben möchte. Meine berufliche Erfahrung lässt mich bestätigen, dass die Anwendung des Rechts aus einer objektiven Haltung heraus erfolgen muss. Das ist deshalb so wichtig, da die emotional-subjektive Haltung die Rechtsanwendung trüben könnte.

Ich war auch auf meinen Bruder wütend, weil er so verantwortungslos gehandelt hatte. Anstatt sich darum zu bemühen, kein weiteres Mal mit dem Gesetz in Konflikt zu geraten und erst recht, kein weiteres Mal ins Gefängnis eingesperrt zu werden, hatte er das genaue Gegenteil getan. Ich war wütend, dass ich mit der Wut nicht besser umgehen konnte und sie nicht unter Kontrolle bekam.

Aber auch manche Fakten, beispielsweise die medizinische Versorgung, sind in manchen Haftanstalten Deutschlands eine Katastrophe. Das ist nicht das einzige Manko, mit dem man als Insasse konfrontiert ist. Sie denken vielleicht, dass ein Gefängnis ja auch kein Urlaubsort sein sollte. Aber darum geht es nicht. Jeder Mensch in einer Haftanstalt hat nach wie vor Rechte. WUT ist daher mein Antrieb gewesen, diese Missstände „anzuboxen". Doch Wut und Zorn verändern einen auch. Mich haben sie unglaublich ausgelaugt, und ich fragte mich an vielen Tagen, wie lange das so wohl noch gut gehen konnte. Mir wurde klar, dass ich mit dieser Wut aufräumen musste, bevor mein Herz verhärtete, bevor ich ungerecht werden würde, bevor ich pauschalisierte, bevor ich mich selber ruinierte. Welche Motivation sollte ich für meinen Bruder noch darstellen, wenn ich fix und fertig zu den Besuchen käme? Wie sollte ich in diesem Zustand von Jesus reden, wo ich mich doch so vom Feind anstacheln ließ?

In den sogenannten Gefängnis- und Gerichtsjahren jagte nicht selten eine Katastrophe die andere. Mein Bruder war sozusagen der Vorreiter für dieses Kapitel in unserer Familie. Mein Vater befindet sich nun ebenso in Haft. Auch er hatte niemandem an Leib und Leben geschadet und erhielt eine kürzere Haftstrafe. Ich hatte ähnliche emotionale Stürme wie bei meinem Bruder, wenngleich ich sagen muss, dass mir die Krise als solche nunmehr schon bekannt war. Was ich fühle bei der Tatsache, dass mein Vater inhaftiert ist? Es ist abstrakt. Es ist nicht greifbar. Ich habe meinen Vater im Gefängnis nie erlebt. Wir haben vereinbart, dass ich ihn an diesem Ort nicht besuchen werde. Er wollte das so. Im Nachhinein denke ich, dass es eine gute Entscheidung ist.

Ich liebe auch meinen Vater. Trotzdem fiel es mir viele Jahre schwer, ihm zu vergeben. Ich war furchtbar wütend auf ihn. Oft dachte ich sogar darüber nach, den Kontakt zu ihm abzubrechen. Aber dann erinnerte ich mich an Matthäus 6,14 und Kolosser 3,13 in der Bibel. VERGEBUNG! Meine Mutter war diejenige, die mir ins Gewissen redete. Die Wut muss aufhören!

JESUS: Wie passt Jesus in mein Leben, meine unsteten Emotionen und diese Gefängniswelt? Wo hat er Platz in dieser unglaublichen Wut, dem Schmerz, dem Leid? Wie hat er gewirkt bei mir?

Er war schon immer da. Er trägt mich bereits mein ganzes Leben. Er ist immer an meiner Seite. Das weiß ich, weil Gott in Hebräer 13,5 (HFA) versprochen hat: *„Ich lasse dich nicht im Stich, nie wende ich mich von dir ab."*

Ich habe ihn nie gefragt, warum das alles passiert ist. Es spielt keine Rolle. Ich vertraue ihm, dass er mich durch alles hindurchführt. Ich weiß, dass auch Christen von Leid nicht verschont werden, dass aber alles denen zum Besten dient, die Gott lieben (Römer 8,28).

Ich hatte lange Zeit nicht das Gefühl, dass ich etwas in Ordnung bringen müsste. Ich sah mich berechtigt in meinem emotionalen Chaos, erkannte nicht, dass der Feind mich hart attackierte. Aber da gab es diesen Tag, an dem ich meiner Mutter unter Tränen mitteilte, dass ich diese Wut nicht mehr aushalten könne und dass ich mit diesem Leben nicht umzugehen wisse. Es überfordere mich schlichtweg. Sie sagte: „Sprich mit Jesus darüber, Laura!“ Aber ich sprach doch bereits mit ihm. Ich betete. Es war vielmehr meine innere Haltung. Kennen Sie die Geschichte von dem Kranken, der am Teich Bethesda liegt und darauf wartet ins Wasser gebracht zu werden, damit er gesundet? Jesus fragt ihn: „Willst du gesund werden?“ Er antwortet: „Ach Herr, ich habe niemanden, der mir in den Teich hilft, wenn sich das Wasser bewegt.“ Da fordert ihn Jesus auf: „Steh auf, nimm deine Matte und geh!“ Sie können die Geschichte in der Bibel in Johannes 5 nachlesen. Ich musste sozusagen von meinen unsteten Emotionen gesunden.

Die Wutausbrüche verschwanden nicht sofort. Die Wut auf verschiedene Personen ebenso wenig. Ich lahmte sozusagen immer wieder beim Gehen. Es war ein langwieriger Prozess (er dauerte Jahre), da ich feststellen musste, dass ich nicht „lernen“ konnte zu vergeben. Ich musste erkennen, dass ich Vergebung selbst nicht machen konnte. Ich dachte: Ich beschließe einfach gedanklich: *Ich vergebe,* und ertrage damit die Haftstrafe meines Bruders, die Tatsache, dass mein Vater ebenfalls eingesperrt ist, den Schmerz und die Traurigkeit; die Wut löst sich in Luft auf und das Leben wird leichter. Ich muss schmunzeln, wenn ich mich daran erinnere, dass es Momente gab, in denen ich dachte: Endlich kann ich das Kapitel abschließen, die Vergebung ist mir gelungen, nur um kurz darauf festzustellen, dass ich überhaupt nicht vergeben hatte.

Gott ist ein Gott der Gnade und der Liebe. Und diese Gnade wurde mir zuteil. Ich reagierte nicht mehr auf das, was mich sonst immer wütend gemacht hatte. Ich hatte plötzlich eine unglaubliche Ruhe in mir. Ich empfand einen tiefen Frieden. Ich hatte meinem Vater in einem Gespräch unter vier Augen vergeben. Ich wollte, dass er erfährt, dass ich gegen ihn keinen Groll mehr hegte. Mein Bruder und ich sind auch im Reinen.

Ich kann heute ohne Stress zu Besuch in Haftanstalten gehen. Gott hat meine Tränen getrocknet und gibt mir die Kraft, die ich brauche. Ich bete für Haftanstalten, in die mein Bruder eingewiesen wird, in der Hoffnung, dass Jesus die Herzen derjenigen berührt, die ihn noch nicht kennen. Ich glaube, dass die Liebe Jesu das Leben eines Menschen so wundervoll verändern kann, wie man es sich aus menschlicher Sicht nicht vorzustellen vermag.

Aber glauben Sie nicht, dass es nicht weiterhin Schwierigkeiten in unserm Leben oder neue Krisen gibt. Der Feind schläft nicht. Ich möchte nicht den Eindruck vermitteln, dass der Weg mit Jesus banal ist und sich alles einfach gestaltet. Die Jahre, in denen Gott in Bezug auf das Erzählte an mir und mit mir gearbeitet hat, waren harte Jahre. Ich musste viele Rückschläge einstecken. Letztlich bin ich im Glauben gewachsen, mein Vertrauen in Gott ist unerschütterlich geworden, und er hat meine Wunden geheilt. Mir ist bewusster denn je, dass ich alleine aus menschlicher Kraft heraus gar nichts erreiche. Ich brauche Jesus. Er schenkt neue Kraft, er tröstet, er ermutigt, er baut auf, er richtet auf, er liebt, er vergibt, er ist einfach alles. Und ohne ihn bin ich nichts. Ich kann mir nicht vorstellen, wie dieses Leben ohne ihn aussehen würde. Ich habe mich auch oft gefragt, wie Menschen ähnliche Schicksale wie das meiner Familie aushalten ohne Jesus. Für mich unvorstellbar.

Ich betrachte das Gefängnis heute nicht mehr als Schande. Ich schäme mich nicht mehr. Weder für meinen Bruder noch für meinen Vater. Ich kann jetzt damit umgehen, wenn andere mich bezüglich meiner Geschichte verurteilen. Sie wissen nicht, was Haft für Angehörige bedeutet. Ich spreche offen und ohne Scham über dieses Thema. Gott hat mir die Möglichkeit geschenkt, souverän zu handeln.

Wenn mich jemand fragt, wie ich über Menschen im Gefängnis denke, dann bin ich der Auffassung, dass es weder mir noch jemand anderem zusteht, diese Menschen zu verurteilen. Dabei beziehe ich alle Straftaten, angefangen von der Steuerhinterziehung und dem Diebstahl, bis über Betäubungsmittelverstöße, Vergewaltigung, Misshandlung und Mord mit ein. Es ist leicht, über jemanden ein Urteil zu fällen. Ich kenne alle gängigen Argumentationen, die gegen straffällig gewordene Menschen kursieren. Ich möchte einen Anstoß in eine Richtung geben, welcher Gefängnisse und Haftstrafen als das ansieht, wofür sie vom deutschen Gesetzgeber eigentlich gedacht sind: für das Verbüßen einer Haftstrafe aufgrund einer verübten, kriminellen Straftat, aber auch für Resozialisierung, die Chance auf einen Neuanfang.

Wenn Sie selbst in einer JVA inhaftiert sind und denken, dass sich etwas in Ihrem Leben ändern sollte, und wenn Sie Jesus noch nicht kennen, dann möchte ich Sie ermutigen, ihn in Ihr Leben einzuladen. Auch als Angehöriger oder Freund eines in Haft sitzenden Menschen möchte ich Sie ermutigen, Jesus kennenzulernen.

Wenn Sie sich noch nie mit einem Gefängnis und den Menschen, die darin leben und arbeiten, befasst haben, dann gehen Sie unvoreingenommen an die Sache heran. Ich habe ganz wunderbare (ehemalige) Häftlinge kennengelernt, die sich große Mühe geben, in der Gesellschaft wieder Fuß zu fassen. Treten Sie ihnen mit Offenheit entgegen. Bemitleiden Sie sie nicht. Verurteilen Sie sie nicht.

Diejenigen, die meinen Weg gequert haben, wollten einfach nur ganz „normal“ sein. Vielleicht sind Sie ja auch selbst gläubig und wollen einfach nur die Liebe Jesu weitergeben. Das können Sie auf vielfältige Weise machen: beispielsweise durch einen ehrenamtlichen Dienst in einer Haftanstalt, durch Besuche, durch Spenden oder durch Gebetsunterstützung. Trotz der Mauern, die einen umgeben, kann man auch in einer Haftanstalt frei werden.

Das Gefängnis wird noch einige Zeit im Leben meiner Familie einen Platz einnehmen. Viele Glaubensgeschwister haben für uns gebetet und begleiten uns auch jetzt noch immer. Wir neigen als Menschen dazu, vieles in unserem Leben selbst in die Hand nehmen zu wollen. Mir erging es ebenso; bis ich an den Punkt kam, an dem ich alles an Jesus abgegeben habe. Das ist so wunderbar. Es ist so gut zu wissen, dass wir unsere Lasten ans Kreuz geben dürfen. Nur so kann ich meine (unsere) Geschichte ertragen.

Ich schaue nicht nach hinten. Es gibt auch eine Zeit nach der Haft. Voller Demut und Dankbarkeit blicke ich auf Gott, denn ich habe die Gewissheit: *Mit dir, mein Gott, kann ich über Mauern springen* (Psalm 18,30 HFA).

Kapitel 24

Neben der Spur

Einer meiner emotionalsten Momente mit Peter durfte ich in Bethlehem erleben, als er eines Abends unter Tränen ein paar Männern seine Geschichte erzählte. Was für ein Leben, was für Abgründe; und welche Freiheit er heute erleben kann oder darf. Ich hoffe, Peters Geschichte berührt auch dein Herz.

Peter Häberle

Eingezwängt sein zwischen Mauern und Gittern.
Atmen zwischen Enge und Angst.
Vor dem Himmel ein Zaun.
Erwartungsvoll dorthin schauen, wo Öffnung Freiheit verspricht.
Wege im Nebel.
UND DOCH:
Wunderbar erlöst und in die wahre Spur meines Lebens gebracht.

Aufgewachsen in einem behüteten, christlichen Elternhaus, wurde ich schon in früher Kindheit an die Rituale christlicher Lebensformen herangeführt. Sie prägten das Selbstverständnis meiner Lebenseinstellung und begleiteten mich bis zu meinem 26. Lebensjahr. So waren für mich der sonntägliche Kirchgang und das Mitwirken im Posaunenchor keine lästige Pflicht, sondern ein frohes Tun. Ich war fest und mit Freude in die Gemeinde eingebunden. Das Feiern der immer wiederkehrenden Feste wie Ostern und Weihnachten gaben mir Beständigkeit und die Bestätigung, auf dem richtigen Weg zu sein.

Nach meiner Lehrzeit besuchte ich eine Textilfachschule und beendete die dortige Ausbildung als Textilkaufmann mit Weiterbildung zum Textiltechniker. Mit nur 21 Jahren war ich bereits Geschäftsführer und Prokurist in einer namhaften Kinderkleiderfabrik. Während dieser Zeit hatte ich nie den Kontakt mit meiner Heimat verloren und war immer noch aktiv im Posaunenchor meiner Gemeinde aktiv.

Mein Plan war, frühestens mit 30 Jahren eine Familie zu gründen und vorher gemeinsam mit meinem Freund, der Medizin studierte, auf Weltreise zu gehen. Ich sollte das Geld dazu verdienen, und er wollte im Notfall seine medizinischen Kenntnisse einbringen. Diesen Plan konnte ich allerdings nicht in die Tat umsetzen, da ich meine große Liebe traf und somit die Karten neu gemischt wurden. Statt Weltreise plante ich jetzt die Hochzeit, und mit 24 Jahren heiratete ich meine geliebte Frau. Schon bald meldete sich Nachwuchs an und 1965 kam unser erstes Kind, ein Sohn, zur Welt.

Den Wunsch nach Selbstständigkeit und Unabhängigkeit (und damit kein Befehlsempfänger mehr zu sein) hatte ich schon in früher Jugend. Mit 26 Jahren ging ich daher den Weg in die Selbstständigkeit. Voller Energie startete ich mit einem Textilgeschäft in Westfalen. Dabei lernte ich das erste Mal in meinem Leben eine komplett andere Welt kennen, die sich total von dem unterschied, was ich von zu Hause kannte. Ich stellte fest, dass es auch außerhalb der Kirche fröhliche und lebensbejahende Menschen gibt. Das enge Denken meiner Kindheit und Jugend hatte mich bis dahin dazu verführt, Menschen in zwei Kategorien zu unterteilen: die „Guten“ innerhalb und die „Bösen“ außerhalb der Kirche. Doch jetzt lernte ich auch außerhalb christlicher Kreise freundliche und gute Menschen kennen, mit denen ich gemeinsam Spaß haben und auf Festen feiern konnte. Dabei sprachen wir auch gerne und immer mehr dem Alkohol zu. Dies machte zunächst vermeintlich einiges leichter, führte letztendlich aber doch zu manchem „Absturz“.

Bier und Korn, das westfälische Nationalgetränk, gehörten jetzt zu meinem täglichen Leben dazu. Nach mancher durchzechten Nacht mit starken Kopfschmerzen landete ich schließlich beim Whiskey. So kam es fast wie von selbst, dass ich mich auch als Besitzer eines *Irish Pub* versuchte. Ich ließ ein ehemaliges Ladengeschäft nach meinen Wünschen in den „Kings Pub Nr. 9“ umbauen, der bis heute so noch existiert. Zunächst versuchte ich mich auch selbst als Wirt, musste aber sehr schnell erkennen, dass ich dazu nicht geboren bin, und habe das Lokal dann weiter verpachtet.

Als Krönung meiner neuen Laufbahn kaufte ich mich in zwei Nachtbars ein, die mir eine weitere gute Einnahmequelle sicherten. Aus dem schwäbischen, biederen und christlichen Peter war jetzt ein Bordellbesitzer geworden.

Mit meinem geschäftlichen Erfolg wuchs die Anerkennung und gleichzeitig auch die Gier nach immer mehr; mein ganzes Leben wurde schließlich davon beherrscht. So konnte ich in kurzer Zeit ein verzweigtes Verkaufsnetz ausbauen, und meine rastlose Gier nach immer größeren Herausforderungen steigerte sich mit jeder Sprosse auf der Erfolgsleiter. Gleichzeitig konnte ich auch meiner Leidenschaft nach schnellen Autos endlich nachgeben und einen eigenen Rennstall besitzen. Ein Leben auf der Überholspur, das passte genau zu meiner neuen Lebenseinstellung.

Für meine Familie mit mittlerweile zwei Kindern blieb nur noch wenig Zeit. Die Erziehung und die Herausforderungen des täglichen Lebens überließ ich immer mehr meiner Frau; sie musste mit so mancher Enttäuschung fertig werden. In meinem Streben nach noch mehr Anerkennung und Erfolg nahm ich das aber nur am Rande zur Kenntnis. Mein Hunger und meine Gier nach immer mehr ließen mich nicht mehr los.

Eine neue und schnelle Einnahmequelle erschloss sich mir im Immobilienbereich. Hierzu war allerdings ein Umzug in den kapitalträchtigen Süden nötig. Es fiel mir leicht, meine Frau zu überzeugen. Wir verkauften alles, zogen um und starteten im süddeutschen Raum neu durch.

Der Erfolg ließ nicht lange auf sich warten; es ging weiter nach oben, immer auf der Leiter des Aufstiegs. Meine Gedanken und meine Lebenswelt konzentrierten sich immer mehr darauf, mich selbst im besten Licht darzustellen. Dies zeigte ich auch durch Unterstützung und Finanzierung eines Fußballvereins, der bis dahin in den unteren Klassen beheimatet war. Schon innerhalb weniger Jahre konnte ich mit dem Verein durch Zukäufe von Bundesligaspielern Aufstiegsspiele zur Regionalliga erreichen. Parallel dazu gründete ich noch eine Sportmarketing-Gesellschaft.

Auch meiner großen Leidenschaft – Autos, z. B. Rallyes nach Ungarn und Marokko – schenkte ich mehr Aufmerksamkeit und Zeit als meiner Familie. Ich war mittlerweile im Hamsterrad von Erfolg und Selbstdarstellung gefangen. Meine Familie trat in meinem

Denken und Handeln absolut in den Hintergrund. In dieser Zeit umgab ich mich gern mit Stars der deutschen Schlagerszene, mit Filmschauspielern und bekannten Rennfahrern.

Die Glitzerwelt der Reichen und Schönen wurde meine Spielwiese. Mehr und mehr verlor ich die Bodenhaftung, und die Geldgier hatte mich voll und ganz in Besitz genommen. Von meinen christlichen Werten war nichts mehr zu spüren. Stattdessen weitete ich mein Imperium immer weiter aus. Jetzt gehörte auch noch die Investition in Kapitalanlagen zu meinem Geschäftsfeld. Deutschland war zu eng für mich geworden. Ich gründete einen weiteren Standort in der Schweiz, ideal für Geldgeschäfte. Der Kauf einer Bank schlug fehl; stattdessen investierte ich das Geld von Kapitalanlegern unter anderem in den Kauf von Bordellen. Mit dieser Aktion hatte ich die Schraube überdreht; es war sozusagen der Anfang meines geschäftlichen Endes.

An einem Dienstag hatte ich einen Termin in Stuttgart. Eine innere Stimme warnte mich jedoch davor, die Fahrt anzutreten; ich sagte den Termin noch kurzfristig ab. Meine Ahnung bestätigte sich auf die für mich schlimmste Art und Weise; ich wurde jäh aus meinen Träumen gerissen. Überfallartig umstellten zehn Polizisten mit Maschinengewehren mein Wohnhaus; die Staatsanwaltschaft eröffnete mir, begleitet von zwei Polizisten mit Maschinengewehr im Anschlag, den Durchsuchungsbefehl. Weitere zehn Polizisten durchsuchten die Räume meiner Sportmarketing-Gesellschaft; auch bei meinem Sohn wurde gleichzeitig eine Hausdurchsuchung durchgeführt. Die Polizisten nahmen mich mit in meine Bürozentrale, dort waren bereits 50 weitere Polizeibeamte zur Durchsuchung der Räume anwesend. In der gleichen Nacht wurde ich verhaftet und landete in Untersuchungshaft. Die Mühlen der Justiz begannen zu mahlen.

Von einer Sekunde auf die andere wurde mir der Boden unter den Füßen weggerissen. In Umständen, die mir keine Chance zum Handeln ließen, lernte ich nach und nach wieder über mich nachzudenken. Das erste Mal seit Jahren beschäftigte ich mich mit meinem bisherigen Tun und Leben. Meine Selbstherrlichkeit war plötzlich in Luft aufgelöst; Sinn und Werte meines Lebens waren dahin. Unerträglich drückte mich die Schuld, die ich gegenüber meiner Familie und geschädigten Geschäftspartnern empfand. Selbst durch die Stärkung meiner Frau und der nächsten Angehörigen befand ich mich in einem Zustand der Selbstaufgabe. Einen Ausweg sah ich nur in der Flucht in den Suizid, ohne an die Konsequenzen und das weitere Leid für meine Angehörigen zu denken.

In dieser Phase waren all mein Sinnen und Trachten nur auf das ENDE ausgerichtet. Durch Tricks und Täuschung kam ich an 60 Schlaftabletten. Für meine Familie mit dem kleinen Enkel vereinbarte ich am 2. Weihnachtsfeiertag 1995 einen Besuchstermin, um Abschied zu nehmen. Mir war wichtig, dass mein damals vierjähriger Enkel ein großes Stück Papier und Buntstifte erhielt (es wurde aber nur ein Stift in schwarzer Farbe genehmigt), damit er sich beschäftigen konnte.

Nach Abschluss des 50minütigen Besuches schaute ich mit meinem Enkel seine „Zeichnung" an. Es war das typische Malen eines Kindergartenkindes. Mit Kurven und Kreisen und an einer Stelle des Blattes ein größerer, ausgemalter Punkt. Auf die Frage, was dieser Punkt bedeute, antwortete er mir:

> „Opa, eine totale Katastrophe,
> alles kaputt, ganzes Geld fort.
> Aber das ist ein Samenkorn und
> da wächst neues Leben."

Schlagartig umgab mich eine Helligkeit, Ruhe und Gelassenheit. In dem Samenkorn sah ich Jesus. Ein Moment, der nicht zu beschreiben ist. Im Bruchteil von Sekunden lief ein Film aus meiner Jugendzeit ab; ich sah und hörte unter anderem die herrlichen Posaunenklänge aus meiner Zeit im Posaunenchor. Dieser Moment gehörte mir ***ganz* alleine** und veränderte mein Leben fundamental.

Dreißig Jahre hatte Gott mich laufen lassen. Obwohl ich mich total von ihm abgewendet hatte, hat er mich ***nie*** vergessen. In der Zeichnung meines Enkels zeigte Gott sich mir neu und voller Kraft. **Er schenkte mir eine Wiedergeburt im Glauben**. Die Macht der Finsternis war gebrochen und meine Gedanken verwandelten sich von einem Moment auf den anderen in helle Freude.

Trotz Mauern und Gittern war ich innerlich frei geworden, und alle materiellen Güter verloren für mich plötzlich ihre Wertigkeit. Eine Freiheit, die man mit nichts in dieser Welt kaufen kann. Die unendliche Liebe Gottes zu spüren und dadurch Kraft und Stärke für die Zeit der äußeren Unfreiheit zu erfahren, hat mich wahrhaftig reich gemacht. Mit meiner geschenkten Glaubensfreiheit konnte ich den Blick für die Menschen in meiner unfreien Lebenswelt wieder öffnen. Mit der Liebe, die Gott mir schenkte, durfte ich in Projekten wie einer Theatergruppe und dem Chor mitarbeiten und etwas von dem, was mir geschenkt worden war, weitergeben. Meine Freude begeisterte auch Mithäftlinge und ermutigte sie, die Zeit des Hierseins zu ertragen und nicht aufzugeben.

Auch während der Haft ist die Entstehung von Freundschaften möglich. Mir wurde das Geschenk einer tiefen und vertrauensvollen Freundschaft zu einem jungen Mithäftling zuteil. Wir konnten uns immer gegenseitig beistehen und stützen. Bis zum heutigen Tag sind wir, trotz räumlicher Entfernung, in täglichem Kontakt und sind im Laufe der vielen Jahre schon Seelenverwandte geworden.

Als meine Haftentlassung bevorstand, empfahl mir ein Gastprediger, der nur einmal im Jahr im Sonntagsgottesdienst anwesend war, die Pforzheimer Stadtmission als geistliche Heimat aufzusuchen. Am ersten Sonntag meiner Freiheit sagte meine Frau: „Geh hin und schaue, was das für ein ‚Verein' ist." Ich war jedoch noch nicht in der Lage, mich unter Menschen zu begeben. So auch am zweiten Sonntag. Am dritten Sonntag sagte meine Frau: „Heute gehst du aber endlich mal dort hin!" Mit innerlicher Überwindung und Gebet schaffte ich den Weg in die Gemeinde. Zu meinem großen Erstaunen hielt derselbe Gastpfarrer, der mir die Gemeinde im Gefängnis empfohlen hatte, genau an diesem Sonntag die Predigt. Auch in der Stadtmission predigt dieser Pfarrer nur einmal im Jahr. Das war für mich eindeutig kein Zufall, sondern Gottes Fügung. Ein klares Zeichen, dass ich mich nunmehr auf der richtigen Spur befinde, nämlich in der Liebe Gottes.

In den darauffolgenden nunmehr 19 Jahren habe ich auf vielfältige Weise Gottes Liebe und Führung kennengelernt und weitergegeben. In meiner Aufgabe als Werkzeug Gottes sehe ich mich als Brückenbauer für Menschen, die auf der Suche nach dem wahren Sinn des Lebens sind.

Über viele Umwege brachte Gott mich auf seine Spur, die zur Zufriedenheit, Harmonie und Liebe für mich und andere Menschen führte: *In der Liebe Gottes leben, so wie es uns Jesus vorgelebt hat.*

Kapitel 25

Finalsieg

Es war irgendein Samstagabend vor ein paar Jahren, als ich nach einem Lehrgang nach Hause kam. Meine Frau und meine Tochter schauten sich das „Supertalent“ an. (In meiner Kindheit musste ich samstags oft Sendungen anschauen wie „Der blaue Bock“ mit Heinz Schenk, „Am laufenden Band“ mit Rudi Carell, „Einer wird gewinnen“ mit Hans-Joachim Kulenkampff oder „Auf los geht's los“ mit Joachim Fuchsberger. Eine Menge Erinnerungen überfallen mich eben beim Eintippen des Textes. Irgendwie waren die Sendungen in den 70igern anders. Die Leute wurden nicht bloßgestellt und lächerlich gemacht.) An besagtem Samstagabend trat ein Mann auf, der mit seiner Art, seinem Gesang und seiner ganzen Ausstrahlung nicht nur unsere Herzen eroberte, sondern auch ein Großteil des Publikums und viele vor den TV-Geräten. Obwohl er kein Wort über Gott sagte, meinte meine Frau, der hat bestimmt Jesus lieb. Augenblicke später äußerte sie, dass wir doch Kontakt zu ihm aufnehmen sollten. Ich verneinte sofort mit den Worten: „Nein, das machen wir bestimmt nicht. Wenn Gott möchte, dass wir Kontakt haben, dann lege ich das in seine Hände.“

Ich weiß, was jetzt kommt, klingt sehr verrückt, ändert jedoch nichts an der Wahrheit. Dieter Bohlen war so begeistert von ihm, dass er ihn direkt ins Finale „buzzerte“, wo Tom den zweiten Platz belegte. Fast hätte er gewonnen. Doch, wie sich später herausstellte, hatte er bereits gewonnen. Einige Wochen später öffnete ich mein E-Mail-Fach. Eine Nachricht stach mir sofort in die Augen. „Tom Stieben – Kontakt RTL Supertalent“. Es war tatsächlich dieser Tom Stieben; er schrieb mir, dass er das Gefühl habe, Gott möchte, dass wir in Kontakt treten. Unbegreiflich, aber wahr! Aus diesem Kontakt wurde eine wunderbare Freundschaft. Wir reisten zusammen nach Israel, dienten im Gefängnis und vieles mehr …

Wie viele von uns, hat auch er schon so einiges durch. Doch verloren hat er in Wahrheit nicht, denn er nahm Gottes großes Geschenk der Vergebung an; bei Gott kann er fallen, verzweifeln, ja, einfach sein, wie er ist, und ist sich doch seiner Liebe sicher. Das

Finale bei *RTL-Supertalent* hat er nicht gewonnen, doch die ewige Herrlichkeit ist ihm gewiss, wenn der Vorhang seines diesseitigen Lebens fällt. Bei Dieter Bohlen hat er einen „Goldregen“ erlebt; durch Jesus kam er unter den Liebesregen, der bis in die Ewigkeit unermesslich sein wird – ein Finalsieg ohne Ende.

Ja, Tom hat einen sehr bewegten Teil seines Lebens bereits hinter sich, ein Stück davon erfährst du nun von ihm persönlich.

Tom Stieben

Im Gefängnis saß ich noch nie. Besuche habe ich jedoch schon öfter dort abgestattet, als würde es zum guten Ton in meinem Freundeskreis und meiner Familie gehören.

Als ich elf oder zwölf war, hämmerte an unsere Wohnungstür die Polizei. Sie waren auf der Suche nach meinem älteren Bruder. Ich war alleine zuhause. Mein Puls raste wie verrückt; ich hatte Angst, aber ich war entschlossen, nicht zu öffnen. „Meinen Bruder kriegt ihr nicht, Bullen!“, dachte ich. Aber die erfahrenen Männer hatten leichtes Spiel mit einem Jungen. „Mach die verdammte Tür auf, sonst treten wir sie kaputt!“, schrien die Beamten. Was sollte ich machen ... In ein paar Minuten war die Wohnung durchsucht und die Polizei hatte ein aktuelles Foto meines Bruders ergattert, um damit die Fahndung voranzutreiben. Ich blieb weinend zurück und fühlte mich wie ein Verräter.

Später besuchte ich einen meiner Cousins im Gefängnis. Wir sind zusammen aufgewachsen. Er kam wohl mit den Reizen dieser Welt nur schwer zu recht. Es sammelte sich einfach einiges an Straftaten an, und der junge Mann musste ein paar Jahre „rein“. Seine damalige Freundin wollte auf ihn warten. Sie tat es sogar. Heute sind sie verheiratet und haben einen Sohn.

Einen anderen Cousin ereilte das gleiche Schicksal. Reizüberflutung und wenig Moral ... der junge Mann musste ein paar Jahre „rein“. Heute lebt er weiter weg und wir haben uns lange nicht mehr gesprochen. Er versucht, sein Leben hinzukriegen. Ich wünsche es ihm von Herzen!

Mein guter Freund Billy musste wegen Drogen rein. Die Sucht zerstörte seine junge Familie. Sein Sohn und seine Ehefrau wollen nichts mehr von ihm wissen. Die Drogen und der Alkohol haben sein Hirn kurzgeschlossen. Er ist jetzt schizophren und psychotisch. Und allein ... Früher ein respektierter Mann, jetzt gehen ihm alle aus dem Weg. Ich auch. Oft schäme ich mich dafür. Ich war für ihn nicht da.

Einer der früheren Freunde schaffte es sogar bis zum Dealer. Leider war er auch sein eigener bester Kunde. Ich bin Fachpfleger und arbeite auf der Intensivstation. Dort erkannte ich ihn nach Jahren wieder, während einer Dienstübergabe. Er war fixiert, weil er delirant und aggressiv war. Total kaputt. Ich bat, mich um einen anderen Patienten kümmern zu dürfen, ohne zu sagen warum. Meine Kollegen machten es möglich.

Einer meiner besten Freunde zockt gerne, aber er sagt, er habe es im Griff. Ein anderer ist alkoholkrank. Viele haben mehrmals geheiratet oder die Partner getauscht. Töchter und Söhne wachsen ohne Väter auf. Ein 49jähriger Patient, den ich heute betreute, wird wahrscheinlich sterben, weil seine Leber, gezeichnet vom Alkohol, nur noch ein Klumpen ohne Funktion ist. Erst vor ein paar Tagen sprach ich mit einem Kumpel von früher, der mir erzählte, dass er aufgrund seines bisherigen Lebenswandels bereits zigmal in die Psychiatrie eingewiesen werden musste. Wir waren kurz still. Dann tranken wir noch einen.

Versteh mich nicht falsch, ich will hier nicht über meine Freunde herziehen. Glaube mir, ich war ein Teil davon. Habe fest mitgemacht. Das Leben bietet dir einiges an Sachen, die dich seelisch und körperlich verhaften. Nur weil meine Mutter bis in die Nacht für uns betete und weil ich ein paar bessere Entscheidungen getroffen habe, sind unsere Wege in verschiedene Richtungen gegangen. Meine Moral war eine etwas andere. Immer wenn es aussichtslos wurde in meinem Leben und ich Angst bekam, betete ich. Schon immer. Es war irgendwie in mir.

Irgendwie sind wir alle nicht frei, nicht wahr? Das Leben ist nichts für Schwächlinge, sagt man. Es stimmt wohl. Man muss hier einiges auf den Weg bringen. Manche kommen damit besser klar und manche betäuben sich halt, um es besser ertragen zu können. Und mal ehrlich: Manchmal ist das Leben doch so, dass einem ein paar Monate im Knast wie eine erholsame Zeit vorkommen können. Mal Gedanken ordnen; sich um nichts kümmern müssen; über den ganzen Dreck hier nachdenken; das vermissen lernen, was wirklich wichtig ist; schmecken, dass ein Butterbrot mit einem Kaffee wahrscheinlich das beste Essen ist, das es gibt!

Ich bin Musiker. Sänger, besser gesagt. Ich durfte mal in einem Gefängnis singen. Der Micha (Michael Stahl) hat gesprochen und ich durfte ein paar Lieder bringen. Der Raum war voll. Schwere Jungs. Ich wollte nicht wissen, wer und warum dort einsitzt. Ich habe nur eins gesehen: Hoffnung! Die Herzen der Männer wurden bewegt, egal wie steinhart diese vorher gewesen waren. Unsere Botschaft war einfach: Gott liebt dich, egal was bisher passiert ist! All dein

Dreck wird dir vergeben, wenn du es ernstmeinst. Und: Vergib auch du, und es werden Wunder passieren! Ich war bewegt, als in diesem Gefängnis in Süddeutschland plötzlich mehr Freiheit zu spüren war als in der Freiheit außerhalb der Mauern.

Das ist am Ende auch die Freiheit, die mich am Leben und am Lieben hält. Ich habe den Sack, der mit meinem „Lebensdreck" gefüllt war, meinem Herrn und meinem Gott, Jesus Christus, vor die Füße gelegt. Hab einfach „Vergib mir!" gesagt und „Danke, dass du mich bisher getragen hast!" und „Ich glaube an dich!". Ich war müde. Entweder Haft irgendwann oder wahr*HAFT* frei. Ich habe mich für seinen Weg entschieden und es bisher nie bereut. Das ist meine Freiheit. Mir ist viel vergeben worden. Wenn ich hier mal gehen muss, habe ich keine Angst. Ich werde meinen Gott sehen. Das hat er versprochen!

Ich komme ganz gut klar hier, glaube ich. Stolpere so durchs Leben. Falle auch mal hin. Manchmal bin ich sogar ein guter Ehemann und Vater. Manchmal ein guter Freund und Kollege. Manchmal schaffe ich es sogar, eine Diät durchzuziehen, um beim nächsten Mal mit den Jungs beim Feiern zu übertreiben. Manchmal motze ich herum, dass ich wieder zur Sonntagsschicht oder in den Nachtdienst muss. Das Musikvideo zum neuen Lied ist noch in weiter Ferne, und ich glaube, es wird wieder kein Hit. Die Papiere und Rechnungen, die ich abarbeiten muss, stapeln sich zurzeit. Die Heizung ist gerade kaputt. Das Auto hat an die 250.000 km und macht komische Geräusche ... Aber weißt du was? Ich fühle mich frei, dies alles in die Hände meines Gottes zu legen. Ich fühle mich frei, lieber danke zu sagen.

Danke, dass du mich mit meiner Frau, meinen Kindern, meiner Familie und meinen Freunden gesegnet hast. Danke, dass du damals mein Gebet erhört hast. Danke, dass du Billy und die anderen Jungs weiter geliebt hast, während ich die Straßenseite gewechselt habe, wenn ich sie sah. Danke für meinen Job und dass ich für dich und für die Menschen singen darf. Danke, wenn es morgen nur ein Butterbrot mit Kaffee gibt. Danke Jesus!

Den allmächtigen Gott, der das ganze Weltall erschaffen hat, „Vater" nennen zu dürfen;
zu wissen, dass ER mich fest in seiner Hand geborgen hält;
mich von IHM bedingungslos geliebt zu wissen, trotz meiner Schwächen und Fehler –
das ist für mich die wahre Freiheit!

Dorina Windecker, Assistenzärztin in Kinderheilkunde

Kapitel 26

Zerrissenes Leben

Was für ein gutmütiger, ehrlicher Kerl, mein Freund Gerd Schuster. Wir trainieren ab und zu zusammen, waren gemeinsam in Israel und hatten so manches tiefe Gespräch, haben aber auch schon so viel gelacht. Ja, das Lachen miteinander, nicht übereinander, enthält auch ein Stück Freiheit. Immer wieder steht in der Bibel, dass wir uns freuen sollen. So viel Freude haben wir schon gemeinsam erlebt, und das trotz seiner Geschichte.

Gerd Schuster – Hundetrainer

Mein Name ist Gerd. Ich bin Hundetrainer und mittlerweile ziemlich bekannt. Es gibt einen Kinofilm, bei dem ich mitgewirkt habe.

Bei diesem Film geht es um viel Gewalt. Ich mache aus meinem Leben kein Geheimnis. Wenn mich ein Mensch auf meine Vergangenheit anspricht, bin ich beim Beantworten der Fragen häufig überfordert oder kann es selbst nicht glauben, was ich vor allem als junger Mensch getan habe. Ich muss mir selbst eingestehen – ja, ich war ein Verbrecher, kriminell, asozial, kaltblütig und süchtig nach Anerkennung. Dieses Suchtverhalten zeigte sich ebenfalls beim Konsum verschiedener Substanzen, worunter auch der Alkohol fiel. Alkohol trank ich so gut wie jeden Tag, vielleicht, um mich zu betäuben, den Schmerz des Lebens nicht zu spüren? – Ich kann es nicht mehr sagen.

Ganz getreu des Werdegangs eines Kriminellen wurde ich eines Tages von einem Gericht verurteilt und eingesperrt. Für mich war das, subjektiv wahrgenommen, schlimmer als für andere Gauner, da ich ein sehr „freies" und selbstbestimmtes Leben auf der Straße lebte. Ja, ich war ein Straßenkind mit einer klassischen Geschichte dahinter. Zerrüttetes Elternhaus, beide Elternteile suchtkrank, getrennt und der väterliche Teil gewalttätig. Ich wurde meinen Eltern durch einen Amtsbeschluss weggenommen, ohne Rücksicht auf Gefühle. Von meinen Geschwistern Andreas und Bianca wurde ich im Kinderheim ebenfalls getrennt, zunächst räumlich, später komplett.

Irgendwann wurde ein junges Pärchen durch einen Radioaufruf auf mich aufmerksam gemacht. Sie besuchten das Heim, begutachteten mich, und so wurde ich zu einem Probewohnen und wahrscheinlich unter viel Papierkram mit zu den beiden nach Hause gelassen. Nach einiger Zeit konnte ich ganz dort wohnen. Bei neuen Eltern, wenn man das so will. Nur dass der neue Vater nicht wirklich belastbarer war als mein leiblicher Vater. Ziemlich schnell zeigte er seine Überforderung dadurch, dass er mich anschrie und schlug. Mit Sicherheit war ich kein einfaches Kind, vielleicht musste er auch so sein; doch gut getan hat mir das nicht.

Im Prinzip setzte ich das fort, was ich im Heim bereits gelernt hatte – tricksen, um unbeschadet zu überleben; Clownereien, wenn es Aggressionen gegen mich gab; und lügen, um keine Strafe zu bekommen. Eigentlich logisch, dass ich mit Schlafproblemen kämpfen musste, und ebenso logisch, dass ich, wenn ich mal eingeschlafen war, den Wecker morgens nicht hörte. So habe ich immer wieder mal verschlafen, was die Schule natürlich melden musste und worauf dann wieder Strafe folgte. Einmal hat mich mein Adoptivvater mit Schlägen geweckt. Er kniete auf dem Bett, ich war unter ihm eingekeilt und er schlug mich links und rechts ins Gesicht – mit beiden Händen – immer wieder; mein Schreien hörte niemand ... – nur Gott.

Wenn er von der Arbeit nach Hause kam, suchte er akribisch genau nach meinen Fehlern. Ob die Schuhe ordentlich und akkurat auf dem Schuhbrett stehen, ob Sand auf dem Schuhbrett zu sehen war und so weiter. War eine Mitteilung von den Lehrern da, gab es Schläge oder, was mir noch mehr zu schaffen machte, psychischen Druck durch sehr verletzende Worte. Ich hörte immer wieder, was für „ein Arschloch" ich sei. Und wenn ich mich mal gepflegt und als 13-jähriger Pubertierender meine Haare zurückgegelt hatte, bekam ich zu hören, ich sei „außen hui und innen pfui". Dann fügte er häufig noch hinzu, dass, wenn er durch mich an einem Herzinfarkt sterben sollte, er als Geist ein Leben lang bei mir herumspuken würde. Ich hatte solche Angst und wusste zum Teil nicht, wohin damit oder wohin mit mir.

Ich wurde in der Schule immer schlechter, und so passierte, was passieren musste: Ich schaffte das Ziel der Schule nicht mehr, kam in eine Förderschule und zu meinesgleichen. Kinder mit bewegtem Leben, Sonderfälle, Randgruppen der Gesellschaft. Meine „Freunde" wurden so ziemlich alle zu Hooligans, Fußballschlägern oder anderweitig brutalen Schlägertypen. Obwohl ich Tiere so sehr liebte und immer wieder Anerkennung bei Menschen suchte, wurde ich ebenfalls zu einem gewalttätigen Menschen. Ich trank sehr früh Alkohol, fing das Klauen an und ertrug die erneute Scheidung der beiden Adoptiveltern scheinbar besser. Es tat weh, doch alles andere tat auch weh.

Mit 14 Jahren hatte ich in meinem jungen Leben bereits zwei Scheidungen der Eltern hinter mir und viel Gewalt. Seltsam war die Verordnung des Jugendamtes, dass ich, als meine Adoptivmutter ausgezogen war, bei meinem jähzornigen Adoptivvater bleiben sollte. Unverständlich für mich. Er vergaß nicht nur einmal meinen Geburtstag, sondern eskalierte auch immer wieder körperlich und psychisch gegen mich. Als ich das dem Jugendamt mitteilen wollte, schenkte man dem einflussreichen Mann mehr Gehör als mir. Ich kann mich erinnern, dass ich sogar mit dem Gedanken spielte, ihn zu töten. Das kommunizierte ich so auch meiner Adoptivmutter, doch sie hat mich von diesem teuflischen Plan und Gedankengang abhalten können.

Dieser Mann, mein Adoptivvater, lernte eine neue Frau kennen und wir zogen bei ihr ein. Die Dame brachte selbst zwei Kinder mit in die Beziehung, und irgendwie kristallisierte sich ziemlich schnell heraus, dass ich die Stellung des schwarzen Schafes erhalten hatte. Nahezu immer, wenn etwas passierte, wurde mir die Schuld gegeben. Dies bemerkten die beiden anderen Kinder schnell und stellten mir sogar mutwillig Fallen. Einmal wurden bunte Plätzchenstreusel über Nacht von der Speisekammer bis zu meinem Zimmer gestreut. Eine Spur gelegt, die auf mich als Täter hinweisen sollte. Bestimmt war das mein neuer „Bruder", der sehr fettleibig und nahezu immer hungrig war. Nur wollte er das nicht zugeben, und meine Stellung in dieser Familie kam da wie gerufen.

Irgendwann verreisten die frisch Verliebten und ich holte heimlich das Sparbuch, über welches ich vertraglich geregelt sogar selbst verfügen durfte. Es war nicht viel Geld drauf, aber es reichte für ein paar schöne Tage auf dem Volksfestplatz. Das Konto war quasi geplündert, als mein Adoptivvater von der Reise zurückkam. Als ob er es geahnt hätte, suchte er genau nach diesem Konto und erschrak über die Einträge, die meine Abhebungen der letzten Tage genau verzeichneten. Ich wusste, dass nun die Prügel meines Lebens folgen würde. Er stürmte in mein Zimmer und schrie, dass wir uns noch gegenseitig abstechen würden und irgendetwas über meine Enterbung und über Totschlag. Es kamen noch andere Beleidigungen, aber bevor es zu einer körperlichen Auseinandersetzung kam, schaffte ich es zum ersten Mal, ihm etwas zu entgegnen. Ich sagte, dass ich ihn niemals anfassen würde und nun an ihm vorbeigehen und nicht mehr zurückkommen würde. Wie durch ein Wunder entkam ich ohne Schläge; und mein Versprechen habe ich bis heute eingehalten. Ich kam nie wieder zurück …

Nun war ich mit 15 Jahren ohne Obdach, ein Straßenmensch, und fühlte mich frei. Frei von einem aggressiven Vater und frei, tun und lassen zu können, was ich will. Dass ich nun eigentlich mehr eingesperrt war, als jemals zuvor, war mir in dieser Zeit nicht bewusst. So lebte ich in den Tag hinein, schnorrte mich durch's Leben und trank viel Alkohol. Die fehlende Liebe kompensierte ich durch Frauen. Meine Beziehungen wechselten ständig; und Frauen, in die ich mich verliebte, enttäuschten mich nicht selten. Das bestätigte mich in meiner „Ideologie“, niemanden vertrauen zu können.

Mal fühlte ich mich frei und dann wieder gefangen und einsam in einer kaputten Gedankenwelt. Ohne es wirklich zu bemerken, rutschte ich tiefer und tiefer in einen Sumpf aus Sucht und Sehnsucht nach Liebe. Irgendwie ungehört. Im Herzen eine Sehnsucht, diese Welt verändern zu können; doch das Leben zeigte sich zunehmend mit all seiner Härte …

Eines Tages sprachen mich sogenannte „freie Christen“ auf der Straße auf „Jesus Christus“ an, und ob ich den „lebendigen Gott“ kenne. Sie erzählten mir aus der Bibel, und dass es eine Chance für mich und die anderen Menschen gäbe. Meine Gedanken schwankten zwischen „Vorsicht, Sekte!“ und Neugierde. Irgendwie klang das schlüssig, was diese Menschen da erzählten, und es schien eine Antwort auf viele tausend Fragen zu sein. Ob man es glauben möchte oder nicht, irgendwie wusste ich, dass mir die Wahrheit erzählt wurde. Einer dieser jungen Menschen gab mir ein kleines, goldenes Heftchen. In diesem standen Worte aus der Bibel. Ich versprach, dieses Heftchen aufzuheben und verstaute es in meiner alten Lederjacke.

Ich kann nicht mehr genau sagen, wann nach dieser Begebenheit es war, aber eines Nachts wurde ich plötzlich mit Ängsten konfrontiert. Mir ließ mein Gewissen keine Ruhe mehr; ich fühlte mich irgendwie schuldig. Ich wollte mich in den Schlaf flüchten, doch auch das gelang nicht. Da erinnerte ich mich an dieses kleine, goldene

Heftchen. Schnell suchte ich es in den Taschen meiner Lederjacke, doch es schien nicht mehr da zu sein. Ich tastete mich durch das Innenfutter, und siehe da: Durch ein Loch in der Tasche war das Heftchen bis zum Rückenteil der Jacke gerutscht und damit sicher für diesen Abend aufbewahrt worden.

Schnell begann ich darin zu lesen und stieß auf den ersten Vers, der in meiner Stimmung genau ins Schwarze traf:

> *Als ich den HERRN suchte, antwortete er mir und errettete mich aus aller meiner Furcht* (Psalm 34,5 LUT).

Ich blätterte weiter und fand den Vers, der mir das Leben retten sollte:

> *Jesus spricht: ICH bin der Weg und die Wahrheit und das Leben; niemand kommt zum Vater als durch MICH!* (Johannes 14,6 LUT).

In diesem Moment hoffte ich, dass es Jesus wirklich gibt und legte alle meine Hoffnung in ein Gebet und somit in IHN: „Jesus, wenn es dich gibt – wenn es dich wirklich gibt –, dann bitte ich dich: Komm in mein Leben! Komm in mein Herz!“

Was soll ich sagen? ER kam in mein Leben, mitten in mein Herz, und zwar so lebendig, dass eine mir unbekannte Liebe alle meine schlechten Gedanken und meine Sünden wegwusch. Das mag für einen Außenstehenden seltsam klingen, doch ich sage die Wahrheit – so ist es wirklich gewesen!

Nun könnte man denken, dass sich mein Leben postwendend geändert hätte – was es ja irgendwie auch tat. Meine Seele wurde gerettet, ich habe ein neues Leben geschenkt bekommen. Doch nach einiger Zeit lernte ich eine wichtige Lektion kennen, und zwar, dass sich Seele und „Fleisch“ unterscheiden. Eigentlich hätte es nun gut sein sollen und ich ein Vorbild für suchende Menschen sein müssen. Wir sollen Licht sein in dieser Welt, so der Aufruf – doch irgendwie gelang mir dieser fromme Wunsch nicht. Ich rutschte wieder in mein altes Leben ab. Mit nur einem Unterschied: Ich war nicht mehr allein und fühlte mich von Jesus geliebt! Mein Körper allerdings war erneut im Sumpf der Sucht und in dem gewohnten kriminellen Leben gefangen.

Es kam, was kommen musste: Die Handschellen klickten und der Haftbefehl wurde durchgesetzt. Mit dem Gerichtsurteil erwarteten mich nun zweieinhalb Jahre Haft. Ein Christ im Gefängnis! Ich sollte doch Licht sein; und nun war mein Leben dunkler als je zu vor. Ziemlich schnell suchte ich im Gefängnis das Gespräch mit dem Pfarrer, was mir nach schriftlicher Bitte genehmigt wurde. Sofort sprach ich ihn auf Jesus an, und dass ich mich bekehrt hatte, also umgekehrt war zu Gott. Dass mir meine Sünden vergeben seien und ich nicht verstehen könne, warum ich wieder zurückgefallen sei. Das Gesicht des sogenannten „Geistlichen“ werde ich nie vergessen; mit all meinen Aussagen konnte er ungefähr so wenig anfangen, als hätte ich chinesisch gesprochen.

Die Strafhaft war für mich kaum auszuhalten, nicht wegen der Leute, sondern wegen meines großen Freiheitsdranges und bezüglich meines Gewissens. Während andere Gefangene ihre Pinnwände in den Zellen mit Autos und Frauen schmückten, war meine überwiegend mit Fotos von einem See im Wald, Waldhütten und Sprüchen aus der Bibel verziert. Oft fühlte ich mich allein, und der einzige Trost, den ich hatte, war JESUS.

Einmal wollte ich nicht mehr Leben und ritzte mir ein Blutgefäß am Unterarm auf. Mitgefangene informierten den Wachdienst, und so landete ich, mit Handschellen abgesichert, erst im Krankenhaus, und als die Wunde versorgt und genäht worden war, wieder im Gefängnis und dort im Bunker. Eine Art Gummizelle, eine Isolation aller Gefühle.

Ich saß im Gefängnis, doch Jesus saß mit mir, als ein stiller und sanftmütiger Begleiter, der mich nie in Stich gelassen hat – NIEMALS!

Nachdem ich entlassen wurde, durchlebte ich weiterhin Höhen und Tiefen. Vermutlich werden sie immer da sein. Ich bin eingesperrt, und doch glücklich; ich weiß, dass ich auf dieser Welt, also im fleischlichen Körper, niemals wirklich frei sein werde, doch meine Seele ist gerettet und wartet nun auf das wahre Zuhause bei meinem lebendigen und auferstandenen Gott. Bei diesem Gott wohnt die wahre Freiheit.

Gerd Schusters Leben: Vom Straßenkind zum Hundetrainer

Als sogenanntes Straßenkind lebte Gerd selbst mehrere Jahre auf den Straßen deutscher Großstädte und kennt deren Gesetze. Durch Langzeitbeobachtungen, vorwiegend in Osteuropa, sind ihm einzigartige Einblicke in das Leben von Straßenhunden gelungen, die zum Teil stark mit der vorherrschenden Meinung über das Elend dieser Tiere auseinandergehen. Sein Hauptaugenmerk lag dabei auf der Interaktion zwischen einheimischer Bevölkerung und den Hunden.

Heim, Pflegefamilie, Adoption und Flucht – vielleicht sind es genau diese Lebensereignisse, die ihn Jahre später eine solche Verbundenheit mit Heim- und Straßenhunden empfinden ließen. Authentisch und natürlich zeigt er auf, dass eine schwierige Vergangenheit nicht immer als Entschuldigung für alle Verhaltensweisen zu sehen ist. Nur so konnte aus einem Heimkind mit wenig Zukunft der Betreiber eines der größten Hundezentren in Deutschland werden. Mit Sicherheit kann er durch seinen außergewöhnlichen Lebensweg Menschen und Hunde leichter verstehen. Dadurch entwickelte sich sein außergewöhnlicher Stil im Umgang mit Hunden und Menschen, dem er seinen Ruf als Hundetrainer verdankt.[1]

Freiheit bedeutet für mich, immer mehr meinem weiblichen Herzen zu folgen, unabhängig vom Kopfschütteln anderer gegenüber meiner Persönlichkeit. In dem festen Vertrauen, in Gottes Grenzen geborgen, geführt und geliebt zu sein. Immer mehr Freude zu erfahren, mich selbst mit all meinen Mängeln und Defiziten als Frau zu leben und anzunehmen, weil ich weiß, dass mich Gott dazu geschaffen hat: zum Abbild seiner Herrlichkeit.
Außerdem ist Freiheit für mich eng verbunden mit Dankbarkeit und der Vorfreude auf die Ewigkeit in der Gegenwart meines Retters, Jesus Christus.

Sabine von Heyking, freie Trauerrednerin

[1] Siehe seine Webseite: Hundezentrum.de (Hundezentrum Mittelfranken).

Kapitel 27

Tränen der Härtesten

Matthias Ludwig, der Bäcker, der aus einem Impuls heraus aus der schwäbischen Idylle in die Dominikanische Republik auswanderte, um einige Jahre später dort sämtliche Botschaften mit Brot zu beliefern. Aber nicht nur Brot zum Essen, sondern vor allem das Brot, nach dem unsere Seele hungert. Er kümmert sich um viele Straßenkids, verschafft ihnen die Möglichkeit, ihren Aggressionen Raum zu geben und sich auszutoben. Er holt sie von der Straße und gibt ihnen ein Stück Wertschätzung. Der boxende Bäcker wurde 2018 zum Nationaltrainer unseres Verbandes „International Protactics Federation e.V." berufen. Wir sind so dankbar und stolz, ihn im Team zu haben. Noch beeindruckender finde ich seine Besuche in den Gefängnissen dieser Welt. Er scheut sich nicht, in die „Abgründe" zu gehen und das Brot des Lebens weiterzugeben.

Matthias Ludwig

(Selbständiger Bäcker in Santo Domingo, Dominikanische Republik; früher zweifacher deutscher Amateur-Boxmeister und einmaliger Boxmeister in Paraguay)

Mein Leben wurde von vielen verschiedenen Entwicklungen geprägt: vom „Pattex-Schnüffeln" unter den Brücken meines Heimatorts bis zur Selbstfindung im Sport und schließlich im Glauben an Jesus Christus.

Als ich im Jahre 1996 in der Dominikanischen Republik ankam, ahnte ich noch nicht, dass daraus mittlerweile 23 Jahre würden.

Hier lernte ich meine Ehefrau kennen, mit der ich auch zwei wunderbare Söhne habe. Meine Frau ist Christin und hat mich in allen meinen Taten immer motiviert und unterstützt. Durch sie bekam ich auch Kontakt zu einem christlichen Prediger, welcher es sich zur Aufgabe gemacht hatte, Menschen zu besuchen, die ihr Leben im Gefängnis fristeten, um ihnen das Wort des Herrn in Form von Liebe, Hoffnung, Zuneigung und Vergebung zu bringen. So begann meine erste Reise mit diesem Prediger nach Honduras.

Meine Frau war zu diesem Zeitpunkt schwanger und wir wussten, dass dies eine gefährliche Mission sein könnte. Es ging nämlich zu den Gefangenen der Banden „Mara Salvatrucha" und „Mara 18". Dabei handelt es sich um die gefährlichsten Banden der Welt. Alle Mitglieder sind voll tätowiert und wirken wirklich furchteinflößend. Zu ihrem Aufnahmeritual gehört, dass man jemanden aus der anderen Bande tötet. Jeder von uns ging zu verschiedenen Gruppen.

Da die meisten von ihnen keine Liebe von ihren Eltern oder zumindest von einem Elternteil bekommen hat, predigten wir intensiv von der Liebe des Vaters, der seinen Sohn geschickt hat, um für uns alle zu sterben. Bei vielen der Insassen flossen Tränen und sie knieten nieder. Mich persönlich hat dies tief berührt, wie die Liebe Jesu Christi Menschen in solchen Situationen erreichen und berühren kann. Wir besuchten die Gefängnisse in San Pedro Sula, Tegucigalpa und San Mosa. Zum Ende der Reise war ich ziemlich erschöpft, aber auch tief berührt, wie das Wort des Herrn die Ketten der Sünde zu sprengen vermag.

Diese Reise ermutigte mich, auch Häftlinge in verschiedenen Gefängnissen der Dominikanischen Republik zu besuchen. Meine nächste Fahrt führte mich nach Puerto Plata, drei Stunden von Santo Domingo entfernt, in das Gefängnis San Philippe. Ausgerechnet mein Vermieter saß dort ein. Er hatte entlassenen Mitarbeitern keine übliche Abfindung gezahlt. Darauf hatten diese ihm Drogen untergeschoben und er wurde zu zwei Jahren Haft verurteilt. Wir beteten zusammen, und zum Schluss händigte ich ihm seine monatliche Miete aus, denn auch dort benötigt man Geld, um einigermaßen zurechtzukommen.

Die Haftbedingungen in diesen Haftanstalten sind unbeschreiblich. Bei einem Besuch (mit einer Kirchengruppe, welche auch Konzerte organisiert) in einer der größten Haftanstalten des Landes, in La Victoria, sahen wir schreckliche hygienische Zustände, z.B. liegen Neugefangene in der Nähe eines Loches, wo ca. 700 Menschen ihre Notdurft verrichten. Dies war auch einer meiner ersten Besuche, bei dem ich Brot aus meiner Bäckerei verteilte.

Wenn man sieht, wie sich die Menschen nach einem Wort der Hoffnung, der Liebe und der Vergebung sehnen, versteht man, warum ich selbst immer wieder tief dankbar bin, die Liebe des Herrn erfahren zu dürfen.

Weitere Besuche folgten, in Moca, San Pedro de Macoris und auch im Nachbarland Haiti. Jede Reise war speziell, und viele persönliche Begegnungen mit unglaublichen Schicksalen begleiteten mich. Jesus Christus hat mir die Kraft gegeben. Durch sein Wort erfolgt die Befreiung, die Wahrheit und die Freiheit.

Auch heute bin ich noch unterwegs; nehme das Brot, das wir backen und verteile es an die Bedürftigen. Jesus spricht:

Ich bin das Brot des Lebens; wer zu mir kommt, wird nie mehr hungern, und wer an mich glaubt, wird nie mehr Durst haben (Johannes 6,35 REÜ).

In Deutschland dürfen wir uns frei bewegen; das ist eine Form von Freiheit.
Wir haben die Freiheit, uns unseren Ehepartner selbst auszusuchen und eine Familie zu gründen.
Wir haben die Freiheit, sofern wir die Gesetze einhalten, Entscheidungen ohne Zwang zu treffen ...
... aber, ist das wirklich Freiheit? Sind die Menschen in Deutschland wirklich frei?
Wenn jemand eine schwerwiegende Straftat begangen hat, wird ihm die Freiheit entzogen. Es gibt aber in Gefängnissen Menschen, die freier sind als Menschen außerhalb von Gefängnissen, weil sie JESUS in ihren Herzen aufgenommen haben!
Die größte Freiheit ist, dass wir uns für oder gegen JESUS entscheiden können! Durch IHN können wir vollkommen frei werden und aus unseren Gefängnissen des Nichtgeborgenseins heraustreten.
In SEINER Liebe können wir unseren Feinden vergeben und sie sogar segnen (vgl. Römer 12,14).
Die LIEBE ist das vollkommene Gesetz der FREIHEIT, und JESUS ist die LIEBE.

Peter Neuer, Vater des Welttorhüters Manuel Neuer

Kapitel 28

Der Ort, an dem man Freiheit erleben kann!

Seit vielen Jahren verbindet mich die Zusammenarbeit mit dem Seehaus Leonberg und dem Seehaus in Leipzig. Auf beeindruckende Art und Weise, wird hier im offenen Strafvollzug an und mit Häftlingen gearbeitet. „Liebe“, fällt mir spontan ein, wird dort praktiziert; Vertrauen, Wertschätzung und Regeln gelebt. Es war mir ein Herzensanliegen, dass Tobias sich in dieses Buch einbringt. Doch lies bitte selbst, dass man sogar Freiheit an Orten erlangen kann, an denen man es kaum für möglich halten würde, oder vielleicht sogar dort erst recht.

Tobias Merckle

Freiheit erleben! Was für Orte fallen Ihnen ein, wo man Freiheit erleben kann?

Während ich diese Zeilen schreibe, warte ich gerade auf meinen dritten Fallschirmsprung. Im freien Fall der Erde entgegenrasen – das empfinde ich als eine Art Freiheit. Allerdings währt diese Freiheit nur sehr kurz, es ist keine bleibende Freiheit.

Ich möchte Sie kurz an einen Ort mitnehmen, von dem man ganz und gar nicht erwartet, dort Freiheit zu finden: Nach Benin (in Westafrika) ins Gefängnis – einen Ort, den man sich schrecklicher fast gar nicht vorstellen kann, der Inbegriff von Unfreiheit. Das Gefängnis war total überfüllt. Wir besuchten eine „Zelle“ mit 300 Gefangenen. Die Gefangenen mussten sich mit Schlafen abwechseln, da nicht genügend Platz war. Wer Glück hatte, hatte eine Decke zum Draufliegen – und auch in Afrika kann es nachts sehr kalt werden. Wenn die Angehörigen nichts zu essen bringen, verhungern die Leute. Sanitäre Anlagen? Fehlanzeige! Die hygienischen Zustände sind katastrophal. Als ich dort hindurchlief, dachte ich: Das kann man nicht überleben; nicht körperlich, aber auch nicht psychisch.

Wir wurden dann von ein paar Gefangenen zu einem Gottesdienst eingeladen. Die Gefangenen fingen an zu singen. Nichts gegen unseren Gesang in deutschen Kirchengemeinden; aber diese Lieder dort haben mich mitgerissen – die Gottesdienstbesucher sangen aus ganzem Herzen, aus voller Kehle. Es war ein fröhlicher Gesang, der so gar nicht zur Umgebung zu passen schien. Dann fingen ein paar der Gefangenen an zu erzählen – aus ihrem alten Leben und wie sie dann im Gefängnis gelandet waren. Sie erzählten, wie sie hier im Gefängnis ein neues Leben angefangen hatten, weil sie erkannten: Sie sind von Gott geliebt – egal was sie getan, egal was sie auf dem Kerbholz haben. Sie hatten erlebt, wie Gott ihnen vergeben hatte. Sie seien froh, hier im Gefängnis gelandet zu sein, da sie hier Freiheit erfahren haben.

Was für ein Widerspruch: Hier, an diesem schrecklichen Ort, an dem Ort der schlimmsten Unfreiheit. Hier haben sie Freiheit gefunden. Und das war kein Geschwätz; ich konnte es ihnen ansehen und abspüren: Sie sprudelten geradezu über vor Freude, vor Freiheit – eine innere Freude und eine innere Freiheit, wie ich sie draußen, in der vermeintlichen Freiheit, nur selten vorgefunden habe.

Nicht nur im Gefängnis von Benin habe ich das erlebt, sondern in vielen Gefängnissen dieser Welt. Gottes Freiheit kennt keine Grenzen, kennt keine Mauern. Gott schenkt Freiheit! Wirkliche Freiheit ist eine innere Freiheit, die uns auch trotz Unterdrückung und Gefangenschaft niemand nehmen kann, die uns selbst unter den schlimmsten Umständen erhalten bleibt.

Zur Freiheit hat uns Christus befreit! (Galater 5,1 REÜ)

Wahr.Haft.Leben – So lautet das Motto von *Seehaus e.V.* Als Mitarbeiter möchten wir zu wahrhaftigem Leben befähigen, möchten wir wahrhaftige Freiheit vermitteln. Im „Seehaus Leonberg“ und „Seehaus Leipzig“ bieten wir „Jugendstrafvollzug in freien Formen“ als Alternative zum herkömmlichen Jugendstrafvollzug.

Junge Männer können sich aus dem Gefängnis heraus bei uns bewerben und verbringen dann ihre restliche Haftzeit im Seehaus. Da viele von ihnen kein „funktionierendes“ Familienleben kennen, nehmen wir sie in Familien auf.

Jeweils bis zu sieben junge Männer wohnen zusammen mit Hauseltern und deren eigenen Kindern. So erleben sie – oft zum ersten Mal – Familienleben, Liebe und Geborgenheit. Gleichzeitig sind sie eingebunden in einen straffen Arbeitsalltag. Um 5.45 Uhr beginnt der Tag mit Frühsport, bis 22.00 Uhr ist volles Programm: Zeit der

Stille, Hausputz, Impuls für den Tag, Schule und Ausbildung, Sport und gemeinnützige Arbeit gehören fest zum Tagesablauf.

Unsere Jungs haben schon vieles versucht, um „Freiheit" zu erleben: Sie haben sich besoffen, mit Drogen voll gedröhnt, haben andere bestohlen, unterdrückt, erpresst, geschlagen oder fast umgebracht. Sie haben sich machtlos gefühlt und wollten Macht über andere ausüben, haben Hass erfahren und Hass weitergegeben, haben keine innere Freiheit erlebt und sich so in äußere „Freiheiten" geflüchtet. Sie haben anderen die Freiheit genommen, um selber „Freiheit" zu haben. Doch diese vermeintliche Freiheit hat sie in die Unfreiheit geführt.

Wir wollen ihnen helfen, dass sie die Haft-Zeit gut nützen können, um sich auf ein Wahr.Haftes.Leben vorzubereiten, auf ein Leben in innerer und äußerer Freiheit. Dies erfordert ein Umdenken, Umlernen, Verantwortung übernehmen, Einüben und Verinnerlichen. Wir haben keine Mauern und Gitter. Die Jungs sehen, dass wir ihnen mit Vertrauen entgegenkommen und dass sie in unseren Augen wertvoll und geliebt sind, egal was sie gemacht haben. Durch das Zusammenleben in der Familie lernen sie, wie Familienleben aussehen kann; sie erkennen, dass sie Vorbilder für die Kinder sind und deswegen nicht mit Schimpfwörtern um sich schmeißen können. Durch die positive Gruppenkultur lernen sie, dass es für alle besser ist, wenn man sich nicht gegenseitig unterdrückt, sondern sich hilft, füreinander da ist, einander ermutigt und auch durch hilfreiche Hinweise weiterbringt. Durch Schule und die Ausbildung in unseren Ausbildungsbetrieben erleben sie, dass sie Gaben und Fähigkeiten haben und dass es sich lohnt, Arbeitstugenden einzuüben.

Wenn sie sehen, dass der Kunde sich über das tolle Möbelstück freut, bekommen sie Freude an der Arbeit, Freude am Beruf. Durch den Sport sehen sie, dass man schnell Fortschritte machen kann, wenn man trainiert, wenn man an einer Sache dranbleibt. Durch die Konfrontation mit der Opferperspektive gehen ihnen die Augen auf, wie sie anderen geschadet haben und die geschädigten Personen unter Umständen ein Leben lang leiden. Sie üben ein, dass sie für Fehlverhalten einstehen und Wiedergutmachung leisten müssen.

Sie lernen Verantwortung zu übernehmen für ihre Vergangenheit, für die Gegenwart und für die Zukunft.

Wenn sie sich all das zu Herzen nehmen, haben sie eine gute Grundlage, um ein Wahr.Haftes.Leben in Freiheit zu leben. Je nachdem, inwieweit sie es verinnerlicht haben, können sie sich dann auch bei Versuchungen draußen behaupten oder auch wieder neu durchstarten, falls es doch einen Rückschlag gab.

Als Mitarbeiter wollen wir ihnen auch die Liebe Gottes weitergeben, Glaube vorleben und vermitteln – immer im Respekt vor ihrem Hintergrund, ihrer Religion, ihrer Lebensauffassung. Wir gehen mit ihnen im Gespräch durch, auf welche Werte sie ihr Leben aufbauen wollen, was ihnen Halt im Leben geben kann. Wenn sie für sich erkennen, dass sie von Gott geliebt sind, dass sie bei ihm Vergebung erleben können, dass er ihnen ein erfülltes Leben schenken will, dann können auch sie diese Freiheit erleben, die ich bei den Gefangenen in Benin erlebt habe. Gott macht uns das Angebot, es bleibt jedem selbst überlassen, ob er es annimmt oder nicht. Ich wünsche jedem, dass er diese Entscheidung trifft und diese wahrhaftige Freiheit erleben kann!

Tobias Merckle, www.seehaus-ev.de

Kapitel 29

Stinkesocken

Ulrike Kühnel

Die stinkenden Socken des Herzens, oder von der Freiheit, mit Menschen wirklich verBUNDen zu sein

Der Bund der Ehe – bei diesem Begriff kräuseln sich bei manchem schon die Fußnägel. In einem Bund zu sein, das ahnen die meisten, bedeutet mehr als einen Vertrag einzugehen, mehr als eine Abmachung, mehr als einen Handschlag. Synonyme Begriffe scheinen „lebenslang angekettet", „total unter der Kontrolle eines anderen" oder „Tschüss Freiheit!" zu sein. Viel Komfort versprechender klingt dann diese Variante: *Wir gehen jetzt mal ein Stück zusammen und dann sehen wir weiter. Mal schauen, wie es sich entwickelt, wie es dann aussieht, ob er oder sie mir später (noch) geben kann, was ich brauche.* Dann läuft man dieses Stück zusammen und wundert sich, warum keine richtige Nähe entsteht. Warum sich, im Bild gesprochen, nur die obersten ein, zwei Zwiebelhäute berühren. Kenne ich den anderen wirklich? Kennt der Partner oder die Partnerin mich? Warum fühle ich mich gar nicht so richtig verbunden mit diesem anderen Menschen, obwohl alles doch so vielversprechend anfing? Oder warum entwickelt sich nicht dieses Zugehörigkeitsgefühl, dieses Einssein, diese Ergänzung, nach der wir uns so sehnen? Auch in Ehen kommt das vor: Man ist verheiratet und fühlt sich doch wie im Gefühlsknast. Wie kastriert, gefoltert, zu zweit allein – und das womöglich auf Lebenszeit. Wie kann das sein? Liebe, Vertrautheit und Nähe sind allein Themen des Herzens.

„Mehr als alles hüte dein Herz, denn aus ihm strömt das Leben", sagt die Bibel in Sprüche 4,23 (NeÜ). Was aber, wenn kein Leben aus dem Herzen heraussprudelt, es nicht mal tröpfelt, stattdessen Gleichgültigkeit, Verachtung, vielleicht sogar Hass herausbrechen? Natürlich hat das oft auch mit dem Verhalten des anderen Menschen zu tun, aber das ist *seine* Verantwortung. ***Meine*** **Verantwortung ist, zu schauen, was aus** ***meinem*** **Herzen kommt.** Ähnelt

das eher muffelnden Socken? Unabhängig davon, in welcher Liebesbeziehung ich mich befinde, stinkt es zunächst allein bei mir. Diese Socken darf ich waschen bzw. waschen lassen.

Ihr ahnt bestimmt, was den Socken diesen Geruch verleiht: Unbegründete Eifersucht, Gefühlskälte, emotionale Verschlossenheit, häufige Wutausbrüche, Süchte etc. Die meisten Menschen riechen ihre eigenen stinkenden Socken und bekommen eine Riesenwut auf den Menschen, der ihnen am nächsten ist. Weil diese Eigenschaften nur dann aus den Tiefen des Herzens zum Vorschein kommen: *Wie konnte er/sie diese Abscheulichkeiten nur bei mir ausbuddeln? Hatte ich sie doch mein Leben lang so gut verpackt und versteckt. Kaum einer hat was mitbekommen, keiner die Nase gerümpft. Jedenfalls nicht, solange sie mir fernblieben. Kam mir jemand zu nahe … naja, selber schuld.* Da liegt der Schluss nahe: Mit diesem Partner geht es nicht weiter. Dieser Gestank! Dieser Schmerz!

Der andere riecht natürlich die stinkende Socke auch, hält sich die Nase zu und wendet sich irritiert ab. „Wasche erst mal deine Socken, bevor du mir wieder in die Quere kommst!" Was der andere allerdings nicht riecht, sind die eigenen stinkenden Socken. Die Kombination der beiden „Düfte" ist atemberaubend – im schlechtesten Sinne. Was tun?

Wird der nächste Partner gnädiger mit dem Gestank meiner Socken sein? Wird er sie vielleicht nicht riechen oder im besten Fall gar nicht erst ans Tageslicht bringen? Mag sein, dass es solche Beziehungen gibt. Doch ist es erstrebenswert, die nasenbetäubenden Socken wirklich im Herzen zu belassen? Auch auf die Gefahr hin, dass sich unsere Gefühlszentrale absolut tot anfühlt? Und wenn ja, wie viele Frösche muss man küssen, um diesen Menschen zu finden? Das geht absolut auf Kosten der eigenen Beziehungsfähigkeit. Es muss einen anderen Weg geben.

Nach einigen Jahren, in denen mein Mann und ich nun Eheseminare leiten, sind wir überzeugt: Unbearbeiteter Schmerz ist der häufigste Trennungsgrund. Er führt dazu, dass unsere Herzen verhärten, „niemanden mehr reinlassen". **Was als Selbstschutz ursprünglich hilfreich war, ist auf Dauer der größte Beziehungskiller.** Er führt dazu, dass wir den Zugang zu unserer eigenen Gefühlswelt verlieren und gleichzeitig auch den Partner nicht mehr richtig wahrnehmen, ihm nicht in seiner Welt begegnen können. Ähnlich schädlich wirkt sich unbearbeiteter Schmerz auf die Beziehung zu anderen uns nahestehende Menschen aus, wie die eigenen Kinder. Hier schließt sich der Teufelskreis.

Wie kann man Schmerz verarbeiten, vor allem, wenn er alt und tief vergraben ist? Ich kenne nur einen, der sich um die Abgründe unseres Herzens mit der größten Sanftheit und Effizienz kümmern kann. Wenn wir Jesus ins Boot holen, ist es möglich, im Detail zu vergeben und damit Bitterkeit loszulassen. **Das führt dazu, dass das Gefühl der inneren Folter aufhört.** Gott erwartet nicht von uns, dass wir etwas aufgeben, ohne uns etwas viel Besseres zu geben. Er will uns andauernd Heilung und unsere echte Identität bringen, unsere falschen Gedankenmuster entfernen und sie mit seinen Wahrheiten über uns ersetzen. Das alles macht er durch den Heiligen Geist, der laut Bibel unser Helfer und Tröster ist. Je nach Schweregrad der seelischen Verletzungen braucht es manchmal mehr als ein oberflächliches „Ich vergebe XYZ". Da ist es viel effektiver, auch den tatsächlich verursachten Schaden im Leben anzuschauen und durch Vergebung loszulassen. Mein Mann und ich sind diesen Weg gegangen.

Im Fall meines Mannes, der sich als vorwärts gerichteter Mensch lange nicht seinem inneren Schmerz stellen wollte, sah das so aus: **Irgendwann merkte er, dass ihn immer etwas zurückhielt.** Was im Beruf ganz gut zu kompensieren war, flog in den engsten Beziehungen auf. Ständig im Kampf- oder Fluchtmodus zu sein, war auf Dauer ziemlich anstrengend, nicht nur für ihn, sondern auch für unsere ganze Familie. Ungezügelte Wut, die Reue danach, wir waren verzweifelt. Also stellte er sich seiner frühen Kindheit und vergab seiner Mutter, die sich mit dem Gewehr seines Vaters erschoss, als er drei Jahre alt war. Doch nicht nur seiner Mutter „musste" mein Mann vergeben, auch seinem Vater, der emotional nicht erreichbar war und ihn noch jahrelang in dem Glauben ließ, die Mutter sei im Urlaub. Er vergab ihm auch, dass er danach noch zwei Frauen heiratete, die nur den Vater, nicht aber die drei Kinder wollten. Schließlich vergab er noch all die negativen Auswirkungen, die eine solche Kindheit auf ihn hatte und ihn bis ins Erwachsenenleben begleiteten. Er hatte sogar den Mut, an die Quelle seines Schmerzes zu gehen, indem er sich mit Jesus noch einmal dorthin wagte. Jesus löste die Situation auf, indem er dem dreijährigen Jungen zeigte, wo er damals war und was er tat: Er nahm ihn an die Hand und in den Arm. Immer wieder. Nach und nach konnte das Kind von damals Heilung empfangen und wieder vertrauen.

Natürlich kann man sein eigenes schlechtes Verhalten auf Dauer damit rechtfertigen, dass die Übergriffe und Verletzungen, die andere uns zugefügt haben, nicht zu vergeben sind. Es bringt dich aber keinen Schritt weiter. Die amerikanische Predigerin Joyce Meyer formuliert es so: „Nicht zu vergeben, ist, als würde man tödliches Gift trinken und erwarten, dass der andere daran stirbt."

Die Konsequenzen einer verkorksten Kindheit sind vielfältig. Sie kann ein hartes Herz zur Folge haben und die felsenfeste Überzeugung, dass man es alleine schaffen muss. Auch solche Auswirkungen kann man vergeben und sich Gottes Wahrheit dafür geben lassen: Dass er uns zuerst geliebt und nie allein gelassen hat, egal, durch was wir hindurchmussten. Dass er zutiefst vertrauenswürdig ist und immer eine gute Zukunft für uns hat, egal, was früher war.

Jesus hat gesagt, dass Scheidungen um der Herzenshärte willen geschehen. Im Umkehrschluss bedeutet das, dass ein weiches Herz eine ideale Voraussetzung dafür ist, eine erfolgreiche, glückliche Beziehung zu führen. Dazu braucht es Mut. Ein weiches Herz kann lieben und auf den anderen eingehen, ist aber im gleichen Maße verletzlich. Liebesbeziehungen, die nicht von Dauer sind, sind für ein solches Herz gefährlich. Das ist der Grund, warum Gott den Ehebund ins Spiel gebracht hat. Er ist es, der einer Beziehung den nötigen Schutz bietet. Das Einssein in einer Liebesbeziehung bringt es mit sich, dass Trennungen tiefe Spuren im Herzen hinterlassen. Festlegungen, wie „Ich werde nie mehr jemandem vertrauen", machen es einem späteren Partner nicht leicht.

Ich kenne nur einen, der ein „steinernes Herz" in ein „weiches Herz" verwandeln kann: Jesus. Eine persönliche Beziehung mit ihm führt dazu, dass unser Herz wieder liebes- und beziehungsfähig wird. Das habe auch ich erlebt. Auch mein Leben scheint mein Herz zeitweise mit einem Boxsack verwechselt zu haben. Alkoholkranker Vater, Vergewaltigung, zerbrochene Beziehungen, viele Lügen über meine Identität. Die Verletzungen konnte ich vergeben und mein Männerbild von Gott heilen lassen. Inzwischen haben mein Mann und ich einen „Lebensstil der schnellen Vergebung" entwickelt. Wir erleben, dass Verletzungen uns nicht oder nicht so tief treffen, wenn wir ganz schnell vergeben.

Menschen sind dafür geschaffen, mit anderen Menschen tief verbunden zu sein. Unser Inneres ruht nicht, bevor unsere Beziehungen in diese Ordnung kommen. Genauso glaube ich, dass es keine größere Bestimmung gibt, als mit Gott selbst in tiefster Beziehung zu leben und ihn zu kennen. Dies führt zur größtmöglichen Erfüllung und Freiheit.

Freiheit bedeutet für mich, der zu sein, der ich tief im Herzen bin. Der zu werden, den Gott in mir angelegt hat: die beste Version meiner selbst. Frei von Erwartungen Dritter; das innere Gefängnis aus Egoismus und Fassade hinter mir zu lassen. Frei bin ich, wenn ich mich binde. An Menschen, die es gut mit mir meinen, und an Gott, der mich bedingungslos annimmt und liebt – und mich dadurch in die tiefste Freiheit führt.

Ralf Markmeier, Verleger, Coaching & Beratung

KAPITEL 30

Die Chance in der Krise

Michael Herberger

(Komponist, Produzent, u.a. der „Söhne Mannheims" und der TV Show „Sing my Song")

> Die **Krise** bezeichnet im Allgemeinen einen Höhepunkt oder Wendepunkt einer gefährlichen Konfliktentwicklung in einem natürlichen oder sozialen System, dem eine massive und problematische Funktionsstörung über einen gewissen Zeitraum vorausging und die eher kürzer als länger andauert.
> Die mit dem Wendepunkt verknüpfte Entscheidungssituation bietet in der Regel sowohl die Chance zur Lösung der Konflikte als auch die Möglichkeit zu deren Verschärfung. Dass es sich hierbei um einen Wendepunkt handelt, kann jedoch oft erst konstatiert werden, nachdem die Krise abgewendet oder beendet wurde. Nimmt die Entwicklung einen dauerhaft negativen Verlauf, so spricht man von einer Katastrophe (wörtlich in etwa „Niedergang").[1]

Wir kennen sie alle und wir mögen sie nicht: Die Phasen in unserem Leben, in denen wir uns plötzlich in ausweglosen Situationen wiederfinden. Egal, wie wir uns den Kopf zermartern, nichts scheint uns beruhigen zu können. Wir fühlen uns gefangen; gefangen im Käfig des Problems. Eine ursprüngliche Bedeutung des griechischen Wortes „krisis" ist „Entscheidung". Vielleicht die Entscheidung, wie ich mein Problem, diese Situation, in der ich mich befinde, betrachte. Betrachte ich sie aus einer irdischen oder betrachte ich sie aus Gottes Perspektive? Beurteile ich das mit Blick auf die Ewigkeit und mit den unendlichen Mitteln, die einem allmächtigen Gott zur Verfügung stehen, oder schaue ich auf meine begrenzten Möglichkeiten und versuche, ausschließlich selbst eine Lösung zu

---

[1] Wikipedia, Stichwort Krise, 18.10.2019.

finden? Wenn wir uns nur selbst den Kopf zerbrechen, sind wir automatisch begrenzt. Wir sind Gefangene unserer Möglichkeiten und damit gefangen in unserem Problem. Die Probleme immer und immer wieder in unserem Kopf zu durchdenken, macht uns aber unfrei, aggressiv oder depressiv. Schauen wir hingegen auf Gott, sind wir frei. Denn Gott ist größer als jedes Problem; und für die, die ihm nachfolgen, dient am Ende alles zum Guten (vgl. Römer 8,28). Gott liebt uns! Für ihn ist unsere Situation keine Überraschung, und er kennt die Lösung dafür längst.

Gott ist alles möglich, und er wird das für uns Unmögliche tun. Er hält alles in seiner Hand. Unsere Aufgabe ist es, ihn zu lieben und zu suchen. Wir sollen uns für das Reich Gottes einsetzen, und er wird uns mit allem anderen versorgen (vgl. Matthäus 6,33).

Jesus sagt, kommt zu mir, die ihr euch abmüht und unter eurer Last leidet! Ich werde euch Ruhe geben. Nur er kann uns durch seine Ruhe wahren Frieden, wahre Freiheit schenken. Der andere „Friede", den wir uns selbst suchen, ist nur eine Ablenkung von unseren Problemen, unseren ständig kreisenden Gedanken, unserem selbst gewählten Joch, das uns am Ende knechtet. Doch das Joch Jesu ist leicht (vgl. Matthäus 11,30). Wir sind eingespannt im Beruf, in der Familie, in vermeintlichen Zwängen. Warum lassen wir uns nicht von *ihm* einspannen? Nur dann finden wir Frieden und echte Freiheit.

Foto-Credit: Jörg Steinmetz

Wir müssen uns aktiv „entscheiden", welchen Gedanken wir in unserem Kopf Raum geben und welchen nicht. Denn das, was wir denken, bestimmt letzten Endes das, was wir fühlen und tun. Große Vorbilder sind da für mich Dietrich Bonhoeffer und natürlich Paulus. Sie wurden ins Gefängnis geworfen und fanden sich in einer hoffnungslosen Situation wieder. Aber tatsächlich waren sie in ihrem Geist immer noch frei und konnten dadurch übernatürlichen Frieden erfahren.

Ein Pastor, Bill Johnson, schrieb einmal: „Die Stimme, die in unserem Kopf am lautesten ist, beten wir an."[2]

Sind deine Probleme diese Stimmen? Oder ist es Jesus? Ich lade dich ein, dir vorzunehmen, jeden Tag in der Bibel zu lesen und Gottes Wort wie Medizin einzunehmen. Auch wenn du es nicht immer

[2] Originaltext von *Bill Johnson Ministries*, „Fear is a misplaced worship", www.bjm.org

sofort spürst, wird es dich mit der Zeit trotzdem verändern. „Normale“ Medizin wirkt auch nicht immer sofort. Bevor du morgens andere Menschen triffst, triff dich mit Gott. Was ist deine erste Begegnung, wenn der Tag beginnt? Deine Sorgen, dein Problem, oder ist es Gott? Das wird den Rest deines Tages bestimmen und dich bald für immer verändern.

Kapitel 31

Gefangen im Körper

Samuel Koch

Früher war Freiheit für mich, mit dem Auto in die Alpen zu fahren und mit dem Snowboard durch den Tiefschnee zu fliegen. Das ist nicht mehr möglich. Genauso wie ich nicht mehr laufen und selbständig essen oder eine Toilette benutzen kann. Aber Freiheit ist auch eine Frage der Perspektive.

Kürzlich habe ich mit verschiedenen Häftlingen, die nicht wussten, ob sie das Ende ihrer Haft noch erleben werden, über Freiheit diskutiert. Unter anderem kam die Frage auf, ob sie mit mir tauschen würden: ein frei beweglicher Körper – eingesperrt in einer Zelle – gegen die freie Welt – stets umgeben vom Gefängnis des eigenen Körpers. Die meisten wollten nicht tauschen. Ich glaube, ich würde lieber Handstand-Akrobatik in der Zelle machen, in der Hoffnung, irgendwann entlassen zu werden, als im Rollstuhl zu sitzen. Aber ich kann nicht beurteilen, was es bedeutet, im Gefängnis zu sitzen, belastet mit Schuld gegenüber anderen. Ich bin selbst schuld an meinem Unfall und muss „nur“ mir vergeben.

Einige auch mehrfach lebenslänglich Verurteilte, zu denen ich ins Gefängnis eingeladen wurde, erzählten mir, dass sie Kraft aus ihrem Glauben ziehen. Sämtliche Religionen sind im Gefängnis vertreten; und natürlich leuchtet es mir ein, dass verschiedene Religionen Struktur und Ausrichtung bieten sowie die immens wichtige Sinngebung. Nur habe ich mich gefragt, ob es nicht gerade im eingesperrten Zustand schöner sein müsste (und das weiß ich von meinem eigenen eingesperrten Zustand), nicht nur an einen gerechten und fordernden Gott zu glauben, sondern an einen Gott, der nichts fordert, einen Gott der Gnade, der Liebe und der Freiheit. Und der selbst, wenn man sich schuldig gemacht hat, genau für dieses innere, belastende Gefängnis jemanden geschickt hat, der alle Schuld auf sich nimmt und sagt:

Es ist okay! Ich liebe dich und vergebe dir, ganz egal, was du getan hast.

Samuel umrahmt von unseren gemeinsamen Freunden

Ihr werdet die Wahrheit erkennen und die Wahrheit wird euch frei machen (Johannes 8,32 ELB).

Mein größtes Glück ist es, den zu kennen, der von sich sagt: „Ich bin der Weg, die Wahrheit und das (wahre) Leben!" „Den Weg" in Jesus Christus zu kennen, innerlich im Herzen, wie auch äußerlich durch Erfahrungen, hat mein Leben so entscheidend zum Guten verändert, dass ich es als die höchste Form von Freiheit empfinde, diese Lebensorientierung zu haben und aus seiner bedingungslosen Liebe zu leben.

Bianca App

Kapitel 32

Nicht schuldig

Uwe, was für ein liebevoller, krasser Typ. Vor vielen Jahren lernten wir uns kennen. Auch er ist einer der Männer, die mit uns schon in Israel waren. Wenn ich an Uwe denke, denke ich an den Flughafen in Tel Aviv. Sehr, sehr strenge Sicherheitsbestimmungen gelten hier, verständlicherweise. Bevor wir zur Passkontrolle kamen, kam Uwe aufgeregt zu mir und zeigte mir seinen Reisepass. „Hoffentlich machen die mir keinen Ärger, denn mein zweiter Vorname lautet ‚Adolf'!" „Oh Mann, niemand kann doch was für seinen Namen", beruhigte ich ihn. So war es dann auch; Uwe kam mitsamt seinem zweiten Vornamen durch alle Kontrollen hindurch.

Doch da war schon die zweite Sorge da, denn er vermisste seinen Koffer. Irgendwo hatte er ihn stehen lassen – mitten in der Empfangshalle! Man stelle sich vor: Mitten im Flughafen von Tel Aviv ein herrenloser Koffer ... von vielen bereits misstrauisch beäugt ... Doch auch hierbei ging wieder alles gut.

Uwe ist ein gutmütiger Typ, der ohne zu zögern hilft, da ist, wenn man ihn braucht und keine Opfer und Mühen scheut. Ein feiner Kerl. Wie schön, dass er uns den schlimmsten Tag seines Lebens anvertraut.

Uwe, der Tattoo-Meister

Hallo, mein Name ist Uwe, 57 Jahre alt, verheiratet, drei Kinder. Ich bin Tätowierer, und davor war ich Gitarrist in verschiedenen Rock- und Metall-Bands.

Ich habe keine Vorstrafen, nichts mit Drogen und Alkohol, lebte so vor mich hin und rätselte oft über den Sinn des Lebens. Ohne Erfolg!

Doch 2011 kam ich durch meine Frau zum lebendigen Glauben an Jesus Christus! So erkannte ich, dass Jesus für meine Sünden am Kreuz gestorben ist und dass das Leben ein Geschenk von Gott, unserem Schöpfer, ist.

Dann, im Juli 2018, an einem sonnigen Vormittag, stand die Polizei vor meiner Tür, führte mich einer schlechtgelaunten Haftrichterin vor und steckte mich wegen angeblicher Fluchtgefahr ins Gefängnis (U-Haft). Wegen einer fast zwei Jahre zurückliegenden falschen Beschuldigung. Im Polizeiauto betete ich noch um Hilfe, und ich spürte eine Kraft, die mir alle Ängste nahm. Dann ging alles sehr schnell. Im Gefängnis angekommen, alles abgeben, nackt ausziehen, alle Körperöffnungen zeigen, und danach gab's viel zu große Haftkleider. Anschließend ab in eine Zweier-Zelle. Krass!!

Vor zwei Stunden war ich noch in Freiheit und jetzt ... zu zweit in einer 15 qm, mit Handtüchern am Fenster abgedunkelten Zelle! Ich fühlte mich elend, gedemütigt und meiner Freiheit beraubt, von allen verlassen. Am schlimmsten war es, von meiner Familie getrennt zu sein. Der schrecklichste Tag in meinem Leben. Da musste ich an Jesus denken, als er rief: *„Mein Gott, mein Gott, warum hast du mich verlassen?"* (vgl. Matthäus 27,46).

Ich verstand das alles nicht und betete: „Herr, hier bin ich! Warum? Was soll ich tun?" Ich sah, wie mein Zellenkollege Andy ein Blatt mit Bibelsprüchen vom Kalender abriss und zerknüllte. Ich sagte zu ihm: „Lies doch erst mal, was draufsteht!" Andy fragte, warum, und meinte, dass es Gott nicht gibt. So gab er mir den täglichen Bibelspruch. Ich las ihn laut vor und erklärte ihm den Sinn. Da bekam Andy doch Interesse und ging sogar am Sonntag in den dortigen Gottesdienst mit. Ich spürte Gottes Führung und wie er mir die Worte in den Mund legte. Täglich gab es eine Stunde Hofgang, wo ich neue Häftlinge kennenlernte. Diebe, Mörder, Menschen auf der Suche nach Anerkennung und Liebe! Ich hörte viele Schicksale und erklärte ihnen, dass nur Jesus ihnen helfen kann. Es entstanden echte Männerfreundschaften. Nach fast drei Wochen kam Romeo (ein Mithäftling) auf mich zu und sagte: „Uwe, du sprichst die ganze Zeit von Jesus; du gehörst nicht hierher, Jesus holt dich bald hier raus!"

Am nächsten Tag, um 9 Uhr, wurde ich entlassen – NICHT SCHULDIG. Die Wahrheit, die mich frei machte, kam ans Licht. Krass! Romeo hatte es angekündigt. Preist den Herrn! Endlich frei, endlich wieder zu meiner Familie. Jetzt wurde mir klar, dass Gott mich gebraucht hatte, um das Evangelium zu bringen.

Eineinhalb Jahre nach meiner Entlassung habe ich immer noch regen Kontakt zu sieben Häftlingen. Drei besuche ich alle vier Wochen im Knast und vier sind schon frei und besuchen uns regelmäßig. Jesus ist dabei immer ein großes Thema!

Und hier noch ein Bibelvers, der mich durch diese Zeit getragen hat:

> *Sorgt euch um nichts; sondern in allem lasst durch Gebet und Flehen mit Danksagung eure Anliegen vor Gott kundwerden. Und der Friede Gottes, der allen Verstand übersteigt, wird eure Herzen und eure Gedanken bewahren in Christus Jesus!* (Philipper 4,6-7 SLT).

Wenn ich an Freiheit denke, fallen mir spontan drei Dinge ein:

Der Ort an dem wir leben – Europa: Das Privileg, auf einem Kontinent zu leben und mich frei auf ihm bewegen zu können, in einer friedlichen Zeit!

Die Kür – Selbstverwirklichung: Das Privileg, jeden Tag meine Begabungen einsetzen zu dürfen in dem, was ich tue!

Und vor allem – Vergebung:
Trotz meiner Fehler durch Demut und Vergebung immer wieder eine zweite Chance zu bekommen!

Jonas Keller, CEO „explain GmbH"

Kapitel 33

Schonungslos ehrlich

Sehr oft in meinem Leben suchte ich die Einsamkeit. Dort konnte man mir nicht weh tun. Einsamkeit bedeutete für mich zugleich Sicherheit. Niemand, der dich mit Worten und Taten verletzt; keiner, der lacht, dich ausgrenzt oder demütigt. Hier waren wir zu zweit, Jesus und ich. Bereits als kleiner Junge schüttete ich mein Herz bei ihm aus.

Der „Beiberg"; wunderschön – ein Teil meiner geliebten Heimat

Als 16-Jähriger wollte ich meinem Leben ein Ende setzen und ging auf einen meiner Lieblingshügel, auf dem ein großen Eisenkreuz steht. Ich suchte Hoffnung, Trost, aber auch Kraft und Sinn.

In dieser Nacht erlebte ich mein eigenes, kleines Wunder. Mein Herz war unendlich schwer. Durch viele Dinge, die zusammenkamen, war das Fass kurz vor dem Überlaufen. In meiner Verzweiflung kniete ich an diesem Kreuz nieder. Ich sagte ihm einfach alles, obwohl mir klar war, dass er alles wusste. Doch es war befreiend. Eine unfassbare schöne Sternschnuppe flog kurz danach durch die Nacht; es war unbeschreiblich schön. Genau in diesem Augenblick – als ich darum bat, als es so finster in mir und um mich herum war – dieses wunderbare kleine Licht mitten in der Nacht.

Mein zweiter Lieblingsort ist unsere Ruine. Als Kind verbrachte ich hier unzählige Stunden. Sie war unsere „Playstation". Hier spielten wir Cowboy & Indianer, Räuber & Gendarm. Wir kletterten und hatten so manches Lager. Mit meinen Trainingsgruppen sind wir oft hier oben und trainieren zwischen den Felsen. Eine atemberaubende Kulisse!

Unsere Ruine

Oft saß ich einfach nur auf einem Felsen und dachte nach, über Gott, mein Leben, die Welt, über Großes und Kleines; oft träumte ich auch nur. Nach meinem Herzinfarkt 2018 verbrachte ich hier viel Zeit, um zur Ruhe zu kommen, mein Leben ein Stück weit neu zu sortieren.

Selbst an trüben Tagen übt dieser Ort eine besondere Faszination aus. Von der Ruine aus habe ich stets den besten Blick auf meine ganze Heimat, auf mein Elternhaus, auf die Kirche, in der ich so oft Zuflucht und Geborgenheit fand, auf meine Grundschule und auf die weiterführende Schule, wo ich häufig von „Klassenkameraden" gedemütigt wurde. Ja, von hier aus, mit diesem Sicherheitsabstand, machte ich mir viele Gedanken und träumte sehr oft vor mich hin. Im Prinzip hat sich nicht viel verändert. Noch heute besuche ich regelmäßig „meine" Ruine. Ob es ein einsamer Spaziergang ist, während dem ich meinen Gedanken nachgehe, bete, oder ob ich mit anderen hier Zeit verbringe.

Viele Stunden verbrachte ich schon auf dieser Bank unter dem großen Baum.

Ich kämpfe wohl deshalb so gerne, weil mein Leben so oft ein Kampf war. Heute kämpfe ich aus einer Freiheit heraus. Oft werde ich gefragt, wie es denn zusammenpasse, als Christ zu kämpfen. Die Antwort ist wirklich sehr einfach. Oft stelle ich meinen Zuhörern eine Gegenfrage: Wer von ihnen würde nicht für sein Kind kämpfen, wenn es angegriffen oder entführt werden würde? ALLE wären in diesem Moment bereit zu kämpfen. ALLE hätten in diesem Augenblick nur eine Motivation: LIEBE. Ja, Liebe ist meine Motivation zu kämpfen, meine einzige! Nicht aus Minderwertigkeit, nicht aus Wut und Hass ... NEIN, aus Liebe.

Es muss etwa 2015 gewesen sein; ich war wieder einmal auf der Ruine, um ein wenig zur Ruhe zu kommen, als ich den Impuls bekam, zum Grab meines Papas zu gehen. Aber es war noch ein anderes Gefühl dabei, ein Gefühl, dass mir eine Begegnung bevorstehen würde. So betete ich: „Gott, wenn du mich gebrauchen kannst, dann bin ich gerne dazu bereit!“

Ich machte mich auf den Weg zu unserem Friedhof, die letzte Ruhestätte meiner geliebten Oma, meines lieben Opas, von Onkel Heinz und vieler Freunde sowie meines über alles geliebten Papas. Da stand ich nun an seinem Grab und war wie immer nur dankbar, dass wir beide noch die Kurve bekommen hatten, uns gegenseitig Liebe ausgesprochen und vergeben hatten und in den Arm hatten nehmen können. Ein paar Meter weiter entdeckte ich meinen

Freund Robert aus Kindertagen. Robert und ich hatten in einer Mannschaft gespielt und uns als Kinder auch ab und zu geprügelt.

„Hey Robert, wie geht's dir?", rief ich ihm entgegen. Sein Blick war traurig, müde und leer. Er kam näher zu mir her und meinte: „Passt schon ..." Daraufhin sagte ich zu ihm: „Passt schon heißt sehr oft auch ‚beschissen'." Verzeih meine Wortwahl, aber das war genau meine Antwort damals. Kaum hatte Robert dies gehört, drehte er sich mit Tränen weg. Ich ging auf ihn zu und sagte ihm, dass er mir alles sagen könne, wenn er wolle. So packte er nun alles aus.

Er erzählte mir, er habe so viel Druck in seinem Leben und deshalb zu saufen begonnen. Dreimal hatte man ihm bereits den Führerschein entzogen. Seine Frau schleppte sich mit diversen gesundheitlichen Problemen herum und muss nun auch noch ihn täglich chauffieren. Bei seinem letzten Crash verursachte er zudem auch noch einen Unfall. Berge von Sorgen und Problemen häuften sich in seinem Leben an. Ich hatte das Gefühl, dass er mitten auf dem Friedhof, von Tod umgeben, um Leben rang und um Freiheit, aber nicht wusste wie, wo oder was.

Oft frage ich die Leute, wie ihre Beziehung zu ihren Eltern ist, da dies eine wichtige Basis ist, um Sicherheit im Leben zu haben, versöhnt zu leben, Liebe auszusprechen. Ja, ich fragte ihn, ob er seinen Eltern in den letzten Jahren Liebe ausgesprochen hatte. Er schaute mich mit großen Augen an und erzählte mir, er habe das noch nie gekonnt, genauso wenig seinen Geschwistern gegenüber. Ich gab ihm zu verstehen, dass dies doch mal ein guter Anfang wäre, einfach mal Liebe auszusprechen. Liebessamen zu säen, ohne aber etwas zurückzuerwarten.

Einige Tage später sah ich Robert wieder. Es schien mir, als wäre die große Schwere etwas aus seinem Gesicht gewichen. Freudestrahlend berichtete er mir, dass er am selben Tag noch zu seinen Eltern gegangen sei, sie um Verzeihung gebeten und ihnen Liebe ausgesprochen habe. Jedes Mal ernten die Leute, die das tun,

Verwunderung, Sprachlosigkeit oder ungläubiges Staunen – manchmal fließen Tränen. Robert erlebte bereits an diesem Tag ein Stück Freiheit. Aufgrund einiger Meinungsverschiedenheiten hatte er auch ein Stück Distanz zu seinen Geschwistern gehabt; doch auch diese Distanz hatte Robert nun überwunden (welch ein Wort: über-Wunden). Ab diesem Zeitpunkt fing Robert an zu beten. Er war wie ein ausgetrockneter Schwamm, der sich mit Wasser vollsaugte.

Wie ein Hirsch nach frischem Wasser lechzt, so sehne ich mich nach dir, mein Gott! (Psalm 42,2 GNB)

Eines Tages war Alexander Dimitrenko, mein guter Freund, bei uns, der ehemalige Europameister im Schwergewicht. Gemeinsam mit Robert spazierten wir an einem Sonntag zur Ruine. Robert teilte uns mit, dass er am nächsten Tag eine MPU (Medizinisch-Psychologische-Untersuchung) habe, im Volksmund auch Idiotentest genannt, was den Druck für die Leute bestimmt noch schlimmer macht. Robert erzählte uns von seinen Ängsten und seinen Sorgen. Er weinte!

„Was soll ich den Leuten nur sagen?“, fragte er flehend.

Alexander fragte: „Du bist doch bestimmt öfters besoffen Auto gefahren!?“

„Ja“, gab Robert traurig zu.

Alexander fuhr fort: „Okay, dann sei einfach ehrlich! Sag ihnen, du hast in deinen Leben nicht gelernt, über Gefühle und Sorgen zu reden. Du wusstest nicht, wohin mit deiner Schuld und deinem Versagen; und in deiner Not wolltest du dich mit Alkohol betäuben. Sag ihnen, dass du regelmäßig betrunken warst und sehr oft betrunken gefahren bist; aber sie haben dich halt nur dreimal erwischt.“

Ungläubig und erstaunt, fast schon schockiert schaute Robert Alexander an. „Ist das dein Ernst? Dann bekomme ich meinen Führerschein nie wieder!“, meinte er verzweifelt.

Alexander erklärte ihm, Jesus habe einst gesagt, dass die Wahrheit uns frei macht; und was könne schlecht daran sein, die Wahrheit zu sagen?

An diesem Tag beteten wir drei zusammen. Robert war sich sicher, dass er diesen Weg der Wahrheit gehen möchte. Die Gebete und die Zeit mit uns gaben ihm Kraft und Trost.

Am nächsten Abend teilte er uns mit, er habe der Psychologin alles gesagt, ja, er habe sich „FREI“-geredet.

„Nun liegt es in Gottes Händen“, meinte er. Das Ergebnis wolle man ihm zwei Wochen später mitteilen. Robert war ruhig. Er wusste, dass er nun nie mehr allein sein würde. Er konnte Liebe aussprechen und über das reden, was ihm schwer war.

Zwei Wochen später sandte er mir eine Sprachnachricht. Er weinte und schrie vor Freude zugleich. Er würde seinen Führerschein wiederbekommen – ein Wunder! Nach vielen Jahren war er nun wieder mobil und seine Frau wurde entlastet. Nie wieder rührte er den Alkohol an.

An einem Sommertag saß ich nachmittags mit meiner Tante Elfriede im Straßencafé, als er uns freudestrahlend entgegenlief. Er kniete sich fast neben mich hin. Ich wollte ihm meinem Platz anbieten, aber er war so aufgeregt und wollte einfach nur erzählen.

„Du wirst es nicht glauben. Vor Monaten hatte ich keinen Führerschein. Nun habe ich auch meinem LKW-Führerschein wiederbekommen. Und den Taxischein habe ich auch noch gemacht! Vor Monaten musste meine Frau mich ständig herumfahren, nun bin ich auch noch Taxifahrer und darf nebenher andere Menschen an ihr Ziel bringen. Seit Gott in meinem Leben ist, bin ich frei! Dafür bin ich ihm so unendlich dankbar! Ich habe zwar noch immer Probleme und Sorgen, aber Gott ist bei mir, gibt mir Rat und Kraft. Und ich bin gespannt, welche Wunder er noch für mich hat!“

Seine schonungslose Ehrlichkeit hatte ihm ein völlig neues Leben geschenkt. Robert durfte es erleben: „Wahrheit macht frei.“
Wie schön! Und alles hatte mit einem Impuls auf meiner Ruine begonnen. Ich freue mich so sehr für Robert und seine Familie. Ich durfte ihm Liebe und Wertschätzung entgegenbringen, und er teilte all dies mit vielen um ihn herum. Das Schöne dabei ist, dass wir selbst die Beschenkten sind, wenn wir andere ehren, wertschätzen und lieben.

Wer anderen eine Blume sät, blüht selber auf!

Freiheit finde ich in dem Wissen meiner Herkunft und Zugehörigkeit. Zu wissen, dass mich ein Gott geschaffen hat, der mich trotz all meiner Fehler liebt und über mich sagt, dass ich wunderbar gemacht bin, und der nichts sehnlicher wünscht, als die Ewigkeit mit mir zu verbringen. Ich muss nichts leisten. Er nennt mich sein Kind. Der Himmel ist ein Geschenk, weil jemand für mich bezahlt hat. Danke Jesus – das ist Freiheit!

Thomas Enns, Sänger der Band "Koenige & Priester"

Kapitel 34

Gefängnis der Lust

Jeremy Hammond

„Nicht schon wieder! – NEIN!“, schrie ich innerlich, als ich wieder zu mir kam. Raus aus dem dicken dunklen Nebel meiner lüsternen Fantasien! Der Rausch wich schnell aus mir und die Depression und Ernüchterung klopften pochend an mein leeres Herz. Meinen Laptop aufgeklappt noch neben mir auf dem Beifahrersitz meines Geschäftswagens – schnell die vielen offenen Tabs wegklicken und den Browserverlauf löschen. Ein schneller Blick aus dem Auto, das ich in einer verlassenen Straße geparkt hatte, um mich zu vergewissern, dass keiner mich sehen würde.

Ich war auf dem Heimweg von der Arbeit gewesen und hatte dem Drang, mir das nächste pornografische Foto, das nächste Video anzuschauen, nicht widerstehen können. Schon lang bevor ich es tat, wusste ich, dass ich wieder anhalten und den Laptop aufklappen würde. Die Momente danach waren immer die schlimmsten. Ich kannte dieses Gefühl der Hilflosigkeit, der Selbstanklage, der Schwäche schon seit ich neun war. Jetzt, mit 32, waren mir diese ganzen Gefühle so vertraut, dass ich gelernt hatte, sie im Schnelldurchlauf durchzuspielen – ich konnte ja nicht lange hier im Auto sitzen bleiben. Meine Frau und drei Töchter warteten auf mich. Eine innere Kälte hatte sich schon seit Jahren in mir breit gemacht, sodass ich all die Gefühle schnell im hintersten Loch meiner Seele vergrub. Ich holte die Maske des guten Ehemanns und Vaters wieder heraus.

Doch in den letzten Wochen war das Ausmaß der Dunkelheit in meiner Seele intensiver gewesen. Ich spürte fast, wie sie mich von innen heraus umklammerte und immer näher an den Abgrund zog. In mir herrschte Chaos. Mein Umgang mit Pornografie lief völlig aus dem Ruder. Was ich vorher noch gut hatte deckeln können, brach nun auf einmal mit einer Vehemenz aus mir heraus, die ich nicht mehr kontrollieren konnte. Ein „Pornoabsturz“ pro Woche war schon längst Vergangenheit. Inzwischen konsumierte ich auch auf der Arbeit. Morgens wachte ich schon seit Tagen mit dem Gefühl auf, wie fremdgesteuert zu sein, wie ein Roboter. Und bereits in den frühen Morgenstunden loggte ich mich auf einer Pornoseite ein. Ich war nicht mehr Herr meiner selbst. Ich fühlte mich von einer dunklen Sucht angezogen und konnte dem absolut nichts entgegensetzten.

Das war jetzt heute schon das vierte Mal gewesen. Hunderte Bilder an einem Tag – alles angeklickt, verschlungen und weggeklickt. Ich hatte an dem Tag schon etliche brenzlige Situationen im Büro gehabt, zum Beispiel als eine Kollegin hereinkam und ich noch eine Pornoseite offen hatte. Gerade noch rechtzeitig konnte ich mein Email-Programm nach vorne klicken. Solche riskanten Situationen kamen fast täglich vor. Ich fühlte mich diesem dunklen Sog komplett ausgeliefert. Alle meine Versuche auszusteigen, hatten nichts gebracht. Und jetzt war es schon so weit, dass ich mich bei der Arbeit nicht mehr konzentrieren konnte, ohne mir nebenher immer wieder einen Porno reinzuziehen.

Ich realisierte etwas, an diesem Tag in dem Auto. Ich war wie ein Ball in einem Trichter. Ich rollte als Ball dem Schlund entgegen und fühlte mich absolut gefangen. Wenn ich so weitermachte, dann würden als Nächstes Gedanken an Fremdgehen, Selbstmord und daran, von Zuhause auszuziehen folgen. Meine Lage erschien mir an diesem Tag so aussichtslos – ein extremer Schock! Mir wurde klar, dass ich auf dem besten Weg war, meine Ehe zu zerstören, meine Kinder nicht mehr zu sehen, meinen Job zu verlieren – es war eigentlich nur eine Frage der Zeit, bis der Web-Administrator die Infos an meinen Chef weitergeben würde.

Dieser Weckruf, dieser Schock trieb mich zu einem Entschluss: *Entweder du gibst dich dem hin und alles geht den Bach runter, oder du erklärst dich vor Gott bereit, alles zu tun, was er für nötig hält, um dich aus dieser Sucht herauszuholen.* Mit Tränen in den Augen und einer neu gewonnenen Entschlossenheit betete ich: „Herr, ich werde alles tun, was du für nötig hältst, um mich da rauszuholen. Ich halte nichts mehr zurück. Ich hasse dieses Leben. Zeig mir den Weg in die Freiheit." Und so begann ein langer Prozess, der zirka eineinhalb Jahre dauerte.

*****

Die Pornografie hatte mich von der ersten Minute an gefesselt. Das war, als ich neun war. Das erste Mal, als ich mir diese Bilder anschaute, war ich mit einem Freund in seinem Zimmer unter einer Decke unterm Bett versteckt. Es war etwas Heimliches, ein Geheimnis, ein Abenteuer – und es tat etwas mit mir. Ich wollte mehr davon und war sehr neugierig, als mein Freund mir mehr zeigte: Wir gingen zum Fitnessstudio und spähten durch die Fenster in das Büro, wo an der Wand ein Panini-Kalender hing. Oder wir wühlten durch das Altpapier. Schon bald fing ich an, auch alleine nach diesen Bildern zu suchen. Es dauerte nicht lange, und eine gewisse Regelmäßigkeit stellte sich bei mir ein.

Doch gab es auch Phasen, in denen sich meine Sucht in einem einigermaßen erträglichen Rahmen bewegte. Während meiner Uni-Zeit lernte ich meine Frau kennen, und ich wusste schnell, sie würde die Frau meines Lebens werden. Unmittelbar vor unserer Hochzeit hatte ich sogar eine längere Phase, in der ich kaum mit meiner Sucht zu kämpfen hatte. Meine Hoffnung war, dass ich heiraten und sich das Problem von selbst lösen würde. In unserer Ehevorbereitungszeit erzählte ich Inka, dass Pornografie ein kritisches Thema für mich war, blieb aber sehr an der Oberfläche. Ich hoffte ja, dass es weggehen würde. Unsere Traumhochzeit kam und ging vorüber, und zu meinem tiefen Erschrecken war nur wenige Monate nach unserer Hochzeit mein altes Suchtverhalten wieder da.

Unser erstes Ehejahr war sehr stark umfochten: Wir beide kämpften mit Einsamkeit, zerbrochenen Lebensträumen, Identitätskrisen und Krankheit. Ich reagierte auf diesen Druck, indem ich wieder im Pornokonsum meinen Trost suchte. Als Reaktion auf Überforderung, Frust, Einsamkeit und Langeweile wurde Pornografie die Droge meiner Wahl, um abzuschalten, Trost zu finden, aber auch, um einen neuen Adrenalinkick zu spüren.

Ab und zu entdeckte meine Frau Bilder auf meinem Laptop oder mein schlechtes Gewissen plagte mich so stark, dass ich ihr einen Fall beichtete. Das stürzte unsere Ehe jedes Mal in eine tiefe Krise. Es war nicht nur mein Fehlverhalten, das sie verletzte, sondern besonders auch mein Lügen. Ich wollte ihr nicht wehtun, konnte aber auch nicht damit aufhören. Ich war in meiner Familie körperlich präsent, aber viel zu oft gedanklich abwesend. So viel Zeit und Gedanken gingen drauf, den Konsum zu verstecken oder mich schlecht zu fühlen, es aber nicht nach außen zu zeigen. Mein einziger Plan war, *es* unter Kontrolle zu halten. *Es* durfte nicht rauskommen, und Inka durfte nicht davon erfahren. Auf keinen Fall!

Noch mehr Lügen, noch mehr Geheimnistuerei. Und dann kam der Moment im Auto, 2011, als ich in den Abgrund meiner Zukunft sah.

*****

Alles war außer Kontrolle. Dieser erfolgreiche Geschäftsmann mit seiner tollen Familie war innerlich komplett fremdgesteuert, wie ein Sklave, ein Roboter. *Ich werde alles verlieren, wenn ich nicht jetzt etwas unternehme.* Dieser Schock löste in mir eine Dringlichkeit aus. *Etwas musste sich verändern, und zwar jetzt!*

Ich klappte den Laptop zu und fuhr nach Hause. Auf der Fahrt schrie ich zu Gott. Ich kapitulierte und gab meine Ohnmacht vor ihm zu. Ich war nun bereit, alles zu tun. Die Pornografie stand vor mir wie ein Riese, und ich hatte absolut keine Ahnung, wie er zu Fall gebracht werden konnte. Aber: Ich hatte ihm den Kampf angesagt! In mir wuchs eine Entschlossenheit, die ich davor in meinem Leben noch nie gekannt hatte.

Eines hatte ich all die Jahre nicht geschafft: offen mit anderen Männern darüber zu reden, was mit mir los war und wie es innen in mir wirklich aussah. Daher war das jetzt mein erster, entschlossener Schritt. Fieberhaft, als ob mein Leben davon abhinge, suchte ich im Internet nach einer christlichen Selbsthilfegruppe, schrieb E-Mails an Organisationen, um zu sehen, ob sich so eine Gruppe in meiner Gegend trifft. Es gab nichts, gar nichts! Wieder fühlte ich mich absolut alleingelassen. Im Internet fand ich einen christlichen Kurs auf English, den ich durchmachte und der mich täglich sehr herausforderte. Ich lernte Gottes Wort auf eine komplett neue Art kennen. Davor war die Bibel für mich ein moralisches Buch gewesen, voller Dinge, die ich tun und lassen sollte. Jetzt wurde sie zu meinem Befreiungsbuch, ein Buch voller Wahrheiten, die mich freisetzten. Jeden Tag sprach ich mir die Verheißung Jesu vor: „Ihr werdet die Wahrheit erkennen, und die Wahrheit wird euch freimachen."

Ich war fertig mit dem Doppelleben und wollte keine Masken mehr aufsetzen. Die knallharte Wahrheit über mich selbst, über Gott und über diese Sucht wurde mir so wichtig. Bloß keine Show mehr, kein Wegschauen, keine zwanghafte Kontrolle. Ich wollte herausfinden, was mich immer wieder in dieses Verhalten trieb und warum dieses große Loch in mir war.

Schnell brachte Gott auch die Wahrheit über meine Motivation an die Oberfläche. Ich hatte in der Vergangenheit immer aus total selbstsüchtigen Motiven heraus versucht, von der Pornografie wegzukommen. Es ging mir eigentlich immer nur um mich. Ich wollte dieses schlechte Gewissen nicht mehr haben, keine mehr Zeit verschwenden, mein Verhalten aus eigener Kraft überwinden. Kein Wunder, dass sich da nichts bewegt hatte! Jetzt hatte sich ein grundsätzlicher Punkt geändert: Ich wollte frei werden, um Gott die Ehre zu geben. Mein ganzes Leben sollte ihn ehren; und selbst mein Weg aus der Sucht war eine grandiose Möglichkeit, um ihn zu verherrlichen.

Alle Impulse, die ich fand und die radikal waren, wollte ich sofort umsetzen. Ich wusste, dass ich ein jahrelang antrainiertes Verhalten nicht von heute auf morgen einfach so durchbrechen konnte. Aber Gott half mir zu erkennen, dass er mir in diesem Freisetzungskampf etwas Entscheidendes beibringen wollte, nämlich: Ich musste radikal anders leben, damit ich radikal für Jesus leben konnte!

Mein erster Schritt in diese Richtung: Ich musste meinen Pornokonsum stoppen, aufhören, weitere Bilder in mich aufzunehmen. Ich traf die Entscheidung, nie alleine an meinem Laptop zu sitzen. Ich zog den Stecker des Fernsehers in den Hotelzimmern. Ich betete, nachdem ich im Hotel eingecheckt hatte, als erstes laut Verse aus Gottes Wort. Ich legte bei längeren Autofahrten mein Handy und meinen Laptop in den Kofferraum. Ich veränderte die Position meines Arbeitsplatzes so, dass jeder auf meinem Bildschirm schauen konnte. Ich installierte eine Filtersoftware. Diese Aktionen zeigten Erfolg. Nur wenige Wochen später hatte sich mein Konsum ganz deutlich reduziert.

Es war Zeit für den zweiten Schritt: Es reichte nicht aus, dass ich nur alte Gewohnheiten beendete. Dieses tiefe Loch in mir musste gefüllt werden, gefüllt mit einer echten Beziehung zu Gott. Sein Wort wurde zu einer Quelle für mich. Ich fing an, Bibelverse nicht nur auswendig zu lernen, sondern sie mir in brenzligen Situationen laut vorzubeten. Gottes spürbare Gegenwart war etwas, wonach ich mich so sehr sehnte. Erst jetzt wurde mir das richtig bewusst. Vorher hatte ich diese Sehnsucht durch meine Sucht betäubt.

In dieser ersten Zeit auf meinem Weg in die Freiheit erlebte ich etliche Rückfälle. Was mich in solchen Momenten immer am meisten ärgerte, war, dass ich meine Beziehung zum Heiligen Geist verletzte. Er wurde etwas Kostbares für mich, ein Schatz, den ich nicht aufgeben wollte. Täglich stand ich extra früh auf, um noch vor der Arbeit in der Bibel zu lesen. Sein Wort wurde zu meiner Nahrung, die mein Inneres ernährte.

Die Versuchungen waren noch immer da, aber es gab viele Aha-Momente, in denen Gott mir die Wahrheit aufzeigte. Der Heilige Geist entlarvte nach und nach jede Lüge, die sich hinter einer Versuchung verbarg, wie: „Ich werde mich besser fühlen, wenn ich mir das Video anschaue." Oder: „Du musst dich jetzt belohnen." Oder: „Ohne Pornokonsum kommst du nicht runter vom Stress." Und so weiter. Ich fing an, die Sünde zu hassen. Ich *wollte* in der Wahrheit leben und nicht mehr vollgestopft mit Lügen als Sklave der Pornografie!

Diese Wahrheit und Freiheit musste ich mir jeden Tag erkämpfen. Oft sagte ich laut: „Das ist eine Lüge! Ich werde mich nicht besser fühlen, ich brauche das nicht!“ Es klingt simpel, aber mein Leben lang war ich in diesen Lügen gefangen und hatte dem nie etwas entgegengestellt. Jetzt nahm ich das Wort Gottes und betete die Wahrheiten über mir aus. Mir Bibelverse laut vorzusagen, war für mich am Anfang sehr gewöhnungsbedürftig. Aber ich merkte, dass es mir half, und ich gewann an Sicherheit. Im Auto schrie ich die Wahrheit aus voller Kehle heraus. Ich wollte die Wahrheit erkennen, und diese Wahrheit musste in meinem Herzen *lauter* werden als die vielen Lügen. Langsam wich die Schwere mit der erstaunlichen Erkenntnis, dass ich immer eine Wahl habe! Es war für mich eine große Erleichterung, als ich merkte, dass ich der Pornografie nicht jedes Mal nachgeben musste. Ich habe nicht nur theoretisch die Wahl. Nein, ich habe sogar die Kraft Gottes in mir, die mir hilft, nicht nur zu widerstehen. Sie zieht mich auch in die wunderbare Gegenwart Gottes. Dieses tiefe Verlangen nach Gott beflügelte mich und füllte mich mit einem heiligen Zorn gegen alles, was mich von ihm fernhalten wollte.

*****

Wenn ich heute zurückschaue, weiß ich: Es waren extrem anstrengende Monate, diese Tage, an denen Gott meine Selbstdisziplin trainierte und an denen ich meine Schwachheit vor ihm zugab. Es waren aber auch Tage der großen Siege! Dort, wo ich früher stundenlang in der Pornografie versunken war, konnte ich jetzt Nein sagen. Manchen Klick in die falsche Richtung konnte ich wieder umkehren. Das absolute Highlight für mich waren die Geschäftsreisen, bei denen ich alles, was ich gelernt hatte, in einer noch größeren Schärfe anwenden musste – und auch konnte. Was für ein Glücksgefühl, nach Hause zu kommen und Inka und meinen Kindern mit reinen Augen zu begegnen, ohne schlechtes Gewissen im Gepäck. Ich spürte das Adrenalin der Freiheit und wollte mehr davon.

Ich war so froh, dass ich in dem Kampf nicht allein war. Ich fand einen Mann, der mein täglicher „Rechenschaftspartner“ wurde. Täglich sagte ich ihm, wie es mir ging, ob ich Pornografie konsumiert oder mich selbstbefriedigt hatte. Oft betete er für mich und lies mich wissen, dass ich nicht alleine bin. Das Alleinsein und die Heimlichtuerei betrachtete ich nun als meine Feinde. Und so fing ich an, meine tiefsten Wunden ins Licht der Wahrheit zu bringen.

Inka bemerkte bald diese kämpferische Veränderung in mir, und ich sprach offen mit ihr über alles. Ich öffnete mich auch gegenüber meinem Pastor und Kleingruppenleiter. Jedes Gespräch versetzte der Lüge, die mich in der Vergangenheit glauben ließ, dass ich das alles alleine schaffen könnte, einen kräftigen Hieb. Es war natürlich sehr hart, diese Schwäche vor anderen zu bekennen. Aber ich merkte, wie gleichzeitig die Kraft der Versuchung und der Sünde viel weniger wurde. Es war kein Geheimnis mehr. Die Masken waren gefallen.

Dann wurde ich gefragt, ob ich bereit wäre, mein Zeugnis vor der ganzen Gemeinde zu erzählen. Ich hatte inzwischen Spaß an jedem Schritt, der radikal anders war. Also sagte ich gleich zu. Mit einem Schlag hatte ich meine größte Schwäche vor 200 Leuten offengelegt! Am Ende machte ich einen Aufruf, eine Männergruppe in unserer Gemeinde zu starten, in der wir uns gegenseitig im Kampf gegen die Pornografie helfen würden. Nach wie vor war ich geschockt, dass es so wenige christliche Gruppen zu diesem Thema gab.

Meine Freiheit von der Pornografie hatte enorm positive Auswirkungen für mich, mein Umfeld und mein Leben. Ich fühlte mich so lebendig, wie lange nicht, ich drehte mich nicht mehr nur um mich selbst und bekam wieder einen freien Blick für meine Frau und meine Kinder. Ich war innerlich nicht mehr isoliert und abwesend, sondern hatte eine neue Wachheit und Präsenz. Die Wahrheit hat mich frei gemacht, auch um meine geistliche Berufung wieder zu erkennen. Die 10 Jahre, in denen ich in meine Abhängigkeit verstrickt war, war ich in meinem Glauben kaum gewachsen. Es gab viel Nachholbedarf! Ich staunte darüber, wie ich Gott aus meiner tiefsten Wunde heraus die Ehre geben durfte, und dass er selbst diesen Schmerz dazu nutzte, um in meinem Herzen einen tiefen Glauben an ihn und an sein Wort wachsen zu lassen. Glaube war nun nicht mehr nur etwas abstrakt Moralisches. Er war jetzt ganz alltagspraktisch. Meine Berufung, die ich mit 16 Jahre bekommen hatte, erwachte wieder und lies mich nicht mehr los. Eigentlich hatte ich den Ruf in den vollzeitigen Dienst komplett verworfen. Aber jetzt war meine Leidenschaft dafür so stark wie nie und zu neuem Leben erwacht. Und so wagte ich mit meiner Familie das große Abenteuer: Ich kündigte meinen Job und wurde Gebetshausmissionar im Gebetshaus Augsburg. Nun leite ich *free!ndeed*[1]. Ich weiß, ich hätte nie meine Berufung gefunden, wäre ich noch in der Pornografie gebunden.

Ich bin Gott so dankbar dafür, wie er mich in die Freiheit geführt hat. Freiheit von Pornografie ist möglich. Er hat mein Leben komplett verändert und sich mir als starker Befreier gezeigt.

---

[1] www.free-indeed.de

Kapitel 35

Soweit die Füße tragen

Wolfgang Gröber

In dem Roman „So weit die Füße tragen“ von Josef Martin Bauer aus den 1950er-Jahren wird Oberleutnant Clemens Forell als russischer Kriegsgefangener zu 25 Jahren Zwangsarbeit in einem ostsibirischen Bleibergwerk in Kap Deschnjow verurteilt. Nach einem ersten Fluchtversuch wird er von seinen Kameraden in einem Spießrutenlauf halbtot geprügelt, weil diese mit ihm gemeinsam für sein „Vergehen“ mit Nahrungsentzug bestraft worden sind. Er lernt dann den ebenfalls gefangenen Arzt Heinz Stauffer kennen, der seine eigene Flucht bereits vorbereitet hat, aber weiß, dass er nicht mehr lange leben wird. So vermacht Dr. Stauffer Forell seine Ausrüstung und informiert ihn über einen möglichen Fluchtweg! Als der russische Lagerkommandant, Kamenev, Forells zweite Flucht bemerkt, findet er Stauffer tot in seinem Zimmer. Kamenev verfolgt Forell durch die Sowjetunion, doch dieser entkommt immer wieder.

In dieser Geschichte wird auf dramatische Weise die Ausweglosigkeit von Gefangenschaft dargestellt, mit dem unbändigen Drang nach Freiheit. Schließlich kommt Forell nach ca. 3 Jahren Flucht am Heiligabend nach Hause zu seiner Familie. Unglaublich spannend. Erschütternd! Auf ergreifende Weise wird man in die Thematik Freiheit mit hineingenommen. Mein Fazit: Nur wer Gefangenschaft kennt, erlebt wahre Freiheit!

Im Jesaja-Text des Alten Testaments steht es bereits, als Hinweis auf Jesus:

> *Der Geist des HERRN ruht auf mir, weil er mich berufen hat. Er hat mich gesandt, den Armen die frohe Botschaft zu bringen und die Verzweifelten zu trösten.*
> *Ich rufe Freiheit aus für die Gefangenen, ihre Fesseln werden nun gelöst und die Kerkertüren geöffnet. Ich rufe ihnen zu: „Jetzt erlässt Gott eure Schuld!"*
> *Doch nun ist auch die Zeit gekommen, dass der HERR mit seinen Feinden abrechnet. Er hat mich gesandt, alle Trauernden zu trösten. Vorbei ist die Leidenszeit der Einwohner Jerusalems! ... Statt der Trauergewänder gebe ich ihnen duftendes Öl, das sie erfreut. Ihre Mutlosigkeit will ich in Jubel verwandeln, der sie schmückt wie ein Festkleid ...* (Jesaja 61, 1-3 HFA)

Darin geht es um die Heilung von Herzen, um eine Befreiungsaktion. Was, wenn Jesus das tatsächlich für dein verletztes Herz, für deine Biografie tun würde? Frag ihn selbst: *Jesus, meinst du damit auch mich? Gilt das wirklich auch für mich?* – Er tut es, wenn du ihn lässt.

Der Sohn Gottes ist gekommen, um dich aus deiner Gefangenschaft zu befreien, um dein verletztes Herz zu heilen. Das verstehe ich unter Freiheit.

Freiheit ist für mich unendlich wichtig. Politisch ist sie für uns hierzulande ganz selbstverständlich: Meinungsfreiheit, Pressefreiheit, Versammlungsfreiheit, Reisefreiheit. Oft aber wissen wir dieses hohe Gut gar nicht genug zu schätzen. Daher sollten wir uns immer wieder fragen, warum uns die Freiheit eigentlich so wichtig ist. Das Verlangen danach wohnt zutiefst in jedem Menschen, weil es uns geschenkt ist von Anfang an – von Gott. Er gesteht uns zu, uns ständig all unserer Fähigkeiten zu bedienen, Entscheidungen zu treffen. Warum? Weil er uns liebt. Wäre wahre Freiheit ohne die Liebe möglich – ohne die Liebe Gottes? Ich glaube nicht. Denn nur die Liebe befreit, befähigt den Menschen, über sich selbst hinauszuwachsen, eben weil sie die Würde des Menschen zutiefst respektiert und damit auch seine freie Entscheidung.

Josefa Stauffenberg

Kapitel 36

Stärker denn je

Déborah Rosenkranz

Nein, ich weiß nicht, wie es sich anfühlt, im Gefängnis zu sitzen. Und doch habe ich viele Jahre meines Lebens in Gefangenschaft gelebt. Gefangen von der Lüge, es nicht wert zu sein, geliebt zu werden. Und so sperrte ich mich gedanklich über Jahre selbst ein: „Du darfst erst wieder unter Menschen, wenn du schlank und schön bist!“

30 Kilo später – und laut Aussage des Arztes „kurz vor dem Tod“ – hörte ich meine Eltern eines Nachts in ihrer Verzweiflung zu Gott schreien. Ich stand vor ihrer Schlafzimmertüre und hörte jedes einzelne Wort: Von „Wir können ja schon ihren Sarg kaufen“ bis zu „Nein, wir werden weiter beten, wir müssen Gott vertrauen!“ Dieses ehrliche Gebet hat in dieser Nacht meine gedanklichen Ketten gesprengt, und ich war das erste Mal bereit, mir Hilfe zu holen. Bis ich gesund wurde! Körperlich …

Denn Jahre später kam ich in eine, von außen betrachtet, völlig andere Situation. Ich landete in einer Beziehung mit einem Mann, der das alte Gefühl wieder hervorholte, obwohl wir schon dabei waren, unsere Hochzeit zu planen: „Du kannst nur geliebt werden, wenn du schlank und schön bist.“ Das war nicht nur ein Gefühl, das sagte er mir auch. Sätze, wie: „Deine Muttermale im Gesicht sind so hässlich, ich kann dich kaum noch anschauen“, rissen die alten Wunden wieder auf. Doch ich kam nicht von ihm los.

Ich schenkte ihm mehr Glauben, als dem Vers aus der Bibel, der meinen Selbstwert über die Jahre doch so gestärkt hatte: „DU hast mich geschaffen – meinen Körper und meine Seele … Großartig ist alles, was du geschaffen hast – das erkenne ich!“ (Aus Psalm 139). Ich gab den Worten eines Menschen mehr Macht als der Bibel und fiel erneut in ein sehr tiefes Loch. Ich verlor alles, was ich hatte. Meine Lebensfreude, meine Freunde, da sie ihm nicht gut genug waren, meine Musik, da ich für ihn damit zu wenig Erfolg hatte, ja – ich verlor mich selbst.

Als wir uns trennten, er aber nach acht Tagen wieder in einer neuen Beziehung war und vier Wochen später wieder verlobt, verlor ich den Halt komplett und stürzte in eine tiefe Depression. Ich! Der absolut lebensfrohe Mensch!

Wieder war ich über Monate komplett gefangen. Ich fühlte mich bestätigt in dem Gedanken, dass ich einfach nicht schön genug war, um geliebt zu werden. Hier hatte ich den Beweis! Die neue Frau an seiner Seite war optisch perfekt! Und ich verkroch mich im Selbstmitleid. Ich schlief nur noch mit schweren Schlaftabletten, weinte den ganzen Tag durch und schlussendlich dachte ich auf der Autobahn: „Nur einmal Gas geben und rechts in diese Mauer, dann ist all der Schmerz für immer vorbei.“

Foto: Dieter Düvelmeyer

In diesem Moment aber war es, als würde mir jemand auf die Schulter tippen: „Déborah, hol nochmal die Bibel hervor!“ Ganz ehrlich, es war für mich viel leichter, Netflix zu schauen und zu heulen, als Bibel zu lesen. Ich schob es über Wochen hinaus, bis gar nichts mehr ging. An dem Tag zog ich ein Büchlein hervor, in dem für jeden Tag ein Bibelvers, eine Geschichte und ein Gebet steht. Und da las ich das Wort: „Vergib!“ Schnell schlug ich es wieder zu!

Am nächsten Tag aber stand genau das gleiche Wort wieder im Betreff und ich verstand, dass ich niemals aus diesen negativen Gedanken und meiner Depression herauskäme, wenn ich nicht aktiv werden würde. So saß ich verheult im Schlafanzug am Tisch und sagte: „Gott, nicht von Herzen, aber ich spreche es aus: Ich vergebe ihm.“ In dem Moment gingen mir die Augen auf! Denn ja, was er getan hatte, war schrecklich und hatte mich zerstört! Doch wie oft hatte ich Menschen verletzt? Und war er nicht auch ein zerbrochener Mensch? Er konnte gar nichts anderes weitergeben als Verletzungen, weil er es selbst so erlebt hatte. Nun lag es an mir, diese Ketten zu zerbrechen, indem ich ihm vergebe, um nicht auch diese Verletzungen weiterzugeben. Während ich das tat – und ja, das war ein Prozess und ging nicht von heute auf morgen; ich musste mich täglich aufs Neue entscheiden, ihm zu vergeben –, spürte ich, wie ich Tag für Tag freier wurde von meiner Depression, meinem

Schmerz und sogar diesem Gedanken, der mich fast mein ganzes Leben gefangen hielt, dass ich erst geliebt werden könne, wenn ich schlank und schön bin!

> Die Vergebung war der Beginn meines heutigen Lebens in Freiheit! Und heute darf ich wirklich sagen, dass ich mich stärker fühle denn je! Wenn ich jetzt in der Bibel lese: „Ich danke dir dafür, dass du mich so wunderbar und einzigartig gemacht hast" (aus Psalm 139), dann glaube ich das mit voller Überzeugung, weil die Vergebung mich frei gemacht hat!
>
> Déborah Rosenkranz, Sängerin und Buchautorin[1]

[1] deborah-rosenkranz.net
Link zu Déborahs Lied „One prayer": https://www.youtube.com/watch?v=8K79MVeAj6Y

Kapitel 37

Rettung aus dem Sumpf

Irene Löwen

(Gefangenen-Seelsorgerin. Sie lernte durch ihren Dienst im Gefängnis ihren heutigen Ehemann Mike kennen und lieben; sie haben heute ein gemeinsames Kind.)

„Das Schlimmste hier im Knast ist, sich wie ein Tiger im Käfig zu fühlen. Am Gitter hin und her zu laufen. Die Freiheit zu sehen, aber nicht erleben zu dürfen." Solche Sätze hörte ich oft von den Gefangenen, mit denen ich arbeitete. Freiheit – ein Wort mit viel Bedeutung, wenn man Gefangenschaft, Sucht, Zwang, Sklaverei usw. erlebt hat.

„Die drei Löwen"

In den letzten 14 Jahren, in denen ich mit suchtkranken Menschen arbeitete, habe ich auch die Not gesehen, den Kummer, die Verzweiflung. Menschen, die aus ihrer Situation nicht mehr herauskommen. Man steckt in einem Sumpf, der stärker ist als alles bisher erlebte. Wie viele Frauen und Männer, die ihre Gefangenschaften nicht überlebten – Tod durch den „goldenen Schuss", die Folgen des Drogenkonsums, das Versagen von Herz und Nieren, Leberzirrhose, Selbstmord ... Und wie viele gehen täglich kaputt an Hass, Gewalt, Prostitution, Hoffnungslosigkeit, Lieblosigkeit, Versagen ...

Die Kontakte, Gespräche und Freundschaften mit jedem Einzelnen haben mich sensibel gemacht für die Menschen und ihre Situationen. Und ich habe festgestellt, dass jeder Mensch in irgendeiner Art von Gefangenschaft steckt. Wenn es nicht die Gefängnismauern sind, in denen man feststeckt, dann sind es vielleicht Neid, Egoismus, Feindschaft, Süchte, Ängste usw. Sowohl die Frau, die wegen

Diebstahls einer Tafel Schokolade im Gefängnis sitzt, als auch der Massenmörder haben die tiefe Sehnsucht nach Vergebung, nach Freiheit, nach Frieden. Und ich entdecke, dass nur noch die Selbstverachtung bleibt, wenn man die eigene Kostbarkeit aus den Augen verliert, die Ahnung von dem Wertvollen, das in jedem Menschen steckt, von dem Ebenbild Gottes. Ein kleines Stückchen Hoffnung, ein kleines Stückchen Sehnsucht nach dem Leben, nach der Erfüllung.

Die meisten Menschen versuchen sich selbst zu befreien – sich wie Münchhausen an den eigenen Haaren aus dem Sumpf zu ziehen. Was bleibt, sind Enttäuschung und Verzweiflung; es ist unmöglich, das zu schaffen. Wir dürfen, ja müssen uns eingestehen, dass wir versagt haben, gesündigt, betrogen ... und uns selbst nicht retten können. Doch wir dürfen auch erleben, dass der, der uns aus äußerer und innerer Gefangenschaft frei machen kann, uns genau so nimmt, wie wir sind. Dass dieser Liebhaber – unser Schöpfer – uns aus dem Sumpf ziehen kann. Dass er derjenige ist, der die Kraft und Macht hat, den Sumpf, das Versagen, die Verzweiflung, die Sucht zu überwinden. Und wir dürfen wahre Freiheit erleben. Das Erkennen unseres Wertes, die Achtung vor uns selbst, den Sieg über das Übel!

Neues Leben! Von vielen erlebt. Für alle erlebbar.

Kapitel 38

Das Abenteuer

Seit einiger Zeit berührt es mich, wenn ich etwas übers „Zelten“ höre oder lese. Im griechischen Urtext der Bibel steht für „wohnen“ das Wort „zelten“, wie z. B.: *„Und das Wort wurde Fleisch und zeltete unter uns“* (vgl. Johannes 1,14).

In den vergangenen Jahren wurde ich mit zwei Predigten konfrontiert, bei denen es ums Zelten ging. Immer wieder erzählen mir die Kids, dass sie es lieben zu zelten, und dann fiel mir noch ein Artikel in die Augen, in dem beschrieben wurde, dass die Campingbranche boomt wie nie zuvor. Welche Sehnsucht sich wohl dahinter verbirgt? Automatisch musste ich an meine Kindheit denken. Was ich damals erlebte, möchte ich mit meinen neugewonnenen Erkenntnissen und den Predigten ein wenig zusammenfassen und euch zu meinem ersten Zeltabenteuer mitnehmen.

Ich muss etwa zehn Jahr alt gewesen sein, als mein Kumpel Uwe mich fragte, ob ich mit ihm zelten wolle. Ich fand das aufregend, aber was würde mein Papa dazu sagen? Zelten, alleine, mit zehn Jahren! Ich versuchte Uwe zu erklären, dass mein Papa mir das wohl nicht erlauben würde. Uwe war einer der Jungs, die mein Vater mochte; genaugenommen lobte er die anderen mehr als mich. Oh, wie oft hörte ich, dass der Uwe ein feiner Junge sei, oder der Thomas, der Robert oder wie sie sonst alle hießen. Andere waren in den Augen meines Vaters stets besser. Für mich hatte er oft nur Verachtung übrig. Wenn man erlebt, dass andere gelobt werden und man selbst nicht, fördert das nicht unbedingt das Selbstwertgefühl. Uwe kannte meinen Papa und meinte, er würde ihn bitten, dass ich mitgehen dürfe.

So begleitete Uwe mich nach Hause. Ich sehe meinen Vater noch vor mir stehen, als er die Haustüre öffnete und ich ihn fragte: „Papa, darf ich mit Uwe zelten gehen?“

Mit großen Augen schaute er mich an und wurde laut: „Mit zehn Jahren zelten, was fällt dir sonst noch ein?“

Uwe, der unten am Gartentor stand, hörte alles mit und schrie herauf: „Ich bin schon elf Jahre, ich passe auf ihn auf!“

Mein Vater überlegte kurz und nickte bestätigend in Richtung Uwe: „Dann ist es in Ordnung, dann könnt ihr Zelten gehen."

Wie gerne erzähle ich diese Geschichte. Der Elfjährige passt auf den Zehnjährigen auf. Zwei kleine Jungs alleine am Waldesrand, drei Tage und drei Nächte auf sich alleine gestellt.

Nichts stand unserem Abenteuer also mehr im Wege. Uwe hatte ein Zweimannzelt. Wir packten Decken zusammen, einen Schlafsack hatte ich nicht, Kissen, Getränke. Manchmal klaute ich in den kleinen Tante-Emma-Läden im Dorf. (In den letzten Jahren bat ich bereits um Vergebung; auch dies machte mich frei.) An diesem Tag hatte ich ein paar Mark. Manchmal klauten wir auch irgendwo leere Flaschen und gönnten uns ein paar schöne Momente mit dem ergaunerten Pfandgeld.

Was brauchten wir sonst noch? Zündhölzer, Dosenwürstchen, Hühnerklein und natürlich das Taschenmesser von meinem geliebten „Onkel Heinz". Ich war so sechs Jahre alt gewesen, als er es mir geschenkt hatte, denn er meinte, ein richtiger Junge benötige ein Taschenmesser. So machten wir uns mit Sack und Pack auf, das Abenteuer fest im Blick. Es war Mitte August, Hochsommer. Unser Zeltplatz lag am Ende des Dorfes, hinter unserem Sportplatz und ca. 100 Meter vom Wald entfernt.

Gemeinsam schlugen wir das Zelt auf und packten unsere wenigen Habseligkeiten hinein. Uwe hatte eine Kühltasche dabei. Ob die wohl für drei Tage unsere Verpflegung kühlen würde? Das Zelt stand, und wir stolz davor. Wie jemand der eben sein Haus fertig gebaut hatte, oder wie jemand, der eben stolzer Besitzer eines Schlosses geworden war. Ja, in diesem Augenblick war ich irgendwie reich. Reich an Freiheit. Niemand, der mir weh tat. Keine Schläge, kein Auslachen, nichts.

Der Abend nahte. Wir hatten reichlich Holz aus dem Wald gesammelt. Mit unseren Taschenmessern schnitzten wir uns Stöcke. Darauf spießten wir Kartoffeln, die Würstchen und unser Hühnerklein. Stundenlang schauten wir ins Feuer und erfreuten uns an unserem köstlichen Mahl. Wir hatten ein wenig Angst, aber wir hatten ja unsere Messer, unsere Stöcke und uns als Freunde. Was konnte da schon schief gehen?

Es waren unbeschreibliche Tage und Nächte. Dankbar und wehmütig tippe ich eben diese Zeilen in meinem Laptop und sehe uns im Geiste auf unserem Zeltplatz am Feuer sitzen. Freiheit, nichts als Freiheit. Ja wir konnten sie sogar irgendwie einatmen.

Ich verstehe das Zelten nun viel besser; die Sehnsucht, die dahinter verborgen ist. Ich fasse sie in drei Punkten zusammen:

1. Zelten bedeutet: einfaches Leben

Beim Zelten ziehen wir das an, was uns selbst gefällt und was bequem ist. Dazu haben wir oft eine einfache Sprache und konzentrieren uns auf das Wesentliche. Man hat nicht viel dabei und muss sich um wenig kümmern. Alles Äußere ist auf ein Minimum reduziert.

2. Zelten bedeutet: offenes Leben

Wenn Menschen miteinander zelten, kommen sehr schnell die Macken eines jeden zum Vorschein. Schnarcht jemand, knirscht er mit den Zähnen, ist jemand ein Morgenmuffel und vieles mehr. Auf so engem Raum kann man wenig verbergen, da wird es sehr persönlich. Wer mit anderen zeltet, lernt Menschen viel besser kennen und wird von anderen anders wahrgenommen.

3. Zelten bedeutet: nahbares Leben

Zelten mit anderen bedeutet automatisch, dass man Nähe in Kauf nimmt. Nähe bedeutet ein Stück Vertrauen.

Zelten steht also für ein einfaches, offenes und nahbares Leben. Könnte es sein, dass Gott sich das für uns wünscht? Ein einfaches Leben zu führen? Ein offenes Leben zu leben? Nahbar zu sein? Das erkenne ich aus meinen eigenen Zeltabenteuern und aus dem, was mir andere berichten.

Meine geliebten Kinder

Vor einigen Jahren zeltete ich mit meinen beiden Kindern, meinem erwachsenen Sohn und meiner kleinen Tochter. Es war ein unfassbares Abenteuer und wird uns immer in Erinnerung bleiben. Es braucht nicht viel, um wahrhafte Freude zu schenken. Erinnern wir uns noch: Wer wird am meisten beschenkt, wenn wir Freude schenken? Wir selbst!

Voller Begeisterung erzählten mir schon viele Kinder, was ihre größten Sehnsüchte sind, was sie am liebsten mit ihren Eltern machen würden. Was wird aus den Sehnsüchten, die nicht gestillt werden? Was geht dabei an Sicherheit und an Freiheit verloren? Warum sitzen so viele Kinder und Jugendliche immer mehr stundenlang vor den Kisten und erleben die sogenannten Abenteuer nur noch in der virtuellen Welt? Was bzw. wer fehlt, um dies mit ihnen in der realen Welt zu leben und zu erleben? Warum bauen sich mehr und mehr von ihnen ihre Siedlungen im Bildschirm auf? Kommen sie mit den eigenen Nachbarn, mit den Leuten in der eigenen Siedlung, kaum oder gar nicht mehr klar? Warum sieht man vermehrt Menschen im Freien Kopfhörer tragen? Kann es sein, dass sie das, was die Welt ihnen zu sagen hat, nicht mehr hören wollen bzw. nicht mehr ertragen?

Fragen über Fragen! Wollen wir die Antworten wissen? Kann es sein, dass die Antworten und die darin enthaltenen Wahrheiten uns schmerzen? Eventuell ein Eingeständnis fordern oder gar ein Schuldbekenntnis?

Weißt du, welche Schuld mir oft am Sterbebett genannt wird? Die Schuld der nicht gegebenen und gelebten Liebe! Die Dinge, die wir nicht getan haben, die Liebe, die wir nie ausgesprochen haben, wiegen im Angesicht des Todes sehr schwer. Ich selbst kann es bezeugen, denn ich erlebte es, als ich einige Minuten lang unter Todesängsten litt, während ich von einem Herzinfarkt niedergestreckt wurde. In diesem Moment war mir völlig klar, was Sache ist. Ich brauche Gott, um wahr*HAFT* frei zu sein. Mir tat alles leid, womit ich schuldig geworden war, wo ich keine Liebe gegeben hatte oder sie nicht hatte aussprechen können.

Ich glaube (vertraue) (m)einem Gott, der mit mir zelten möchte, damit ich

- das Schöne im Einfachen sehe,
- offenherzig lebe,
- nahbar bin.

> *In deinem Zelt möchte ich Gast sein auf ewig,*
> *mich bergen im Schutz deiner Flügel* (Psalm 61,5 REÜ).

Filme wie Braveheart, Winnetou, Highlander, Gladiator, Robin Hood ... waren Welterfolge. Wohl weil sie unsere Sehnsüchte ansprechen. In allen Filmen ging es letztendlich um Freiheit. Und weißt du was? Mir fiel auf, dass in allen Filmen gezeltet wurde.

Kapitel 39

Zeilen fürs Herz

Schon als kleiner Junge liebte ich Geschichten von oder über Jesus. Meine Oma und meine Tante gaben mir Gebetsbücher zu lesen oder Bücher mit biblischen Geschichten. Ich saugte alles auf. Irgendwie hatte ich das Gefühl, da ist einer, der mich versteht, weil er selbst alles durchlebt hatte.

In der dritten Klasse bekamen wir im Religionsunterricht ein tolles Buch. Oft ging ich dann zu meiner Oma oder zu Tante Elfriede und las ihnen daraus vor. Dabei kam ich am Haus von Albert und Babette vorbei, einem alten Ehepaar. Albert saß meistens auf seinem Stuhl im Hof, die Beine überkreuzt. Ich blieb dann am Weg vor seinem Gartenzaun stehen und durfte ihm aus meinem neuen Buch vorlesen. Da muss ich so acht gewesen sein. Eines Tages war Albert nicht mehr da. Mein alter Freund und Zuhörer war nach Hause gegangen. Als kleiner Junge dachte ich, dass jeder, der stirbt, nun als Stern am Himmel aufleuchtete. Immer wieder, wenn Menschen in meiner Heimat starben, suchte ich den Himmel nach neuen Sternen ab.

Viele Jahre vergingen, das Leben mit all seinen Problemen hatte mich im Griff; dazu kam eine Menge Schuld und Versagen, doch ich kam nie ganz weg vom Glauben und vom Lesen.

In den dunkelsten Stunden meines Lebens begann ich die Psalmen zu lesen und bemerkte: Die Autoren machten sehr viel durch, hatten oft schwere Gedanken. Das war mir ein großer Trost; ich fühlte mich abgeholt und verstanden.

Heute höre ich oft, die Bibel sei nur von Menschen geschrieben und im Laufe der Zeit hätten die Menschen viel verändert. Ist das wirklich so? Seit man die Schriftrollen von Qumran gefunden hat, kann dieser Einwand nicht mehr gelten.

„Zeilen fürs Herz“ benannte ich dieses Kapitel. Ja mein Herz wurde durch so manche Zeilen in der Bibel getröstet oder hat einiges besser verstanden.

Manchmal wird behauptet, dass das Leben langweilig wäre, würde man z. B. nach den zehn Geboten leben. Ist das wirklich so? Schauen wir uns doch einmal die „Zehn Gebote“[1] an:

1. *Ich bin der Herr, dein Gott.*
   Du sollst keine anderen Götter haben neben mir.
2. *Du sollst den Namen des Herrn, deines Gottes, nicht missbrauchen.*
3. *Du sollst den Feiertag heiligen.*
4. *Du sollst deinen Vater und deine Mutter ehren.*
5. *Du sollst nicht töten.*
6. *Du sollst nicht ehebrechen.*
7. *Du sollst nicht stehlen.*
8. *Du sollst nicht falsch Zeugnis reden wider deinen Nächsten.*
9. *Du sollst nicht begehren deines Nächsten Haus.*
10. *Du sollst nicht begehren deines Nächsten Weib, Knecht, Magd, Vieh noch alles, was dein Nächster hat.*[2]

Stell dir einmal vor, du bist in einen wunderbaren Menschen verliebt und beziehst diese „Zehn Gebote“ auf eure Beziehung. Denn nichts anderes ist es, was Gott auch mit dir und mir haben möchte: eine wunderbare Beziehung.

Schauen wir uns die Gebote in Bezug auf dich und einen von dir geliebten Menschen an:

Das erste Gebot: *„ICH BIN DEIN“* – was für ein Liebesausspruch! Man schreibt dies in Liebesbriefe, ritzt es in Baumrinden oder Parkbänke. Ist es nicht selbstverständlich, dass wir möchten, dass unser Schatz nicht heimlich noch andere Liebesbeziehungen hat? Es wäre eine Katastrophe für die Beziehung.

Das zweite Gebot: Was für eine Liebe wäre es, wen man den Namen des anderen zum Fluchen missbrauchen würde. Das wäre eine traurige Beziehung.

Das dritte Gebot: Wenn ihr – du und dein Schatz – die ganze Woche über gearbeitet habt und wenig Zeit miteinander hattet, ist es da nicht selbstverständlich, dass ihr gemeinsame Zeit miteinander verbringt, zur Ruhe kommt und füreinander da seid? Sich keine Zeit füreinander zu nehmen, wäre nicht förderlich für eine gute Beziehung und würde sie langsam sterben lassen.

---

[1] Vgl. 2. Mose 20,2-17 und 5. Mose 5,6-21.

[2] Fassung von Martin Luther; https://evang.at/glaube-leben/die-zehn-gebote/

Das vierte Gebot: Nachdem die Hälfte aller Ehen schon geschieden wurden und Millionen Kinder ohne ein vertrautes Elternhaus aufwachsen, besteht oft viel Enttäuschung und Verletzung und bestimmt auch so manche Wut in Bezug auf die Eltern. Doch mitten dort hinein sollten wir unsere Eltern ehren. Wir sind ein Teil von ihnen, haben körperliche und charakterliche Eigenschaften von ihnen, ob wir das wahrhaben wollen oder nicht – es ist einfach so.

Wenn wir unsere Eltern ablehnen, lehnen wir etwas in uns ab. Wenn wir ihnen keine Liebe aussprechen, haben wir höchstwahrscheinlich einen Mangel an Liebe für uns selbst. Wie können wir vom anderen erwarten, dass er uns liebt, wenn wir uns selbst nicht lieben?

Gegenseitige Wertschätzung, Achtung und Liebe benötigen wir auch für uns selbst, um all dies schenken zu können; sonst sind in einer Beziehung viele Konflikte vorprogrammiert.

Auch das Ehren der Eltern unseres „Schatzes“ ist enorm wichtig, um gesunde Beziehungen zu leben.

Das fünfte Gebot: Klingt jetzt komisch, aber wenn wir in der Beziehung töten ist es das Ende der Beziehung. Dabei muss es noch nicht einmal um ein körperliches Töten gehen. Man kann auch mit Worten und Verachtung töten.

Das sechste Gebot: Die Ehe zu brechen, bedeutet einen unbeschreiblichen Vertrauensverlust bzw. ist die Bestätigung von mangelndem Vertrauen von Anfang an. Eine Tragik, die tiefe Wunden in jede Beziehung reißt oder sie letztendlich zerbrechen lässt.

Das siebte Gebot: Was für ein Vertrauensverlust, wenn man den geliebten Menschen an seiner Seite bestehlen würde; auch dies könnte das Ende einer Beziehung sein.

Das achte Gebot: Wenn eine Beziehung nicht auf Vertrauen gegründet ist, sondern auf Lügen, dann wird diese Beziehung wohl nicht lange bestehen; sie hat kein festes Fundament und wird bei kleinsten Stürmen zusammenbrechen.

Das neunte und zehnte Gebot: Neid und Gier bedeuten das Ende einer Beziehung. Nehmen und Geben, den anderen Höher zu achten als sich selbst, eine hingebungsvolle Liebe zu leben, ist ein Segen für alle Beteiligten. Unsere Werbung suggeriert uns oft etwas anderes: Du sollst begehren oder „Geiz ist geil“; du brauchst diesen Urlaub oder das neue Auto. Selbst zum Fremdgehen animiert uns die Werbung. Gottes Gebote sind ganz anders:

- Liebt einander, wie ich euch liebe! (vgl. Johannes 13,34).
- Gib jedem; der dich um etwas bittet (vgl. Lukas 6,30).

- Wenn dir jemand deinen Mantel nimmt, gib ihm auch das Hemd (vgl. Lukas 6,29).
- Wenn dich jemand darum bittet, eine Meile mit ihm zu gehen, dann gehe zwei mit ihm (vgl. Matthäus 5,41).

Vielleicht hast du es aus diesem Blickwinkel noch gar nicht gesehen. Gott sehnt sich nach einer ganz wertvollen Beziehung zu dir, und er möchte uns dies mit auf den Weg geben, damit wir äußerst wertschätzend mit der Beziehung zu ihm und den Beziehungen in unserem Leben umgehen. Das hat also nichts mit Langeweile zu tun, sondern hierin ist wahre Freiheit enthalten. Frei sein, zu leben und leben zu lassen.

Was hat uns die Bibel sonst noch zum Thema Freiheit zu sagen? Schauen wir doch mal ein wenig hinein:[3]

> *Zur Freiheit hat uns Christus befreit! So steht nun fest und lasst euch nicht wieder das Joch der Knechtschaft auflegen!* (Galater 5,1).

> *Ihr aber, Brüder und Schwestern, seid zur Freiheit berufen. Allein seht zu, dass ihr durch die Freiheit nicht dem Fleisch Raum gebt, sondern durch die Liebe diene einer dem andern* (Galater 5,13).

> *Der Herr ist der Geist; wo aber der Geist des Herrn ist, da ist Freiheit* (2. Korinther 3,17).

> *Wenn euch nun der Sohn frei macht, so seid ihr wirklich frei* (Johannes 8,36).

> *Der Geist Gottes des Herrn ist auf mir, weil der Herr mich gesalbt hat. Er hat mich gesandt, den Elenden gute Botschaft zu bringen, die zerbrochenen Herzen zu verbinden, zu verkündigen den Gefangenen die Freiheit, den Gebundenen, dass sie frei und ledig sein sollen* (Jesaja 61,1).

> *Wenn ihr bleiben werdet an meinem Wort, so seid ihr wahrhaftig meine Jünger und werdet die Wahrheit erkennen, und die Wahrheit wird euch frei machen* (Johannes 8,31-32).

> *So gibt es nun keine Verdammnis für die, die in Christus Jesus sind. Denn das Gesetz des Geistes, der lebendig macht in Christus Jesus, hat dich frei gemacht von dem Gesetz der Sünde und des Todes* (Römer 8,1-2).

---

[3] Alle Verse entstammen der Luther-Übersetzung.

Der Geist des Herrn ist auf mir, weil er mich gesalbt hat und gesandt, zu verkündigen das Evangelium den Armen, zu predigen den Gefangenen, dass sie frei sein sollen, und den Blinden, dass sie sehen sollen, und die Zerschlagenen zu entlassen in die Freiheit (Lukas 4,18).

Nun aber, da ihr von der Sünde frei und Gottes Knechte geworden seid, habt ihr darin eure Frucht, dass ihr heilig werdet; das Ende aber ist das ewige Leben (Römer 6,22).

Ein Gott, der die Einsamen nach Hause bringt, der die Gefangenen herausführt, dass es ihnen wohlgehe … (Psalm 68,7).

„*ES IST VOLLBRACHT!*“ Mit diesem Satz, in den letzten Augenblicken seines irdischen Lebens, hat Jesus uns das Tor zur Freiheit für alle Ewigkeit geöffnet. Der Erlöser hat sein Erlösungswerk vollbracht. Er hat getan, was kein Mensch hätte tun können. Keiner kann sich selbst am Schopf aus der Misere herausziehen; da braucht es den Einen von oben, der gekommen ist, um zu suchen und zu retten, was verloren ist.

Denn der Menschensohn ist gekommen, um zu suchen und zu retten, was verloren ist (Lukas 19,10 ELB).

Viele haben in diesem Buch beschrieben, wie ihnen das Leben ein zweites Mal neu geschenkt wurde. Ja, so ist es, es ist ein Geschenk vom Himmel. Jesus selbst ist das Geschenk. Jesus sagte von sich, dass er der Weg, die Wahrheit und das Leben ist; dass er das Brot vom Himmel ist, und wer davon isst, wird nie mehr Hunger haben; dass er das Wasser des Lebens ist, und wer davon trinkt, wird nie wieder durstig sein. ER selbst ist die Freiheit, nach der sich unser Herz sehnt. Diese Freiheit ist kein Gegenstand, kein Projekt, kein „Es“, sondern ein Du, ein Gegenüber, der Eine, nach dem sich unser Herz sehnt. Und er ist der Einzige, der diese Sehnsucht stillen kann und will. König David beschrieb dies in Psalm 62 (REÜ) folgendermaßen:

Bei Gott allein wird ruhig meine Seele, von ihm kommt mir Rettung.

Der große Kirchenvater Augustinus beschreibt es ähnlich:

Zu dir hin, o Gott, hast du uns erschaffen,
und unruhig ist unser Herz, bis es ruht in dir.[4]

Innere Ruhe könnte man auch mit Freiheit gleichsetzen. Kein Getriebensein mehr und auch andere nicht mehr jagen. Ruhe, nichts als Ruhe!

Während der Monate, die ich an diesem Buch arbeitete, war ich mit meiner Familie auf dem Münchner Oktoberfest, dem größten Volksfest der Welt. Meine kleine Tochter (10 Jahre) war sichtlich aufgeregt, mit ihren Eltern, der Oma und der Tante dieses Fest zu besuchen. Wir parkten außerhalb und fuhren mit der U-Bahn, um dem Verkehrskollaps zu entgehen. Bevor wir in die U-Bahn stiegen und auf die „Wies'n" gingen, gab ich meiner „Kleinen" ein paar Regeln – nicht um sie ihrer Freiheit zu berauben, sondern um ihr ihre Freiheit zu bewahren:

„Laura, was immer auch ist, bleib an meiner Hand! Reiß dich nicht los! Sollten wir uns – warum auch immer – verlieren, dann treffen wir uns an einem vereinbarten Ort."

Aufmerksam hörte sie mir zu. Sie wusste, dass ich sie liebe; deshalb vertraute sie mir. So gingen wir zur U-Bahn runter. Die ersten „Besoffenen" machten sich bemerkbar. Ich spürte, wie der Druck von Lauras Hand fester wurde, und sie spürte wohl meinen festeren Griff – nicht, um sie einzuengen, sondern um ihr Schutz und Geborgenheit zu geben. So stiegen wir in die U-Bahn ein. Ein Kommen und Gehen; Laura bleib an meiner Seite. Manchmal drückte sie sich an mich, manchmal nahm ich sie beschützend in den Arm. Mitten im Trubel, im Lärm und im Gedränge war sie sicher, weil sie an der Hand ihres Papas war. Selbst als mitten in der U-Bahn jemand, für alle Fahrgäste schockierend, auf den Boden „kotzte", war Laura ganz nah bei mir. Als wir nach oben gingen, um kurz auf dem Marienplatz Rast zu machen, lösten sich unsere Hände; aber stets blieb sie in meiner Reichweite. Es gab ihr Sicherheit, ihre Familie, ihren Papa in ihrer Nähe zu wissen. Später gingen wir dann auf die Wies'n, und sie konnte es genießen, obwohl

[4] Zitat aus https://www.der-innere-weg.de/der-innere-weg/schatztruhe/augustinus/

es manchmal nur ein Geschiebe von Menschenmassen war; doch in allem war ihr Papa da. Sie wusste, dass meine Hand bzw. meine schützenden Arme immer für sie da waren.

So möchte ich mein Leben ausrichten: Im Gedränge dieser Welt, im Chaos, bei Gewalt möchte ich an der Hand des himmlischen Papas sein, um wahre Freiheit zu genießen, zu erleben.

Regeln aus Liebe und Nähe bedeuten nicht Druck oder den Entzug der Freiheit, sondern *wahre Freiheit*!

In all meinen Krisen fand ich Kraft und Trost durch so manche Zeile in der Bibel. Seit ich mich 2007 mit meinem Papa versöhnte und mein Leben mit Gott ganz neu gestaltete, wurde mir eine neue Art von Leben geschenkt. Manchmal fühle ich mich wie ein frischgeborenes Kälbchen, mit einem zwar neuen Leben, aber unfassbar wackelig auf den Beinen. Manchmal falle ich hin und stehe wieder auf, um wieder hinzufallen. Aber ich lerne, und meine Lebenswunden werden Stück für Stück gesundgeliebt.

Als meine Familie diesen grauenhaften Unfall erleben musste, gab Psalm 91 uns allen große Kraft und Trost:

Wer unter dem Schutz des Höchsten wohnt, der kann bei ihm, dem Allmächtigen, Ruhe finden. Auch ich sage zum HERRN: „Du schenkst mir Zuflucht wie eine sichere Burg! Mein Gott, dir gehört mein ganzes Vertrauen!“
Er bewahrt dich vor versteckten Gefahren und hält jede tödliche Krankheit von dir fern. Wie ein Vogel seine Flügel über die Jungen ausbreitet, so wird er auch dich stets behüten und dir nahe sein. Seine Treue umgibt dich wie ein starker Schild.
Du brauchst keine Angst zu haben vor den Gefahren der Nacht oder den heimtückischen Angriffen bei Tag. Selbst wenn die Pest im Dunkeln zuschlägt und am hellen Tag das Fieber wütet, musst du dich doch nicht fürchten. Wenn tausend neben dir tot umfallen, ja, wenn zehntausend um dich herum sterben – dich selbst trifft es nicht!
Mit eigenen Augen wirst du sehen, wie Gott es denen heimzahlt, die ihn missachten. Du aber darfst sagen: „Beim HERRN bin ich geborgen!“ Ja, bei Gott, dem Höchsten, hast du Heimat gefunden.
Darum wird dir nichts Böses zustoßen, kein Unglück wird dein Haus erreichen. Denn Gott wird dir seine Engel schicken, um dich zu beschützen, wohin du auch gehst. Sie werden dich auf Händen tragen, und du wirst dich nicht einmal an einem Stein stoßen! Löwen werden dir nichts anhaben, auf Schlangen trittst du ohne Gefahr.
Gott sagt: „Er liebt mich von ganzem Herzen, darum will ich ihn retten. Ich werde ihn schützen, weil er mich kennt und ehrt. Wenn er zu mir ruft, erhöre ich ihn. Wenn er keinen Ausweg mehr weiß,

bin ich bei ihm. Ich will ihn befreien und zu Ehren bringen. Ich lasse ihn meine Rettung erfahren und gebe ihm ein langes und erfülltes Leben!

Ich kenne dein Leben nicht, weiß nicht, wo du gerade stehst und wie es dir geht. Vielleicht machst du es so, dass du die Hand Gottes nimmst, die durchbohrte Hand Jesu, und dich führen lässt, damit du im Chaos, mitten im Sturm, im Trubel, in Anfechtung und Gefahren sicher bist. Hast du dich losgerissen? Habt ihr einen Ort ausgemacht, wo ihr euch treffen könnt? Falls nicht, dieser Ort kann überall sein – jetzt und hier kannst du mit ihm reden. Es gibt noch ein sichtbares Zeichen: Das Kreuz ist ein guter Treffpunkt, wo Mensch und Gott sich finden können, wo all unsere Schuld weggenommen wurde, wo unser Schuldschein angenagelt wurde.

Vielleicht hast du folgenden frommen Spruch auch schon gehört: „Gott ist nur ein Gebet weit entfernt." Ja, das stimmt! Jetzt ist ein guter Moment, um mit ihm zu sprechen.

Denn er hat auch an dich gedacht,
als er sprach – Es ist vollbracht![5]

Mit nunmehr 43 Lenzen besteht für mich die wahre Freiheit aus einem Leben in der Beziehung zu Gott, der sich in Jesus Christus gezeigt hat und im Heiligen Geist lebendig ist! Eine Freiheit, durch die ich erfüllt lebe und die mich Dinge tun lässt, die ich wirklich will! Eine Freiheit, die mich gegen den Strom schwimmen und auf Ungerechtigkeit hinweisen lässt! Eine Freiheit, die sich vernunftbegründet am roten Faden des Evangeliums orientiert und sich nicht durch fromme Enge irritieren lässt! Eine Freiheit, die sich an Jesu Plädoyer für Barmherzigkeit und Furchtlosigkeit orientiert! Eine Freiheit, an der sich unvernünftige Reglementierung die Zähne ausbeißt und die so zu einem wahren Handeln aus der Liebe zu Gott fähig wird! Ein Verständnis von Freiheit, das gleichsam jedem Feld-, Wald- und Wiesenprediger, linientreuen Bürokraten oder gar Diktatoren den Schweiß auf die Stirn treibt! Aber eine Freiheit, die mich beim Blick in den Spiegel glücklich macht.

Markus Kosian, Pädagoge, www.promisglauben.de

---

[5] Aus einer Predigt von Pfarrer Wilhelm Busch.

Kapitel 40

Der schwere Stein

„Mir ist so schwer, ich kann nicht mehr", wie oft habe ich diesen Satz schon gehört; und zu oft habe ich ihn sogar selbst schon gedacht oder ausgesprochen.

Wie bereits erwähnt, ist es auch eine Art von Freiheit, offen über seine Zweifel und Gefängnisse zu sprechen. Psychologen vertreten die Meinung: *Dinge, die wir nicht aussprechen, heilen kaum oder gar nicht.*

Wie oft saß ich einfach nur sprachlos am Bett eines Sterbenden oder im Heim für alkoholkranke Männer oder im Obdachlosenheim und hörte das Klagen. Aber auch von so manchen Menschen, von denen man nie gedacht hätte, dass sie so belastet oder überlastet sind. Oft geschehen diese Bekenntnisse, wenn man offen sein Herz zeigt oder wenn ein anderer es zuvor offenbart hat.

Einmal hatte ich Kontakt zu einem reichen Mann, der wirklich alles hatte, was uns die Werbung vorgaukelt haben zu müssen; und doch wollte er sich das Leben nehmen. Sein Vater hatte ihm nie seine Liebe ausgesprochen, ihm nie gesagt, wie stolz er auf ihn ist. Danach sehnte sich dieser Mann. Seine Sehnsucht wurde nie gestillt – bis nach einem tiefen, wachrüttelnden Gespräch der Vater seinem Sohn sagte, worauf er all die Jahre gewartet hatte.

Was trieb Reinhold Messner auf den Mount Everest, und wie erging es ihm, als er wieder herunterkam? Er hatte eine tiefe Vaterwunde und litt später an Depressionen.

Was treibt Christiano Ronaldo zu Höchstleistungen an? In einem Interview sagte er unter Tränen, dass sein Vater stolz auf ihn wäre. Sein Papa war Alkoholiker gewesen und bereits gestorben.

Der TV-Moderator Michael Schanze gesteht offen in einem Interview, dass sein Papa sich 1956 das Leben nahm. In seiner großen TV-Karriere sehnte er sich hauptsächlich darum, „geliebt zu sein". Auf die Frage, ob er an Gott glaube, sagte er in einem Interview: „Ich würde gerne. In der Gnade des Glaubens zu sein, macht das Leben sicher einfacher. Mit meinen Söhnen habe ich trotz meiner

Zweifel abends am Bett gebetet, weil ich ihnen dieses Geborgensein vermitteln wollte.“

Was ist, wenn unsere Sehnsüchte nicht gestillt werden? Wenn Schuld, Mangel an Liebe und Versagen uns wie eine schwere Last erdrücken?

Es benötigt echte Freundschaften. Freunde, vor und mit denen wir frei reden können. Menschen mit Verständnis, und nicht solche, die die Lasten noch vermehren. Gefährten, die vielleicht einfach nur da sind, die sogar das gemeinsame Schweigen ertragen können.

In meiner Heimat verlor einst ein Mann seinen Sohn bei einem Verkehrsunfall. Als ich ihn in seinem Schmerz besuchte, da bat er mich in sein Haus. Er wohnte im ersten Stock; wir schafften es nicht bis in die Wohnung ... da saßen wir auf der Treppe im Hausflur, schwiegen eine lange Zeit und weinten zusammen. In der Teilnahme am Leid eines anderen sollten wir vielleicht auf Sätze wie: „Das wird schon wieder!“ oder „Reiß dich zusammen!“ verzichten. Vielleicht ist hier Schweigen viel besser, miteinander weinen und trauern oder einfach eine Umarmung. Aber dies muss man auch erst gelernt haben. Mein Papa und ich brauchten nach unserer Versöhnung etwa zwei Jahre, bis wir uns umarmen konnten; wir haben es beide nicht gelernt. Es brauchte eine Zeit, in der wir unsere Beziehung „gesund liebten“.

Unser größtes Problem ist wohl unsere Einsamkeit. Viele Männer haben keinen einzigen wahren Freund. Viele Menschen wissen nicht, wohin mit Angst, Versagen und Schuld.

Ist Einsamkeit vielleicht auch ein Grund, warum jeden Tag über eine Million Männer ins Bordell gehen? Ist Einsamkeit vielleicht auch ein Grund, warum Menschen Drogen konsumieren? Wie einsam muss wohl ein Mensch sein, der stundenlang jeden Tag vor irgendwelchen Konsolen sitzt? Wie einsam sind die Kinder, deren Eltern sich getrennt haben, oder wenn der Tod uns einen geliebten Menschen entreißt? Einsam kann man inmitten von Menschen sein. Ich hörte in einem TV-Beitrag, dass immer mehr Menschen einsam sterben, von niemandem vermisst und einsam beerdigt werden. Oft leben Menschen wie die Ölsardinen aufeinander und sind doch jeder für sich einsam.

Einst traf Jesus einen Mann, der von Geburt an krank war. 38 Jahre hatter er unter seiner Krankheit gelitten. Jesus fragte ihn, ob er gesund werden wolle. Was für eine Frage, denken wohl manche. Aber wenn Jesus uns das fragt, geht das tiefer, bis auf den Grund unseres Herzens. Der Kranke antwortet ihm:

„Herr, ich habe keinen Menschen ...“ (Johannes 5,7 LUT).

Ich kann es diesem Mann so gut nachempfinden, und so viele, die ihr Herz mit mir geteilt haben, wohl auch. Aber zu meiner Selbsterkenntnis zählt auch, dass ich oft gemein und verletzend war und nicht wenige von mir weggetrieben habe, auch jene, die es gut mit mir meinten.

Einer meiner Träume wurde wahr – Personenschutz für Muhammad Ali

Nach außen hin schien ich vieles im Griff zu haben, doch innerlich war ich unendlich beladen.

2002 schien ich am Höhepunkt meines beruflichen Erfolgs zu sein. Eines meiner Idole aus Kindertagen kam nach Deutschland. Ich begleitete mehrere Tage den größten Boxer aller Zeiten. Manche fanden das Foto, die Situation „stark"; doch in Wahrheit war ich am Tiefpunkt meines Lebens. Mir war so schwer, dass ich im Anschluss daran mehrere Tage in ein Franziskaner-Kloster ging. Der Rucksack meines Lebens wurde schwerer und schwerer. – Bis ich die Kraft der Vergebung entdecken und die Tatsache bestaunen durfte, *dass Vergebung frei macht.*

Ab 2007 änderte ich meinen kranken und harten Lebensstil in einen vergebenden Lebensstil. Meinen Papa bat ich um Vergebung für all das, wofür ich mich für ihn schämte und ihn hasste. (In der Bitte um Vergebung steckt keine „Du bist schuld!"-Anklage.) Ebenso bat ich meinen Sohn und seine wunderbare Mama um Vergebung. Meine eigene Mama und meine Schwestern gleich mit. Außerdem bekannte ich sämtliche Diebstähle, die ich als Kind begangen hatte. Bei einer Lehrerin bat ich nach 34 Jahren um Verzeihung; sie hatte Tränen in den Augen vor Berührung und Dankbarkeit.

Ich gewährte auch jenen meine Vergebung, die meinen Lieben und mir Schaden zugefügt hatten. So vergaben wir dem Unfallverursacher 2010, auch um selbst von Hass und Wut frei zu werden. Und ich vergab jenen, die mich in meiner Schulzeit gequält hatten.

Ich nahm Gottes großes Geschenk der Vergebung an. Am tiefsten und emotionalsten war es für mich, als ich am 21.2.2018 fast an einem Herzinfarkt gestorben wäre. In der Notaufnahme des Krankenhauses lud ich alles noch einmal ab. Es war so bewegend, so eindringlich. Während man um mein Herz, um mein Leben kämpfte, verschenkte ich nochmals mein Herz an den Gott, der sein Herz an mich verschenkt hatte, und der sein Leben hingab, damit du und ich leben können.

Dieses JA zu ihm ist die Befreiung meines Lebens. Ich habe soviel Schlimmes in meinem Leben getan. Nichts Schlimmes, was eine Gefängnisstrafe verdient hätte, aber moralisch Verwerfliches, das mein Leben zu einem Gefängnis gemacht hatte. Ohne diese Befreiung könnte ich mich selbst vor Schuld und Scham nicht ertragen.

Dieses JA zu ihm vergleiche ich manchmal mit der Ehe von Tante Elfriede und Onkel Heinz. Sie waren fast 60 Jahre verheiratet. Als sie sich das Ja-Wort gaben, wussten sie nicht, dass diese Ehe solange halten würde. Vielleicht haben sie auch nicht jeden Tag Liebe gefühlt; aber das Wichtigste war: Sie hatten eine Entscheidung getroffen – die Entscheidung, sich zu lieben.

LIEBE IST EINE ENTSCHEIDUNG!!! Somit auch eine bewusste Entscheidung für die Freiheit. Denn in der vollkommenen Liebe ist keine Furcht, und wo keine Furcht ist, da ist Freiheit.[1] (Da habe ich auch noch so manche Baustelle.)

Immer wieder einmal erlebte ich, dass Onkel Heinz einfach so zu seiner Frau sagte, wie sehr er sie liebte und sie sofort wieder heiraten würde. Er gab ihr nochmals sein Ja-Wort. So mache ich das immer und immer wieder mit Jesus.

Mein „Onkele", wie ich ihn nannte, war mir Freund, Halt und Ratgeber. Oft diskutierten wir stundenlang. Ich vermisse ihn sehr!

Er stürzte mit 82 Jahren schwer, und als er ins Krankenhaus kam, sagte mir der Rettungsassistent, dass es nicht gut aussähe. Da ging ich zu meinem „Onkele" und fragte ihn, ob er schon Frieden mit Gott gemacht habe. An diesem Abend bekam ich keine Antwort; aber am nächsten Morgen sagte er mir, dass er in der Nacht Frieden mit Gott gemacht habe. Wenige Tage später besuchte ich ihn mit meiner Frau und meiner Tochter.

Als ich mich verabschiedete, nahm er mich in den Arm. Das hatte er sonst nie getan, weil er es nicht konnte – auch er war ohne Papa aufgewachsen. Er war Jahrgang 1930 und hatte als Kind den Krieg in seiner ganzen Wucht erlebt. Einmal erzählt er mir, er habe mit ansehen müssen, wie eine Granate seinen Freund vor seinen Augen zerfetzte. Onkel Heinz war ziemlich weise, aber auf die großen Lebensfragen – Wo kommen wir her? Was ist der Sinn des Lebens? Wer bin ich selbst? Wo gehen wir hin? – hatte er kaum bzw. selten eine Antwort.

[1] Johannes 4,18 (LUT): Furcht ist nicht in der Liebe, sondern die vollkommene Liebe treibt die Furcht aus …

Bei diesem Abschied im Krankenzimmer drückte Onkel Heinz mich, schaute mich an und flüsterte mit schwacher Stimme:

„Ich hab dich lieb, Michael!“

Noch nie hatte er das in den 42 Jahren gesagt; gewusst hatte ich es! Erstaunt schaute ich ihn an und sagte:

„Ich dich doch auch, Onkele!“

Ich lief ums Bett herum, um zum Ausgang zu gehen, da rief er nochmals:

„Lieb habe ich dich! Und pass auf dich auf!“

Nochmals erwiderte ich seine Liebesworte. Als wir zur Türe hinausgingen, rief er noch einmal:

„Michael, hörst du mich? Lieb habe ich dich!“

Noch einmal schaute ich in sein Zimmer; da lag er in seinem Krankenbett, mein starker Onkel Heinz. Der mir so viele Tipps zum Leben gegeben und mir die ersten Kampftechniken beigebracht hatte. Und nun kam das Größte aus seinem Mund, was er mir je gesagt hatte – seine Liebe zu mir! Das war das letzte Mal, dass ich ihn lebend sah. Kurze Zeit später bekamen wir den Anruf, dass er friedlich eingeschlafen ist.

Ja, wenn wir in die Freiheit geführt werden, dann können wir frei und in Liebe die Liebe selbst aussprechen. Das Letzte, was ich meinem Papa sagte, war, dass ich ihn liebe; und das Letzte, was ich zu Onkel Heinz sagte, war ebenso, dass ich ihn liebe; und von beiden war es das Letzte, was ich von ihnen hörte, dass sie mich liebten.

Gott sei Dank, musste ich in Bezug auf meinen Papa und meinen Onkel die Last des unversöhnten Abschieds nicht (er)tragen. Doch leider war es nicht immer so in meinem Leben. Ich glaube, dass wir immer wieder an Menschen schuldig werden, denen wir die Liebe nie schenkten.

Viele Steine konnte ich schon mit Gottes Hilfe aus dem Weg räumen; so mancher Stein drückt mich noch.

Steine? So manchen Stein schleuderten wir uns als Kinder entgegen. Mit Steinen werden Häuser gebaut; sogar Hochhäuser, die hunderte Meter hoch sind. Manche Menschen werden heute noch gesteinigt. In sogenannten sozialen Netzwerken wirft man mit virtuellen Steinen um sich. Es fließt zwar offensichtlich kein Blut, aber ich bin mir sicher, dass so manches Herz blutet.

Steine können sehr schmerzhaft sein. Als ich zwölf war, warf mir einmal ein Junge einen Stein „an die Birne“. Ein riesengroßes Loch klaffte auf meiner Stirn. Ein Erstversorger legte mir damals einen Riesen-Turban um „die Murmel“. Als mein Vater mich damals sah und ich ihm erklärte, was passiert war, meinte er eher beiläufig:

„Hättest halt aufgepasst ...“ Kein Mitleid, kein Trösten! Aber wenigstens auch kein Geschrei; dafür war ich auch schon dankbar.

Viele Steine hatte ich schon von klein auf in meinem Gepäck. Eines Tages erzählte mir meine Oma von Stephanus, dem ersten Märtyrer. Stephanus wurde gesteinigt. Meine Oma erzählte mir auch, dass Jesus einst eine Frau vor dieser Grausamkeit bewahrt hatte. Sie war des Ehebruchs schuldig, und damals stand darauf die Todesstrafe durch Steinigung. Man versuchte, Jesus eine Falle zu stellen und fragte ihn, was nun mit der Frau zu tun sei. Denn egal, wie er sich entschieden hätte, sie hätten ihm daraus einen Strick gedreht.

Aber er bückte sich nur, schrieb mit dem Finger etwas Geheimnisvolles in den Staub und sprach zu ihnen: *„Wer unter euch ohne Schuld ist, der werfe den ersten Stein!“* (vgl. Johannes 8,7 GNB).

Wie genial! Wie stark! Er ging überhaupt nicht auf ihre Anklage ein, sondern machte ihnen in diesem Moment ihre eigene Schuld bewusst. Und so wurde die Frau an diesem Tag nicht verurteilt, weder von den Schriftgelehrten und Pharisäern noch von Jesus.

In Johannes 11 lesen wir noch eine Geschichte von einem Stein. Jesus erweckte einen Mann namens Lazarus, der bereits vier Tage tot gewesen war, zum Leben:

> *Er ging zum Grab. Es bestand aus einer Höhle, deren Zugang mit einem Stein verschlossen war. „Nehmt den Stein weg!“, befahl er* (Johannes 11,38-39 GNB).

Lazarus war ein Freund von Jesus. Jesus weinte um ihn. Sein Herz wurde berührt. Mehrmals lesen wir, dass er weinte. Jesus befahl, den Stein beiseite zu nehmen. Lazarus Körper strömte bereits einen stinkenden Verwesungsgeruch aus.

Wenn es auch in deinem Leben stinkt, vertraue dich Gott an und den Menschen, die er dir an die Seite stellt. Lass ihn befehlen, die Steine deines Lebens wegzunehmen. Dies muss erst geschehen, bevor die Dunkelheit dem Licht weichen muss.

Und noch ein Stein: Nachdem Jesus gekreuzigt worden war, brachte man ihn in ein Höhlengrab und schob einen schweren Stein davor. Man ließ dieses Grab sogar von Soldaten bewachen. Doch weder der Stein noch die Soldaten konnten verhindern, dass Jesus dieses Grab lebend verließ. Ich vertraue (m)einem Gott, dessen Grab leer ist, weil er lebt!

> *Früh, am ersten Wochentag, als es noch dunkel war, ging Maria aus Magdala zum Grab. Sie sah, dass der Stein, der den Eingang zur Grabhöhle verschloss, weggerollt war* (Johannes 20,1 NeÜ).

Der Stein war weggerollt! Der Tod hat nicht das letzte Wort. Das Tor zur Freiheit weit aufgestoßen. Die Dunkelheit wird nicht siegen. Ich durfte dies sehr oft am Bett von Sterbenden erleben. Der Stein wurde weggerollt; die Hoffnung auf ewiges Leben ist felsensicher. Freiheit, nichts als Freiheit, bis in alle Ewigkeit.

Auf meinen Israelreisen war ich stets sehr angetan vom Gartengrab. Ob dies der tatsächliche historische Ort von Jesu Grab ist, weiß ich nicht. Fakt ist, dass in unmittelbarer Nähe alles geschehen ist. Wer zweifeln möchte, darf dies. Ich habe Vertrauen, denn mir selbst wurde ein großer, bedrückender Stein von der Seele genommen. Ist dies die Wahrheit? Wessen Wahrheit? Ich habe diesbezüglich keinen Zweifel. Ob nun hier oder da, das spielt keine Rolle; Hauptsache der Stein ist weg, der Tod besiegt, die Ewigkeit besiegelt. Der Stein konnte dies nicht verhindern, auch nicht die römischen Legionäre, die bereits auf vielen Schlachtfeldern gekämpft hatten. Wie sieht dein großer Stein aus, und wie viele kämpfen gegen dich?

Im Innern des Gartengrabes – meine Gefühle lassen sich nicht beschreiben.

Mein Herz ist bewegt, kann diese Liebe kaum begreifen. ER führt mich Stück für Stück in die Freiheit; und ich möchte mein Herz von ihm formen lassen. Der Stein wurde weggerollt, damit auch unsere Steine weggerollt werden. Licht kommt ins Dunkle. Klarheit, das Ziel nun besser erkennbar. Halt und Orientierung kommen in unsere Leben hinein. Wir verlassen unsere Höhle und atmen den Duft von Leben und Freiheit ein. Mitten im Sturm können wir uns geborgen wissen. Mitten in unseren Zweifeln, unseren Sorgen, spricht er in unser Leben hinein:

Hab keine Angst … ich bin bei dir … (Josua 1,9)[2]

---

[2] Josua 1,9 komplett: *Ich sage dir: Sei stark und mutig! Hab keine Angst und verzweifle nicht. Denn ich, der Herr, dein Gott, bin bei dir, wohin du auch gehst.*

Kapitel 41

Freiheitsimpulse

In diesem Kapitel möchte ich mit euch ein paar Aussprüche berühmter Persönlichkeiten über Freiheit ansehen, sowie Fotos aus meinem Leben, die für mich Freiheit symbolisieren bzw. meine Sehnsucht ansprechen.

> Falls Freiheit überhaupt etwas bedeutet, dann bedeutet sie das Recht darauf, den Leuten das zu sagen, was sie nicht hören wollen. (George Orwell)

> Wer anderen die Freiheit verweigert, verdient sie nicht für sich selbst. (Abraham Lincoln)

> Freiheit ist ein Gut, das durch Gebrauch wächst, durch Nichtgebrauch dahinschwindet. (Carl Friedrich von Weizsäcker)

> Manche Leute wären frei, wenn sie zu dem Bewusstsein ihrer Freiheit kommen könnten. (Marie von Ebner-Eschenbach)

> Kein Diktator, kein Aggressor kann für längere Zeit ein besiegtes Volk mit Waffengewalt unterdrücken; nichts im Universum ist stärker und ausdauernder als der Wunsch nach Freiheit; gegen diesen Wunsch kann keine Regierung bestehen, ebenso wenig ein Tyrann mit seiner Armee. (G'Kar)

> Alle großen Dinge sind einfach und viele können mit einem einzigen Wort ausgedrückt werden: Freiheit, Gerechtigkeit, Ehre, Pflicht, Gnade, Hoffnung. (Winston Churchill)

> Der Gütige ist frei, auch wenn er ein Sklave ist. Der Böse ist ein Sklave, auch wenn er ein König ist. (Augustinus Aurelius)

> Ich habe einen Traum. (Martin Luther King)

Die Sehnsucht nach Freiheit – wir alle tragen sie in uns. Sie ist fest in unserem Herzen verankert, ebenso wie die Sehnsucht nach Ewigkeit. Auf fast jeder Trauerfeier schenkt die Hoffnung auf Ewigkeit ein Stück weit Trost, beim einen mehr, beim anderen weniger, bei manchen mit Sicherheit auch gar nicht. Freiheit ist, sich von sichtbaren und unsichtbaren Ketten zu lösen, alle Gitter und Mauern hinter sich zu lassen.

Dieses Foto wurde wenige Tage nach meinem Herzinfarkt gemacht. Das Leben war mir neu geschenkt worden.

Ach übrigens, wusstest du, dass Gefängnisausbruch in Deutschland nicht strafbar ist? Es ist ein gewisses Grundverständnis da, dass niemand eingesperrt sein möchte und sich Wege in die Freiheit sucht, auch wenn er sich dabei großen Gefahren aussetzt.

Freiheit wird vielleicht von jedem Menschen anders interpretiert oder wahrgenommen. Der eine fühlt sich frei, wenn er auf einem Motorrad fährt; der andere, wenn er im Cabrio über den Asphalt gleitet; mancher auf einem Boot; der andere beim Klettern; andere tragen Waffen, um sich frei zu fühlen. Gibt es also verschiedene Freiheiten? Wenn ja, welche ist die richtige? Oder gibt es nur eine wahrhaftige Freiheit? Wenn wir Freiheit und Wahrheit verschieden interpretieren, gibt es dann auch verschiedene Arten von Gefängnissen?

Mit meinem Sohn, nach unserer Versöhnung. Durch die Bitte um Vergebung wurde unsere Beziehung neu.

Kann es sein, dass es Menschen gibt, die denken, sie seien frei, in Wahrheit aber gefangen sind? Oder kann es gar sein, dass es Personen gibt, die sich gefangen fühlen und im Grunde frei sind? Manchmal spielen unsere Gedanken verrückt und bescheren uns Ängste, die nicht real sind. Was oder wer hat diese Gedanken ausgelöst? Wie viel Vertrauen tragen wir in uns?

Viele Menschen besuchen meine Sportschule aus dem Gefühl der Unsicherheit heraus. Wie kam es dazu? Angst ist in den meisten Fällen die Triebkraft.

Angst entsteht oft aus einem Mangel an Liebe oder auch durch Verletzung (was im Grunde dasselbe ist, denn wer verletzt, gibt keine Liebe weiter). Angst ist zunächst etwas ganz Normales. Eine gesunde Portion Angst macht uns vorsichtig, lehrt uns aufmerksam zu sein und sich gesund vorzubereiten. Zuviel Angst jedoch lähmt und bremst uns, hindert uns frei zu leben.

In Papas Armen. Beim Ansehen dieses Fotos spüre ich Freiheit, unabhängig von dem, was danach alles geschah; ich bin erfüllt mit Dankbarkeit und versöhnt mit ihm und mit mir selbst, was unsere Beziehung angeht.

Wenn deine Angst durch Verletzung erzeugt wurde, dann wollen wir dem kurz auf den Grund gehen. Ein Mediziner erklärte mir einmal, dass eine Wundversorgung am Körper der Wundversorgung der Seele gleicht. Man stellt sich bei der Wundversorgung folgende Fragen:

- Wann ist die Wunde entstanden?
- Wo ist die Wunde entstanden?
- Durch was oder durch wen ist sie entstanden?
- Sind noch eventuelle Fremdkörper in die Wunde eingedrungen?
- Wer hat dein Herz verletzt? Wo und wann wurde es verletzt? Wie wurdest du verletzt? Ist zu dieser Wunde noch etwas hinzugekommen?

Wenn es um unsere Herzen geht und wir feststellen, dass man uns verletzt hat, ist es stets wichtig, Menschen an unserer Seite zu haben, die wir lieben und denen wir vertrauen, die mit uns ein Stück des Weges gehen (Familie, Freunde, Opferschutz, Rechtsanwalt usw.).

Es ist nicht gut für den Menschen, allein zu sein (1. Mose 2,18).

Beim Betrachten unserer Ängste (nur wenn möglich), schauen wir uns ehrlich unsere Geschichte an:

- Was führte zu der Unsicherheit?

- Wo kommt der Mangel an Liebe her?
- Wo und wie können wir frei werden?
- Es benötigt die „Wahrheit"!
- Wer hat dir weh getan?
- Durch was und wie wurdest du verletzt?
- Pflegst du echte Freundschaften?
- Was sagt dir deine Sehnsucht?
- Wo möchtest du hin?
- Was ist das Ziel eines Bergsteigers? Der Gipfel!
- Die Angst besiegen, aber wie?

Meine Frau hatte nach ihrem schweren Unfall über 50 Knochenbrüche, innere Verletzungen und verlor drei Liter Blut. Sie kämpfte um ihr Leben, musste sich ein Jahr lang ins Leben zurückkämpfen und das Gehen neu lernen. Ein schweres Trauma war zusätzlich die Folge dieses Unfalls.

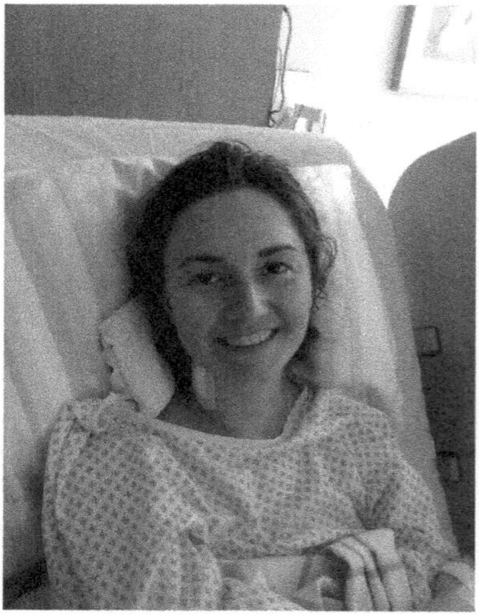

„Sandy" kurze Zeit, nachdem klar war, dass sie über den Berg ist.

Meine Frau begab sich in die Hände einer Trauma-Therapeutin; ein erster großer Schritt. Sie sprach sich alles von der Seele und weinte viel. Irgendwann war es für uns als Familie klar, dass wir gemeinsam dorthin gingen, wo das Trauma entstanden war; dort weinten wir zusammen, beteten und fanden ein Stück „Freiheit" wieder.

Doch das war nicht alles. Bei Ungerechtigkeiten muss die Gerechtigkeit wiederhergestellt werden. Kann dies die Verletzungen, den Verlust rückgängig machen? Nein, aber es ist ein weiterer Schritt in Richtung Freiheit. Der Unfallverursacher fuhr ca. das doppelte der erlaubten Geschwindigkeit. Die Schuldfrage war klar, aber es musste noch ein Richterspruch erfolgen und dazu das Ausmaß der Strafe. Der Gerechtigkeit musste Genüge getan werden. Die Suche nach der Wahrheit war unbeschreiblich wichtig für alle Beteiligten.

Nach dem Urteil, fast ein Jahr nach dem Unfall, bat der Verurteilte meine Frau um Vergebung, und sie vergab ihm an diesem Tag. In den Wochen, Monaten, ja, in den Jahren danach musste sie ihm gefühlt 10.000mal vergeben, um endlich frei zu sein. Heute hat sie die durch den Unfall verursachten Ängste besiegt. Durch Wahrheit, den Richterspruch, Therapie und Seelsorge, durch Vergebung – durch die Liebe von vielen Menschen und durch Gottes Liebe.

Falls du noch in Ängsten bist, vielleicht hilft dir das, der Freiheit ein Stück näher zu kommen.

Gerade höre ich den Soundtrack von „Gladiator", das Lied „Now we are free" ... wie passend. Ich wünsche dir von Herzen, dass auch du die Klänge der Freiheit in deinem Herzen fühlen und hören kannst. Freiheit ist oft auch das Wissen um die eigene Identität und deren Bestätigung. Ich habe so viele Menschen getroffen, die nicht wussten, wer ihr Papa oder ihre Mama ist. Und wieder ist es die Wahrheit, die uns ein Stück Freiheit gibt.

So wünsche ich dir und mir, dass wir beim Gewahrwerden unserer Sehnsucht nach Freiheit stets ehrlich zu uns selbst sind, dass wir unerfüllte Sehnsucht nie betäuben oder vor ihr weglaufen oder dadurch uns und andere verletzen. Manchmal ist es ein Bild, ein Ereignis, ein Lied, eine Begegnung, ein Sonnenuntergang, eine Berührung, die uns an Gefangenschaft oder an Freiheit erinnern. Die Ehrlichkeit zu uns selbst, unseren Mitmenschen gegenüber und vor Gott ist ein großer Schritt in Richtung Freiheit.

Kapitel 42

BeRUFung …

Immer wieder erzählten mir Sterbende, dass sie ihr Leben nicht gelebt hätten. Im Endeffekt bedeutet dies, dass sie nicht nach ihrem Herzen, ihrer Sehnsucht gelebt haben. Auf meine Frage, warum nicht, hörte ich sehr oft den Satz: *„Ich wollte es den anderen rechtmachen."* Also verzichteten sie auf ihre Berufung, auf das, was in ihr Herz gelegt war. Viele Menschen erzählten mir, dass sie zu diesem oder jenem Beruf gedrängt worden waren und nie in Freiheit wählten. Sie investierten immer und immer wieder und bekamen kaum etwas zurück. Die negativen Folgen waren vielseitig.

Meine Tochter hatte schon mit fünf Jahren den Wunsch in ihrem Herzen, eines Tages Floristin zu werden. Dieser Wunsch wird sich vielleicht noch öfter ändern; aber nehmen wir einmal an, sie würde eines Tages tatsächlich diesen Beruf ergreifen. Sie würde kaum 1.000 Euro netto verdienen; aber eines ist sicher: Ihre Sehnsucht, was den Beruf angeht, wäre gestillt.

Die eigene Berufung zu leben, ist somit auch ein Baustein der Freiheit. In dem Wort Beruf ist der „Ruf" enthalten. Wer ruft denn dort? Welche Gaben hast du? Und steht nicht hinter jeder Gabe ein Geber? Wer ist der Geber der Gaben? Was sagt dein Herz zu all dem?

In meiner Kindheit wurde mir die Christophorus-Legende zum Antrieb meines Lebens. Ich wollte eines Tages nicht für irgendjemanden arbeiten, sondern für den Größten. Ich muss so sieben Jahre alt gewesen sein, als ich zum ersten Mal von dieser Legende hörte. Damit du weißt, worum es geht, hier die ganze Geschichte:

Die Legende des heiligen Christophorus

Christophorus war ein kräftiger und mutiger Mann, so groß und stark wie ein Riese. Er wollte dem mächtigsten Herrn der Welt dienen, deshalb machte er sich auf die Suche nach ihm.

Als Erstes fand er den König eines gewaltigen Königreichs.

Christophorus stellte seine Kräfte unter die Herrschaft dieses mächtigen Mannes. Eines Tages kam ein Musikant an den Hof des Königs. Eines seiner Lieder nannte den Teufel beim Namen. Darüber erschrak der König. Christophorus sah, dass dieser Angst hatte. Deshalb verließ er ihn, um dem Teufel zu dienen, der noch größer sein musste als der König.

Eines Tages kam er mit dem Teufel an einem Christuskreuz vorbei. Der Teufel machte einen weiten Bogen darum. Christophorus war verwundert, dass der scheinbar mächtigste Herr der Welt dem Kreuz auswich. Der gekreuzigte Christus jagte dem Teufel große Angst ein. So verließ Christophorus auch den Teufel, um Christus zu suchen, der sogar noch mächtiger sein musste.

Christophorus
(GNU Free Documentation License)

Lange Zeit suchte er ihn. Ein Einsiedler sagte ihm, er solle fasten und beten. Aber das gelang dem bärenstarken Christophorus nicht. So zeigte der Einsiedler ihm einen anderen Weg zu Christus:

„Kennst du den großen Fluss, in dem viele Menschen umkommen, wenn sie hinüberwollen? Du bist groß und stark, Christophorus. Setze dich an den Fluss und trage Menschen hinüber und warte. Ich wünsche dir, dass du Christus dort begegnest."

Christophorus antwortete: „Das kann ich tun. Dadurch will ich ihm dienen."

Christophorus baute eine Hütte und wartete am Fluss. Viele Jahre lang trug er Menschen sicher durch den Strom an das andere Ufer. Dabei stützte er sich auf seinen Stab. Eines Tages hörte er eine leise Stimme. Er erblickte ein Kind, das um Hilfe bat. Christophorus trug es auf seinen Schultern durch den Fluss. Schritt für Schritt wurde es ihm schwerer und schwerer. In der Mitte des

Flusses drohte er zu ertrinken. Mit großer Mühe schaffte er es an das andere Ufer.
Er wandte sich dem Kind zu: „Du warst mir so schwer, als ob ich die ganze Welt auf meinen Schultern trüge."
Das Kind antwortete ihm: „Du hast mehr als die ganze Welt auf den Schultern getragen, Christophorus. Du hast den mächtigsten Herrn getragen, nämlich den, der Himmel und Erde erschaffen hat. Denn ich bin Christus, dem du in dieser Arbeit dienst. Als Zeichen nimm deinen Stab und stecke ihn neben deiner Hütte in die Erde. Er wird am Morgen blühen und Früchte tragen."
Christophorus ging zurück zu seiner Hütte und steckte seinen Stab in die Erde. Als er am Morgen aufwachte, trug der Stab Blätter und Früchte.[1]

- Was ist deine Gabe?
- Wem dienst du?
- Außer Geld, welche Früchte bringt dein Dienen?
- Was empfindet dein Herz bei deiner Berufung?
- Wie denkst du am Ende deines Lebens an deine heutige Tätigkeit zurück? Bereust du dann dein Tun, oder erfüllt es dich mit Frieden? Mit Freiheit?
- Wie sehr hält die Meinung der anderen dich noch gefangen?
- Was könntest du tun, um nach deinem Herzen zu leben?
- Was für viele Sterbende am Ende zählte, kann für dich heute ein Neuanfang sein!

[1] Zitiert von https://www.cjd-oberurff.de/ueber-uns/die-legende-des-heiligen-christophorus/

Kapitel 43

Freiheit „er"leben

„Dies ist das Ende – für mich der Anfang des Lebens!", mit diesen Worten von Dietrich Bonhoeffer möchte auch ich langsam zum Ende kommen, aber mit der Zuversicht und der Hoffnung, dass für einige Leser dies der Beginn eines Neuanfangs ist.

In diesem Buch haben viele einen tiefen Einblick in ihr Leben gegeben, in ihr Herz. Unser Herz steht sehr vielen Herausforderungen gegenüber. Kein Wunder, dass die Herzerkrankungen zunehmen. Heute verstehe ich auch, warum ich wohl einen Herzinfarkt erleiden musste. Das versöhnt mich mit diesem dramatischen Einschnitt in meinem Leben. Im Nachhinein bin ich so dankbar für alle Erfahrungen, die ich dadurch machte; aber das ist eine längere Geschichte, die ich in meinem Buch „Geheimsache Männerherz" verarbeitet habe.

Unser Herz, wie schützen wir es? Der österreichische Prediger Hans Peter Royer, der leider tragisch verunglückte, sprach in seinen Vorträgen immer wieder von den vier Feinden des Herzens:

- Schuld
- Zorn
- Neid / Eifersucht
- Gier

Diese vier berauben uns unserer Kraft, stehlen unser wahres Leben und werden uns zu Gefängnissen. Sie berauben uns unserer Freiheit. Was also tun mit der Schuld, mit dem Zorn, mit dem Neid und der Gier? Stellen wir uns den vier Feinden:

Schuld **sagt:** ***Ich*** **schulde** ***dir*** **etwas!**

- Ich weiß, dass ich dir eine Erklärung, eine Entschuldigung, eine Wiedergutmachung schulde.
- Schuldige Menschen haben Geheimnisse und tun alles, damit diese niemand erfährt.

- Wenn wir unsere Schuld, auch unsere Ängste, Niederlagen und Versagen bekennen, setzt das einen Prozess der Freiwerdung in Gang.

Bis zum meinem 37. Lebensjahr konnte ich gar nicht oder kaum über diese Dinge sprechen. Sie hielten mich gefangen. Ständig trug ich eine Maske. Niemand sollte sehen, wie es mir wirklich ging. Das kostete Unmengen an Kraft.

Als ich meine Schuld bekannte, wurde ich Stück für Stück freier. Ja, ich hatte Unmengen an Fehlern gemacht, sehr oft versagt und war an vielen Menschen schuldig geworden, auch an mir selbst und vor allem an bzw. vor Gott. Ich bekannte vor vielen Menschen meine Schuld. Ein Mann, der mit mir aufgewachsen ist, meinte einmal, ich würde kein gutes Leben führen. Ich antwortete ihm, dies sei nicht die Wahrheit, sondern ich sei tatsächlich noch viel schlimmer. In diesem Augenblick nahm ich ihm jegliche Munition, um weiter auf mich zu schießen. Ja, in meinem Leben passt auch heute noch vieles nicht. Aber Gott ist mit seiner Liebe *an* mir und *in* mir am Werk. Ich befinde mich immer noch in einem großen Heilungsprozess, der erst zu Ende sein wird, wenn mein Leben hier zu Ende ist.

Zorn sagt: _Du_ schuldest _mir_ etwas!

- Zorn hat einen einfachen Ursprung: Ich bekomme nicht, was ich will.
- Zornige Menschen sind verletzte Menschen – irgendwo haben sie Verletzungen erfahren.
- Zornige Menschen sagen: Jemand hat etwas von mir genommen, und dieser jemand ist mir deshalb etwas schuldig. Es geht um eine Schuld, die zurückgezahlt werden muss.

Oh, wie oft war ich zornig auf jene, die mich in der Schule gemobbt hatten. Auch wenn ich meinen Papa sah, ihn hörte oder nur an ihn dachte, zerfraß mich der Zorn.

Ich habe unzählige Menschen in ihrem Zorn erlebt. Meine Frau schrie und weinte monatelang nach dem Unfall sehr oft vor Zorn. Doch indem sie dem Unfallverursacher vergab, wurde sie von ihrem Zorn zunehmend befreit. Durch Versöhnung mit meinem Papa wurde auch mein Zorn total aufgelöst. Und viele, die Vergebung leben, erleben auch die Befreiung von Zorn.

***Gier* sagt: *Ich* schulde *mir* etwas!**

- „Ich habe das und das und das verdient."
- „Mir steht das und das zu – ich schulde mir etwas."
- Gierige Menschen lassen dich nie wissen, wie viel sie haben – sie haben immer Angst, weniger zu haben als die anderen.

Gier trieb mich um die Welt, aber nicht dorthin, wo ich hätte sein sollen bzw. wo mein Herz mich haben wollte. Man hatte mir dies und jenes angetan, also dachte ich, ich brauche dies und das, was mir zusteht. Mein Antrieb war aus Verletzung und Schmerz geboren. Was können wir dagegen tun?

Ich denke, auch hier ist Vergebung der Schlüssel zu allem; und dann das gezielte Einüben des Schenkens. Bewusst etwas hergeben, andere beschenken, lernen loszulassen. Wir dürfen uns daran erfreuen, dass Samen, die wir aussäen, reiche Frucht bringen. Wer nicht sät, wird letztendlich auch nicht ernten.

***Neid* und *Eifersucht* sagen: *Gott* oder *Mitmenschen* schulden *mir* etwas!**

- „Gott schuldet mir einen Körper (ein Aussehen), wie diese oder jene Person ihn hat."
- „Warum schenkt Gott dem anderen so viel Gelingen und mir nicht?"
- „Gott behandelt mich schlechter als andere – deshalb schuldet Gott mir etwas."

Die Tatsache, dass mein Papa andere mehr lobte als mich bzw. mich gar nicht lobte, richtete einen großen Schaden in mir an. Wenn ich Fußball spielte, dribbelte ich mir und manchmal meinen Gegenspielern einen Knoten in die Beine. ***Ich*** wollte das Tor schießen. ***Ich*** wollte das Lob dafür einheimsen. Manchmal reichte es mir schon, wenn der andere keine Gelegenheit bekam, gelobt zu werden. Doch immer wieder bekam ich zu hören, was dieser oder jener Junge doch für ein toller Kerl sei; und für mich blieb nur die „Versagerrolle" übrig.

Das Wort „IMMER" wurde zum Fluch für mich. IMMER bin ich schuld. IMMER bin ich schlecht. IMMER werden andere gelobt. IMMER werden andere bevorzugt. Eifersucht machte sich in mir breit. Als ich in meiner Jugend die ersten Liebeleien hatte, war ich zerfressen von Eifersucht und verletzte dadurch so manches Mädchen und mich selbst. Ganz ehrlich, so ganz bin ich davon noch nicht geheilt. Manchmal ertappe ich mich, wie ich mich mit anderen Männern vergleiche. Es wird weniger, ist aber hin und wieder immer noch präsent.

Wie können wir diesen Feind bekämpfen? Indem wir uns darin üben, andere zu loben.

Ich merke, wie befreiend es sein kann zu bekennen, dass dieser Typ gutaussehend und erfolgreich ist. Eines Tages machte ich einen Test. Ich schrieb einem Sportler, dem ich ein paarmal begegnet war. Ich schrieb ihm einfach ganz spontan und brachte ihm meine Bewunderung zum Ausdruck. Nach ein paar Augenblicken kam seine Antwort. Er war zutiefst berührt und teilte mir mit, dass er durch meine Nachricht reich beschenkt worden war. Nun rate mal, wer dadurch auch reich belohnt wurde? Ja, ich selbst – ich glaube sogar noch mehr als der, dem die Nachricht galt. Was für ein Geschenk, wenn wir andere loben und wertschätzen!

So können wir nun die vier Feinde des Herzens mit Namen benennen: Schuld, Zorn, Gier und Neid!

Die unterschwellige Motivation für all diese vier Dinge ist ANGST.

- Angst, die Wahrheit zu bekennen, weil ich vielleicht meinen Ruf verliere.
- Angst, zu vergeben, weil ich nicht noch einmal verletzt werden will.
- Angst, großzügig zu geben, weil ich zu kurz kommen könnte.
- Angst, den Erfolg anderer zu feiern, weil ich dann nicht im Mittelpunkt stehe.

Mitten in all diesem höre und lese ich immer wieder: *„Hab keine Angst, denn ich mit dir, wohin du auch gehst!“*

Wir haben nun eine Taktik, um den Kampf gegen alle vier aufzunehmen:

- Wir bekennen unsere Schuld.
- Wir leben ein Leben aus der Vergebung heraus und machen Vergebung zu unserem Lebensstil.
- Wir beschenken reichlich und säen Samen der Liebe aus.
- Wir sparen nicht mehr mit Lob, Komplimenten und Wertschätzung.

All dies lässt sich in einem Gebot zusammenfassen, welches Jesus Christus uns gab:

> *Ein neues Gebot gebe ich euch, dass ihr einander liebt, damit, wie ich euch geliebt habe, auch ihr einander liebt* (Johannes 13,34 ELB).

Auf wen hören wir? Auf die Menschen, die uns mit ihren Worten bewusst oder unbewusst verletzt haben? Hören wir auf das, was die Welt so von sich gibt? Lassen wir uns unser Leben von der Angst einengen und diktieren? Mitten in all diesem bekam ich eine Nachricht mit folgendem Inhalt:

> **Wir können nur denjenigen hören, dem wir angehören.**
> Hören bedeutet zugehörig-sein. Wenn wir den Sorgen gehören, hören wir ihre Stimme und tun was sie sagen. Wenn wir der Gier gehören, hören wir ihre Stimme und tun das Verwerfliche, das sie uns sagt. Wenn wir der Bitterkeit gehören und den Enttäuschungen, die wir hegen und pflegen, hören wir nur die ewig gleichen Stimmen der Empörung, die uns das Ohr betäuben.
> So können wir auch die Stimme Christi nur hören, wenn wir uns – wie ein Instrument – von seiner Wahrheit stimmen lassen. Im Gleichnis vom guten Hirten ist ebendies gesagt: „Meine Schafe hören meine Stimme, und sie folgen mir nach." Wenn die Zugehörigkeit nicht geklärt ist, wird auch das Hören unklar sein.[1]

Mein Herz ist so sehr davon berührt, dass mir diese Zeilen geschenkt wurden, als ich genau zu diesem Thema schrieb.

Zum Abschluss möchte ich dich mit an das Bett eines sterbenden alten Mannes mitnehmen. Keine Angst; es ist eine Geschichte, die im Prinzip dieses ganze Buch zusammenfasst. Es geht um Liebe, um wahrHAFTe Freiheit.

Es ist schon ein paar Jährchen her, als ein Freund mich darüber informierte, dass sein Papa im Sterben lag. Ich nenne diesen Mann „Fritz" (Name geändert).

Mein Freund teilte mir mit, dass sein Papa über 80 Jahre sei und über Gefühle kaum oder gar nicht sprechen könne. Sein Papa kannte mich und freute sich auf einen Besuch von mir. So durfte ich diesen alten, wunderbaren Mann besuchen.

Ich begegnete einem alten Herrn, der sehr von Krankheit gezeichnet war. Ich fragte ihn, ob er denn wisse, wohin der Weg ihn

---

[1] Auszug aus dem Buch *Herztöne – Das kleine Buch* des Geigenbauers Martin Schleske.

führen würde. Traurig schaute er nach unten und meinte: „Ich bin mir gar nicht sicher.“ Ich erzählte ihm von Jesus, der mir Freiheit geschenkt und mir alle meine Schuld vergeben hat; dem ich alles hingeben konnte, auch meine Scham, mein Versagen und meine Niederlagen. Es war ein unbeschreiblich tiefes Ereignis. Seine Augen waren voller Sehnsucht, nach Heimat, nach Ewigkeit, nach Freiheit. Als ich ihm sagte, dass ich nun gehen müsse, überraschte er mich mit der Bitte: „Würdest du noch mit mir beten?“ Was für eine Bitte! Welch eine Mauer überwand er damit. Die Bitte nach Freiheit. Die Freilassung stand unmittelbar bevor. Der Schuldschein begann zu zerreißen; der Schlüssel zur Freiheit begann, sich im Schloss zu drehen.

Ich nahm seine Hände in die meinen! Die Hände des Mannes, der ein Problem mit Nähe hatte, und meine, die dieses Problem auch 37 Jahre lang gehabt hatten. Ich fing an zu beten, und Fritz wiederholte meine Worte:

Lieber Jesus, ich komme jetzt zu dir mit allem, was mir schwer ist. Ich habe in so vielen Dingen Glück und Anerkennung gesucht, doch nirgendwo wurde meine Sehnsucht gestillt. Ich weiß nun, dass du für alle meine Schuld, mein Versagen und meine Scham mit deinem Blut und deinem Leben am Kreuz bezahlt hast. Ich nehme dieses Geschenk jetzt an und lade dich in mein Herz ein. Fülle es mit deiner Liebe aus. Schenke mir den Frieden und die Freiheit, die mir die Welt nicht geben kann, und bleibe bei mir alle Tage meines Lebens. Amen!

Da weinten wir zusammen. Beide waren wir so berührt. Zwei Männer, die sich einst so schwertaten, Gefühle zu benennen und zu zeigen, beteten Hand in Hand und weinten zusammen. Bevor ich ging, hielten wir uns lange in den Armen. Eine Umarmung aus Liebe und Wertschätzung bedeutet Freiheit.

Am Abend dieses Tages sprach er seinem Sohn zum ersten Mal als erwachsenem Mann seine Liebe aus. Wenige Tage später ging er mit einem Lächeln in den Himmel. Durch dieses Gebet verließ er sein Gefängnis aus Bitterkeit und Härte, war frei, die Liebe auszusprechen und sorgte für zusätzliche „Freiheit" in seiner nahen Umgebung.

Liebe, die wir leben, verändert die Welt, und wenn es „nur" die Welt um uns herum ist. „Liebe" ist der Schlüssel zur Freiheit.

„Gott ist Liebe."

So steht es auf dem Grabstein meines Papas. Diese Liebe hat sein Herz in die Freiheit geführt, so wie auch die Autoren dieses Buches.

Möge Gottes Liebe auch dein Herz gesund lieben und dich in die Freiheit führen.

Möge Gott uns alle bewahren vor den sichtbaren und unsichtbaren Gefängnissen dieser Welt und uns die Freiheit schenken, welche uns diese Welt nicht geben kann.

„Wen ich frei mache,
der ist WahrHAFT frei!"
(Jesus Christus in Johannes 8,36.)

Über den Autor

Michael Stahl ist Fachlehrer für Selbstverteidigung. Als Gewaltpräventionsberater arbeitet er für TV-Sendungen sowie an Schulen, in Heimen, Gefängnissen, Kindergärten, Gemeinden, Internaten und Firmen.

Bekannt wurde er als Bodyguard für Prominente (u. a. Muhammad Ali, Nena, Fürstin Gloria von Thurn und Taxis).

Er wurde 2009 mit dem „WERTE AWARD" und 2015–2019 mit „SOZIAL ENGAGIERT" ausgezeichnet. Er ist verheiratet und hat zwei Kinder.

Webseite: www.protactics-stahl.de

Weitere Bücher und Hörbücher von Michael Stahl

erschienen bei GloryWorld-Medien

Michael Stahl / Klaus Hettmer

Geheimsache Männerherz

Stahlhart, zerbrechlich & butterweich

208 Seiten, Paperback

Wie tickt ein Männerherz? Wer hat es erschaffen? Welche Sehnsüchte sind darin verborgen? Welche Verletzungen und Geheimnisse lagern dort seit langer Zeit?

Die Hauptautoren Michael Stahl und Klaus Hettmer wurden fast gleichzeitig von gesundheitlichen Niederschlägen getroffen. Michael Stahl erlitt wenige Monate vor der Arbeit an diesem Buch einen Herzinfarkt; Klaus Hettmer musste sich einige Wochen danach einer sehr schweren Herzoperation unterziehen. Zusammen mit weiteren bekannten Autoren berichten sie über ihre Erfahrungen, um andere Männerherzen zu berühren.

Michael Stahl / Klaus Hettmer

Deine Sehnsucht nach dem Paradies

192 Seiten, Paperback

Jeder Mensch sehnt sich nach wahrer Liebe, bedingungsloser Annahme und echtem Frieden. Ohne Gott sind wir jedoch der Herrschaft von Lüge, Gewalt und Hass hilflos ausgeliefert.

Gott aber hat von Ewigkeit her einen anderen Plan für uns. Er will uns das verlorene Paradies wieder zugänglich machen. In Jesus Christus hat er den Teufelskreis menschlicher Schuld und Sünde durchbrochen und alles dafür getan, um uns Zukunft und Leben zu geben.

ERlebt

25 wunderbare Geschichten aus meinem Leben; 160 S., Pb.

Michael Stahl ist ein Träger der Gegenwart Gottes. Wohin er auch kommt – ob in Schulen, Familien, Gemeinden, Kinderheime oder ganz alltägliche Situationen –, verändert sich die Atmosphäre zum Guten. In diesem Buch erzählt er 25 dieser Erlebnisse, in denen er für Einzelne und ganze Gruppen zum Vermittler von Liebe, Annahme und Vergebung wurde.

Begleite Michael Stahl und sein Team zu den Menschen, die ohne Hoffnung waren, zu den Sprachlosen, die nun singen. Höre jenen zu, die einst ohne Hoffnung und Trost waren. Setze dich mit ihm an das Bett von Sterbenden, die in letzter Sekunde das Leben fanden. Erlebe, dass ER (Gott) lebt und dich liebt!

53 Männer

Abenteuer zwischen Gazastreifen und See Genezareth

144 Seiten, Paperback

Was für eine liebevolle und verrückte Bande! Das könnte man über die 53 ganz unterschiedlichen Männer, die sich zu einer Israelreise zusammentun, spontan denken. Eine Woche wie die Ölsardinen zusammengepfercht und doch kein böses Wort, sondern Lachen, Ernsthaftigkeit, tiefe Gespräche und Männertränen – ohne Scham!

Begleite diese illustre Schar auf den staubigen Wegen Israels, auf denen einst Jesus Christus unterwegs war. Erfahre mit ihnen die besondere Atmosphäre im Garten Gethsemane, schippere mit ihnen ein Stück über den See Genezareth und wirf mit ihnen einen Blick auf den Gazastreifen.

Erlebe den Frieden, den diese Welt nicht geben kann, den jedoch viele dieser Männer gespürt haben.

Vater-Sehnsucht

120 Seiten, Paperback

Immer mehr Kinder wachsen in dieser Welt ohne Vater auf. Was wird aus diesen Kindern? Der Vater ist der erste Held im Leben eines Kindes. Dieser mächtigste Mensch der Welt kann Wunden schlagen und sie auch heilen.

Michael Stahl, lässt uns an der Entstehung und dem Heilungsprozess seiner eigenen Vaterwunden teilhaben. Und er berichtet, was er erlebt, wenn er in Schulen, Heime, Gefängnisse oder Firmen geht und dort Menschen hilft, sich miteinander zu versöhnen.

Das Buch ist eine Schatzgrube für alle auf der Suche nach Wurzeln, Identität und Wahrheit. **Das Buch ist auch als Hörbuch sowie in Englisch und Russisch erhältlich.**

MutMacherKiste

Aufstehen – Lieben – Kämpfen – Siegen

114 Seiten, Wire-O-Bindung, vollfarbig

Michael Stahl – der MutMacher in Person – hat seine wichtigsten Erfahrungen der letzten Jahre zusammengetragen: viele faszinierende Geschichten über Wunder und Vergebung, die tief berühren.

Der Grafiker Rainer Zilly hat daraus ein kurzweiliges, ästhetisches und praktisches MitMach-Buch gestaltet – eine Fundgrube für alle, die neuen Mut brauchen, anderen Mut machen wollen oder gerne einfach interessante Geschichten und Berichte lesen.

Maja Loretta – Post aus den Wolken

Es ist nicht wichtig, wie lange du lebst, sondern wie du lebst; 80 S., gebunden, vollfarbig

„Post aus den Wolken", so lautete die Überschrift des Abschiedsbriefes von Maja Loretta, die mit sechzehn Jahren an Krebs verstarb. Diesen Brief hatte sie für ihre eigene Trauerfeier verfasst. Maja wollte die Welt verändern. Wer ihr begegnete, wer in ihre Augen sah, wer ihre unbeschreibliche Freude und Dankbarkeit erlebte, dessen Leben wurde schon in wenigen Augenblicken ein Stück zum Guten verändert.

Trotz schweren Leidens und vieler Operationen war sie erfüllt von der Liebe Gottes. Wenn Sie von Jesus Christus sprach und davon, dass sie bald nach Hause gehen würde, spürten die Zuhörer, dass dieses Mädchen von einer Liebe getragen wurde, die nicht von dieser Welt war. Majas Liebe soll weiterleben, nicht nur im Himmel, sondern auch unter uns. Michael Stahl und einige ihrer Freunde haben ihre Geschichte aufgeschrieben.

MutMacherKiste, die zweite

Geschichten voller Wahrheit, Leben und Liebe

128 S., vollfarbig, Wire-O

Dies ist eine besondere Sammlung von Mut machenden Geschichten, Berichten und Erlebnissen. Michael Stahl, Rainer Zilly und viele ihrer Freunde erzählen von Momenten aus ihrem Leben, von Glaube, Hoffnung, Liebe, Freude, Wut und Trauer … Es sind Geschichten, die alltäglich, außergewöhnlich, wundervoll oder spektakulär sind: Heilung von Krebs, Überwindung von Angst, Gebetserhörungen oder eine Begegnung im Himmel.

Mit dabei sind Josef Müller, Colin Bell, Gina Lippert, Arno Backhaus, Simon Gegenheimer, Jana Highholder, Mandy, Simone Langendörfer, Frank und Brigitte Krause, Dr. Klaus Hettmer, Hilda Kaufmann und andere interessante Autoren.

Verbranntes Männerherz

Auf der Suche nach Männlichkeit (Roman)

120 Seiten, Paperback; **auch als Hörbuch erhältlich!**

Joe, der alles hat, was ein moderner Mann haben sollte, zweifelt an sich und seiner Männlichkeit. Auf der Suche nach Sinn begibt er sich auf eine abenteuerliche Reise.

Er begegnet einem mysteriösen Fremden, der ihm alle Fragen beantwortet, die ihn jahrelang gequält haben. Joe fängt an, an Gott zu glauben und ihn zu lieben. Unfassbare, unerklärliche und wunderbare Dinge geschehen. Wagen Sie mit ihm einen Blick in den Himmel.

Wayne Jacobsen, Geliebt!

Tag für Tag in der Zuneigung des himmlischen Vaters leben

240 S., Paperback

Jeden Tag ein Leben zu führen, in dem wir völlig sicher sind, dass wir bedingungslos von Gott geliebt sind – ist das wirklich möglich, und wie sieht das konkret aus?

Wayne Jacobsen bringt uns Schritt für Schritt nahe, wie tief die Liebe Gottes zu uns tatsächlich ist. Wir entdecken dabei, dass wir nicht zu Sklaven, sondern zu Söhnen und Töchtern berufen sind. Die liebevolle Zuneigung unseres Vaters im Himmel gilt uns in allen Umständen. Wir erfahren eine lebendige Beziehung zu ihm, die uns von der Qual der Scham befreit und uns so verändert, dass wir als seine Kinder leben können.

Christoph Fischer, Der Weg eines Sohnes

Wie die Liebe des Vaters uns in unsere Identität und Berufung hineinführt; 112 Seiten, Pb.

Auf eine authentische, lebensnahe Art nimmt uns Christoph Fischer mit auf seine Reise zu einer innigen Beziehung zu Gott und in seine Berufung hinein. Dabei scheut er sich nicht, die Herausforderungen des Alltags ungeschminkt wiederzugeben und aufzuzeigen, wie wir als Sieger daraus hervorgehen können.

Eine praktische Anleitung, wie wir den Lügen des Teufels hinsichtlich unserer Identität und Berufung widerstehen und die Wahrheit Gottes ergreifen können.

Jonathan Welton, Augen der Ehre

Befreit leben in Reinheit und Gerechtigkeit, 248 S., Pb.

Um ein Leben in Reinheit und Gerechtigkeit zu leben, braucht es keine Übungen zur Verhaltensanpassung, sondern eine korrekte Offenbarung über unsere Identität in Christus.

Im zweiten Teil geht der Autor auf die Bereiche ein, die häufig Fallstricke für jeden darstellen, der nach einer gerechten Lebensführung trachtet. Und zum Schluss stellt er einen völlig anderen Ansatz vor, wie wir unsere Geschwister durch den Glauben betrachten sollten.

Das Buch ist zwar unter dem Aspekt der sexuellen Reinheit für Männer geschrieben, ist aber durch seinen allgemeinen Ansatz eine gute Grundlage für Männer und Frauen, jegliche Art von Versuchung oder Sucht zu überwinden.

Daniel Gröber / Michael Stahl

Hunger ... beginnt mit einer Sehnsucht

Wie wir Körper und Seele ins Gleichgewicht bringen

128 S., Großformat-Paperback, vollfarbig

Warum essen wir zu viel, wenn unsere Seele hungert? Wie kommen wir davon los und zu einem gesunden Lebensstil?

Mit klaren Worten, aber auch viel Herz geht dieses Buch nicht nur dem Hunger in seiner tieferen Bedeutung auf den Grund, sondern zeigt uns auch den Weg aus der seelischen Wüste – und darüber hinaus, wie wir die Pfunde auf den Rippen wieder loswerden können.

Blake K. Healy, Durch den Schleier sehen

Eine Einladung in die unsichtbare Welt; 176 S. Paperback

Blake K. Healy sieht Engel und Dämonen seit seiner Kindheit – und zwar so klar wie natürlich sichtbare Dinge. Er sieht zum Beispiel Engel in Anbetungsgottesdiensten tanzen und Ermutigungsworte in die Ohren von Menschen flüstern, doch genauso sieht er auch Dämonen, die sich an Leute heften und so Abhängigkeiten, Lügen und Bitterkeit in deren Herzen und Gedanken aufrechterhalten.

In diesem Buch erzählt er einige dieser Begegnungen und wie er in dieser Gabe reifte und dabei die Angst und Verwirrung über die Dinge, welche er sah, überwand.

Dr. Larry Richards

Die volle Waffenrüstung Gottes

Gut geschützt gegen die Angriffe des Bösen; 208 Seiten, Pb.

Die Bibel macht deutlich, dass ein Großteil unserer Unsicherheiten, Ängste und Zweifel auf den Machenschaften böser Mächte beruhen. Deshalb ist es so entscheidend, dass wir sowohl die Strategien kennen, die Satan benutzt, um uns anzugreifen, als auch die Rüstung, die Gott uns zur Verfügung stellt, um uns dagegen zu schützen.

Eine biblische Dämonologie, Hilfen zum Umgang mit dem Bösen in der Seelsorge sowie Lektionen für „Lebe-frei-Selbsthilfegruppen" runden das Buch ab.

Bestellen Sie im Buchhandel oder direkt beim Verlag:

GloryWorld-Medien | Beit-Sahour-Str. 4 | D-46509 Xanten
Fon: 02801-9854003 | Fax: 02801-9854004 | info@gloryworld.de

Aktuelles, Leseproben, Downloads & Shop: **www.gloryworld.de**